消防监督检查研究

王焱　姚圣祥　宋萌萌 ◎ 著

吉林科学技术出版社

图书在版编目（CIP）数据

消防监督检查研究 / 王焱，姚圣祥，宋萌萌著. -- 长春：吉林科学技术出版社，2022.9
ISBN 978-7-5578-9714-7

Ⅰ. ①消… Ⅱ. ①王… ②姚… ③宋… Ⅲ. ①消防—监督管理—研究—中国 Ⅳ. ①D631.6

中国版本图书馆 CIP 数据核字（2022）第 181206 号

消防监督检查研究

著	王 焱 姚圣祥 宋萌萌
出 版 人	宛 霞
责任编辑	周振新
封面设计	南昌德昭文化传媒有限公司
制 版	南昌德昭文化传媒有限公司
幅面尺寸	185mm×260mm
开 本	16
字 数	320 千字
印 张	14.25
印 数	1-1500 册
版 次	2022 年 9 月第 1 版
印 次	2023 年 3 月第 1 次印刷

出 版	吉林科学技术出版社
发 行	吉林科学技术出版社
地 址	长春市南关区福祉大路 5788 号出版大厦 A 座
邮 编	130118
发行部电话/传真	0431—81629529　81629530　81629531
	81629532　81629533　81629534
储运部电话	0431-86059116
编辑部电话	0431-81629510
印 刷	三河市嵩川印刷有限公司

书 号	ISBN 978-7-5578-9714-7
定 价	100.00 元

版权所有 翻印必究 举报电话：0431—81629508

《消防监督检查研究》
编审会

王 焱　姚圣祥　宋萌萌
张 逍　杨 扬　林小伟
罗 迪　杨 军　许京伟
肖学锋　赵增旭　魏少帅
许国一　吴小波　欧阳小龙

在人类社会漫长的历史发展过程中，火使人类逐渐摆脱了寒冷和黑暗、愚昧和野蛮，它在给人类带来光明和温暖的同时，也给人类带来了灾难和痛苦。火灾的危害，令人深恶痛绝。社会发展到今天，科技高度发达，物质极大丰富，然而火对人类造成的灾难并没有减弱，反而愈加惨烈。由于消防科技水平的发展有限，就目前来说火灾的发生具有其偶然性，不以人们的意志为转移，近年来，由于人们的消防安全意识淡薄而用火不慎，或在生活工作中违反消防安全管理规定，导致灾害发生的状况，屡见不鲜。使人民生命和社会财产受到了损失。这种损失既涉及人们遭受的痛苦和死亡，又包括财产的损失，甚至有时还包括无法弥补的历史财富，很多教训都是惨痛的。

消防安全工作是国民经济和社会发展的重要组成部分，是国家经济发展、社会安全稳定和人民安居乐业的重要保障。随着我国政治、经济和科学技术的发展，尤其是社会综合技术的发展以及由此所引起的社会活动方式的改变，大大增加了火灾问题的广泛性和复杂性，因而对消防管理提出了更新、更多、更高的要求。建筑消防安全管理也被认为是一个社会问题，已经引起那些对社会公共安全负有消防责任的人们的深思和重视。成为社会安全管理的重要组成部分。

基于此，本书从消防工作基础介绍入手，针对消防监督检查基础理论、消防安全检查、消防安全管理进行了深入分析，对消防安全重点管理、消防管理存在的问题及对策做了简要介绍，从建筑消防设计与应用、建筑消防设施功能等方面做了详细说明，并对当前较为前沿和普遍的消防科技创新技术应用进行了系统介绍，旨在摸索出一条适合现代消防监督检查工作创新的科学道路，帮助工作者在消防监督检查过程中少走弯路，运用科学方法，提高工作效率。

目录 CONTENTS

第一章　消防工作概述 ………………………………………………… 1
　第一节　消防工作的意义和作用 …………………………………… 1
　第二节　消防安全责任制 …………………………………………… 3
　第三节　我国消防法规体系 ………………………………………… 11
　第四节　保障建筑消防安全的途径 ………………………………… 14

第二章　消防监督检查概论 …………………………………………… 17
　第一节　消防监督检查 ……………………………………………… 17
　第二节　火灾事故调查 ……………………………………………… 20
　第三节　消防产品监督管理 ………………………………………… 23
　第四节　消防宣传教育 ……………………………………………… 33

第三章　消防安全检查 ………………………………………………… 36
　第一节　消防安全检查的目的和形式 ……………………………… 36
　第二节　消防安全检查的方法和内容 ……………………………… 38
　第三节　消防安全检查的实施 ……………………………………… 40
　第四节　火灾隐患的认定和整改 …………………………………… 46

第四章　消防安全管理 ………………………………………………… 51
　第一节　消防安全管理概述 ………………………………………… 51
　第二节　消防管理的基本方法 ……………………………………… 57
　第三节　建筑内部电气防火管理 …………………………………… 61
　第四节　消防系统管理 ……………………………………………… 71
　第五节　特殊场所的消防安全管理技术 …………………………… 77

第五章　消防安全重点管理 …………………………………………… 97
　第一节　消防安全重点单位管理 …………………………………… 97
　第二节　消防安全重点部位管理 …………………………………… 103
　第三节　消防安全重点工种管理 …………………………………… 105
　第四节　火源及重大危险源的管理 ………………………………… 111
　第五节　易燃易爆物品防火管理 …………………………………… 112

第六章　消防管理存在的问题研究及对策 ········· 125
　　第一节　我国消防管理体系概述 ········· 125
　　第二节　构建科学合理的现代消防管理体系 ········· 126

第七章　建筑火灾与灭火原理 ········· 134
　　第一节　建筑火灾的成因及危害 ········· 134
　　第二节　建筑火灾的发展及蔓延 ········· 137
　　第三节　建筑火灾的基本消防对策 ········· 147

第八章　建筑消防设计与应用 ········· 153
　　第一节　建筑火灾烟气及其扩散规律 ········· 153
　　第二节　建筑防火平面布置及防火分区 ········· 164
　　第三节　建筑材料耐火性能及防火保护 ········· 172

第九章　建筑消防设施 ········· 179
　　第一节　火灾自动报警系统 ········· 179
　　第二节　自动喷水灭火系统 ········· 182
　　第三节　室内消火栓给水系统 ········· 185
　　第四节　防烟排烟系统 ········· 190
　　第五节　消防应急照明和疏散指示系统 ········· 196
　　第六节　气体灭火系统 ········· 202
　　第七节　灭火器 ········· 205

第十章　消防科技创新应用 ········· 212
　　第一节　"智慧消防"应用现状及发展趋势 ········· 212
　　第二节　物联网技术在消防安全领域的应用 ········· 215

参考文献 ········· 219

第一章 消防工作概述

火是人类从野蛮进化到文明的重要标志。但火和其他事物一样具有两面性，一方面给人类带来了光明和温暖，健康和智慧，从而促进了人类物质文明的不断发展；另一方面火又具有很大的破坏性，随着人们在生产生活中用火用电的不断增多，由于人们用火用电管理不慎，或者设备故障，或者放火等原因而不断发生火灾，对人类的生命财产构成了巨大的威胁。

第一节　消防工作的意义和作用

消防工作是人们同火灾作斗争的一项专门工作，它的任务是预防火灾和减少火灾危害，保护公民人身及财产安全，维护公共安全，维护社会秩序、生产秩序、教学和科研秩序以及人民群众的生活秩序，保障社会主义现代化建设的顺利进行。做好消防工作是国家建设、人民安全的需要，是全体社会成员的共同责任。任何单位和个人都有维护消防安全和预防火灾的义务。

一、消防工作的意义

消防工作是国民经济和社会发展的重要组成部分，是发展社会主义市场经济不可或缺的保障条件。消防工作的好坏直接关系人民生命财产安全和社会的稳定。近年来我国发生的一些重特大火灾，一次造成几十人甚至数百人的伤亡，造成上百万元、上千万元的经济损失，这不仅给许多家庭带来了不幸，而且还使大量的社会财产化为灰烬。此外,事故的善后处理往往也消耗了政府很多精力,严重影响了经济建设的发展和社会的稳定,有些火灾事故还在国内外政治方面产生不良影响,教训是十分沉痛和深刻的。因此,做好消防工作,预防和减少火灾事故特别是群死群伤的恶性火灾事故的发生,具有十分重要的意义。

消防工作是一项社会性很强的工作,它涉及社会的各个领域和各个行业,与人们的生活都有着十分密切的关系。随着社会的发展,仅就用火、用电、用气的广泛性而言,消防安全问题所涉及的范围几乎无所不在。全社会每个行业、每个部门、每个单位甚至每个家庭,都有一个随时预防火灾、确保消防安全的问题。总结以往的火灾教训,绝大多数火灾都是由于一些领导、管理者和职工群众思想麻痹、行为放纵、不懂消防规章或者有章不循,管理不严,明知故犯,冒险作业造成的。火灾发生后,有不少人缺乏起码的消防科学知识,遇到火情束手无策,不知如何报警,甚至不会逃生自救,导致严重后果。

在消防安全管理工作中坚持群众性的原则,要求管理者必须树立坚定的群众观点,始终不渝地相信群众的智慧和力量,要采取各种方式方法广泛向群众宣传和普及消防知识,提高广大群众自身的防灾能力;要把各条战线、各行各业,包括机关、团体、企事业单位、街道、村寨、家庭等各方面的社会力量动员起来,参加义务消防队,实行消防安全责任制,开展群众性的防火和灭火工作。要依靠群众的力量,整改火灾隐患,改善消防设施,促进消防安全。

二、消防工作的作用

做好消防安全工作是社会经济发展,人民安居乐业的重要保障。《消防法》的颁布实施为消防工作提供了法律依据。预防火灾和减少火灾的危害是对消防立法意义的总体概括,包括了两层含义:一是做好预防火灾的各项工作,防止火灾发生;二是一旦发生了火灾,就应及时、有效地进行扑救,减少火灾的危害。消防工作就是要做好火灾的预防和扑救火灾的准备工作,其作用可归纳为以下几个方面。

(一)保护公民生命财产和公共财产的安全

科学技术的发展,促进了经济建设的发展,使得国家的物质财富不断增长和集中,石油化工、天然气等易燃易爆物资的使用范围越来越广,生产和生活中的用火用电越来越多,可能引起火灾的因素也随之增多。因此,如果消防工作搞不好,一旦发生火灾,就会给公民生命财产及公共财产带来不可再生的损失。做好消防安全管理工作对保卫公民生命财产和公共财产安全具有重要意义。

(二)保护历史文化遗产

我国是一个具有悠久历史文化的国家,北京、西安、开封、洛阳等许多历史名城内都建造了气宇轩昂、富丽堂皇的宫殿、寺院和教堂,有的至今仍然保持良好。还有很多地方存有近代革命运动和发生重大历史事件遗留下来的革命文物。这些古代建筑、历史文物和革命文物都体现了中华民族悠久的历史、光荣的革命传统和光辉灿烂的文化，若惨遭火灾，将会造成不可挽救、无法弥补且无法用金钱计算的经济损失。做好消防工作对保护和继承我国的历史文化遗产，发扬革命传统和教育后人，发展我国的旅游事业，都具有深远的历史意义和现实意义。

（三）减轻战争造成的灾害

无论是现代战争还是古代战争中，"火攻"都是打击对方的一种经常使用的重要手段，但这种手段往往会带来火灾，给人们的人身和财产、公共财产以及环境造成危害。在和平年代，我们也要提高警惕，加强预防观念，对战争时的消防要有充分的估计，采取必要的防范措施，对于火灾危险和政治影响大的工程，要充分考虑战备防范措施。

（四）打击防火犯罪，维护社会安定

做好消防工作，严格各项消防保卫措施，加强对放火案件的侦破，严厉打击放火犯罪分子，积极同放火犯罪分子作斗争，对保卫国家财产和公民生命财产具有重要的作用。

第二节　消防安全责任制

一、消防工作的方针和原则

消防工作贯彻"预防为主、防消结合"的方针，按照政府统一领导、部门依法监管、单位全面负责、公民积极参与的原则，实行消防安全责任制，建立健全社会化的消防工作网络。

（一）消防工作的方针

消防工作贯彻"预防为主、防消结合"的工作方针。这个方针科学、准确地表达了"防和消"的辩证关系，反映了人民同火灾作斗争的客观规律，也体现了我国消防工作的特色。

所谓"预防为主"就是要在思想和行动上，把预防火灾放在首位，在建筑消防系统的设计、施工、管理等方面把好消防安全质量关。落实各项防火措施，积极开展消防安全宣传教育和培训，制定并落实消防安全管理制度，加强消防安全管理，把工作的重点放在预防火灾的发生上，减少火灾事故的发生。

所谓"防消结合"就是在消防工作的实践中，要把同火灾作斗争的两个基本手段——"防"与"消"有机地结合起来，在做好各项防火工作（如消防监督、检查、建审、宣传等）的同时，在思想上、组织上和物资上做好准备，不但要加强专业消防队伍（即消防救援队伍）正规化和现代化的建设，还要抓好企业、事业专职消防

队伍和群众义务消防队伍的建设，随时做好灭火的准备，以便在火灾一旦发生时，能够及时、迅速、有效地予以扑灭，最大限度地减少火灾所造成的人身伤亡和财产损失。

在"预防为主，防消结合"这一方针中，"防"与"消"是相辅相成，缺一不可的。"重消轻防"和"重防轻消"都是片面的。"防"与"消"是同一目标下的两种手段，只有全面、正确地理解了它们之间的辩证关系，并且在实践中认真地贯彻落实，才能达到有效地同火灾作斗争的目的。

从总体上来看，在全国范围的实际工作中，起到了重要的导向和制约作用，也取得了明显的经济效益和社会效益，这是不可否认的事实。从这里我们不难看出：消防工作方针的导向和制约作用，反映得是否较为全面和充分，在实践中是否体现出应有的成效和价值，是检查和验证其是否制定得正确和切实的重要依据和唯一标准，这一点应该是绝对的。

（二）消防工作的原则

消防工作按照"政府统一领导、部门依法监管、单位全面负责、公民积极参与的原则，实行消防安全责任制，建立健全社会化的消防工作网络"。这一原则分别强调了政府、部门、单位和普通群众的消防安全责任问题，是消防工作经验和客观规律的反映。消防安全是政府社会管理和公共服务的重要内容，是社会稳定和经济发展的重要保障。各级人民政府必须加强对消防工作的重视，这是贯彻落实科学发展观、建设现代服务型政府、构建社会主义和谐社会的基本要求。政府有关部门对消防工作齐抓共管，这是由消防工作的社会化属性决定的。各级公建设、工商、质监、教育、人力资源和社会保障等部门应当依据有关法律法规和政策规定，依法履行相应的消防安全监管职责。单位是社会的基本单元，是消防安全管理的核心主体。公民是消防工作的基础，没有广大人民群众的参与，消防工作就不会发展进步，全社会抗御火灾的基础就不会牢固。"政府""部门""单位""公民"四者都是消防工作的主体，政府统一领导，部门依法监管，单位全面负责、公民积极参与，共同构筑消防安全工作格局，任何一方都非常重要，不可偏废。

二、实行消防安全责任制的必要性

多年来消防工作的实践证明，消防安全责任制是一项十分必要且行之有效的火灾预防制度，也是落实各项火灾预防措施的重要保障。消防安全责任制就是要求各级人民政府，各机关、团体、企业、事业单位和个人在经济和社会生产、生活活动中依照法律规定，各负其责的责任制度。因此，各级人民政府、各地区、各部门、各行业、各单位以及每个社会成员都应当遵守消防法律、法规和规章，不断增强消防法制观念，提高消防安全意识，切实落实本地区、本部门、本单位的消防安全责任制，认真履行法律规定的防火安全职责。

（一）消防安全责任制的由来与发展

实行消防安全责任制是我国经济体制改革和社会发展的需要。随着改革开放政策的实施，社会主义计划经济建设逐步向市场经济转变，国有、集体、外资、股份、私营等企业不断涌现，而这些企业经济活动中都实行"独立核算、自主经营、自负盈亏"的政策，企业具有较大的独立性、自主性。政府在社会经济活动中也由过去统包、统揽、统管逐步向宏观调控方面转变。

（二）实行消防安全责任制的必要性

消防工作是一项社会性的工作，是社会主义物质文明和精神文明建设的重要组成部分，是发展社会主义市场经济不可缺少的保障条件。消防工作做得好或不好，直接关系到社会安定、政治稳定和经济发展，做好消防工作是全社会的共同责任，各级政府要负责，机关、团体、企事业单位要负责，每个公民也要负责。

长期以来，一些地方和单位的消防安全责任制不明确、不具体、不落实，消防工作中存在的问题长期得不到解决，消防基础设施严重滞后于经济建设的发展。实行消防安全责任制，确定本单位和所属部门、岗位的消防安全责任人，既是法律对社会各单位消防安全的责任要求，也是各机关、团体、企业、事业单位做好自身消防安全工作的必要保障。只有这样，才能把消防工作落实到行动上，落实到具体工作中。

三、消防安全责任制的实现形式

依法履行消防安全责任制，不仅需要各级政府、各部门、各单位、各岗位消防安全责任人对自己承担的防火安全责任明确，思想重视，付诸实施，而且要求建立一定的制约机制，保障消防安全责任制正常运行，强化消防安全责任制落实。这种制约机制一般采取如下两种形式三项措施。

（一）两种形式

1. 签订消防安全目标责任状

签订消防安全目标责任状，就是将法律赋予单位或消防安全责任人的消防安全责任，结合本地区、本部门、本单位、本岗位的消防工作实际，化解为年度消防安全必须实现的目标，在上级政府与下级政府之间，上级部门与下级部门之间，单位内部上下级之间，层层签订消防安全目标责任状。

2. 进行消防安全责任制落实情况评估

进行消防安全责任制落实情况评估，就是按照级别层次，组织专家对消防安全责任制落实情况进行评估考核。例如，为了督促《消防法》赋予人民政府消防安全责任的落实，可以定期组织有关专家、人大、政协领导，对政府贯彻执行落实消防安全责任情况进行评估，作出评估结果，提出工作意见，督促消防安全责任制的落实。

（二）三项措施

在消防安全责任制贯彻落实的过程中，不但要采取以上两种形式，还必须要有以下三项措施作保障。

（1）要把责任状中规定的消防安全目标落实情况或评估结果，作为评价一级政府、一个部门、一个单位或消防安全责任人的政绩依据之一。

（2）要把责任状中规定的消防安全目标落实情况或评估结果，作为评比先进、晋升的条件，实行一票否决制。例如，对消防安全责任制不落实，重大火灾隐患整改不力或发生重大火灾的，不能评比先进，消防安全责任人不应晋级提升职务。

（3）要把责任状中规定的消防安全目标落实情况或评估结果，作为奖惩的依据。对消防安全责任制落实，消防安全工作做得好的单位或个人，应给予荣誉的或经济的奖励，做得不好的应通报批评，扣发奖金或予以处罚。

四、消防安全工作职责

（一）各级人民政府的消防工作责任

人民政府是组织和管理一个地区的政治、经济、文化等社会事务的行政机关。消防工作是一项社会性的工作，是各级人民政府的一项重要职能。因此《消防法》规定，消防工作由国务院领导，由地方各级人民政府负责。根据《消防法》的规定，地方各级人民政府消防工作的主要责任如下。

1. 将消防工作纳入国民经济和社会发展计划，保障消防工作与经济建设和社会发展相适应

国民经济和社会发展计划是国家对国民经济和社会发展各项内容所进行的分阶段的具体安排，是党和国家发展国民经济的战略部署，是国家组织国民经济和社会发展的依据。将消防工作纳入国民经济和社会发展规划，有利于加快消防事业的发展，有利于扭转消防工作滞后于经济和社会发展的被动局面，提高全社会抗御火灾的能力，为经济建设和社会发展提供有力的安全保障。

2. 将消防设施建设规划纳入城市总体规划，并负责组织有关主管部门实施

将消防安全布局、消防站、消防供水、消防通信、消防车通道、消防装备等内容的消防规划纳入城市总体规划，并负责组织有关主管部门实施。

城市总体规划，主要包括城市的性质、发展目标和发展规模，城市主要建设标准的完成指标，城市建设用地布局、功能分区和各项建设的总体部署与各项专业规划、近期建设计划等。消防规划是城市总体规划的重要组成部分。消防规划是否合理，是衡量一个城市总体规划是否合理的重要标志之一。在城市建设和发展中，如果忽视消防规划，片面追求城市发展速度和经济效益，不能保证消防安全设施的合理安排，消防站、消防供水、消防通讯、消防车通道等消防基础设施不能与城市总体建设同步进行，一旦发生火灾，就会造成重大经济损失，甚至影响和阻碍城市的发展，在这方面，一些地方的教训是十分深刻的。因此，城市人民政府必须将消防规划纳

入城市总体规划，使城市的消防安全布局、消防站、消防供水、消防通信、消防车通道以及消防装备等方面的建设与其他市政基础设施建设统一规划、统一设计、统一建设。公共消防设施、消防装备不足或者不满足实际需要的，应当增建、改建、配置或者进行技术改造。

3. 加强科学研究，推广、使用先进消防技术、消防装备

随着城市建设的发展，高层建筑、大型商场、集贸市场不断涌现，新型建筑装饰材料广泛应用，这给消防工作提出了新的要求。城市消防如果不采用先进设备，吸收先进的经验，应用先进技术和材料，而沿用老办法，就很难解决消防工作中出现的新问题。因此，有必要在引进国外先进消防技术的同时，加强我国消防科学技术的研究，开发、推广、使用先进的消防技术，逐步运用科学的理论和现代化的技术、设备，改变我国消防科学研究和消防器材生产落后的状况。同时，也使消防管理成为一门综合性应用学科，以便发挥最佳消防安全效果，为保卫社会主义经济建设和人民生命财产安全做出贡献。

4. 组织相关部门开展消防宣传教育，提高公民的消防安全意识

无数的火灾事例说明，火灾的发生大多数是由于社会公民、岗位操作人员缺乏消防常识引起的。如果说我国的消防基础设施和消防技术装备落后，那么我国的社会公民消防意识、消防法律知识和消防科学知识更加落后，要从根本上改变这种落后的局面，就必须下大力气进行消防宣传教育，建立消防职业学校或消防培训中心，健全职工消防安全培训制度，只有这样才能提高公民的消防安全意识，自觉地遵守消防法规，预防火灾事故发生。

5. 组织相关部门做好消防安全监督与检查工作

消防安全监督与检查是做好消防工作的一项基本措施，也是一项长期的、经常性的工作。各级人民政府要在农业收获季节、森林和草原防火期间、重大节假日以及火灾多发季节，组织消防安全检查，检查防火措施的落实情况，检查火灾隐患。对检查中发现的火灾隐患，督促立即整改。抓住了重点时节的防火工作，消防工作就有了主动权。

6. 加强消防组织建设，增强扑救火灾的能力

根据经济和社会发展的需要，建立多种形式的消防组织。消防组织是抗御火灾，保卫经济建设和人民安居乐业的重要力量。但是，随着城乡建设和经济建设的发展，火灾逐年增多，消防救援警力不足的情况相当突出，仅靠现役消防人员承担日益繁重的消防灭火与抢险工作，显然是有困难的，必须从我国实际情况出发，借鉴国际通行做法，充分发挥中央和地方政府以及社会各方面的积极性，解决消防力量不足的问题。要在政府的领导下，在加强消防救援队伍建设的同时，积极发展县办、镇办、乡办和企业专职消防队以及遍布城乡的义务消防队伍，增强全社会抗御火灾的能力。

7. 统一指挥大型灭火抢险救援活动，调集所需物资支援灭火

大型火灾的扑救、重大事故的抢险救援工作，是一项政策性强、危险性大、多

专业力量参与的工作。要完成大型火灾扑救或重大事故的抢险救援工作，仅消防救援队的指挥和施救力量往往是不够的，必须在政府统一指挥调度下实施。特别是在扑救大型火灾，进行重大事故处置，需要供水、电力、救护等方面力量和物资时，只有在政府的统一调度指挥下，才能迅速调集、快速参战，及时完成火灾扑救和抢险救援任务。

8. 奖励在消防工作中有突出贡献或者成绩显著的单位和个人

对因参加扑救火灾受伤、致残或者死亡的人员，给予医疗、抚恤。

9. 决定对经济和社会生活影响较大的停产停业的处罚

在消防安全方面，因严重违反消防法规，需停业整改，对经济和社会生活影响较大的，如对供水、供气、供电等重要厂矿企业，重要的基建工程、交通、邮电通信枢纽，以及其他主要单位、场所的责令停产停业，消防救援机构必须报请当地人民政府，由人民政府依法做出责令停产停业决定后，消防救援机构再执行。

（二）居民、村民委员会的消防工作职责

城市街道办事处是城市区级政府的派出机构。乡镇人民政府、城市街道办事处对村民委员会、居民委员会的消防安全工作负有指导和监督的责任。

城市居民委员会和农村村民委员会是城市居民、农村村民自我管理、自我教育、自我服务的基层群众性的自治组织。城市居民委员会和农村村民委员会的消防工作职责如下。

1. 宣传消防法律法规、普及消防知识，发动群众做好消防安全工作

通过消防宣传，使群众知法守法，懂得消防科学知识，自觉地做好消防安全工作。

2. 组织制订防火安全公约，督促居民遵守

"防火安全公约"是居民、村民共同制定，共同遵守，相互监督的乡规民约，是做好居民消防安全工作的一项重要措施。

3. 组织建设群众义务消防队

组织建设群众义务消防队，组织灭火演练、扑救初期火灾、保护火灾现场，协助火灾原因调查。

4. 进行消防安全检查

检查居民、村民是否有违反防火公约的行为，用火、用电、使用燃气是否符合消防安全要求，楼梯等公共通道是否堆放杂物，是否存在火灾隐患等，发现隐患及时督促整改。

（三）有关行政主管部门的消防工作职责

有关行政主管部门，是指与社会消防工作直接相关的行业行政部门。教育、劳动、新闻、出版、广播、电影、电视、建设等行业行政主管部门均负有消防工作职责。

1. 教育、劳动行业行政主管部门的消防工作职责

教育、劳动行业行政主管部门负有将消防知识纳入教学、培训内容的职责。消防工作是一门综合性的学科，它涉及社会科学和自然科学领域，与社会学、经济学、法学、管理学、物理学、化学、材料学、建筑学、电学等学科密切相关。目前，在我国大、中、小学教程中，尚没有把相关消防科学知识纳入相关学科之中，使得学生不懂相关学科的消防知识。如建筑学专业教科书中没有消防设计内容，学生毕业到岗位设计中消防设计就没法得到贯彻实施，造成了大量的人、财、物的浪费。

消防工作又具有较强的专业技术性，渗透到各个行业及各个工种岗位。许多火灾事故说明，千万火灾的原因是由于从业人员不懂消防知识，违章操作引起的。因此，劳动行业行政主管部门在进行职工职业技能培训的同时，应将消防知识纳入培训内容，以提高职工的消防安全操作技能。

2. 新闻、出版、广播、电影、电视等行业行政主管部门的消防工作职责

新闻、出版、广播、电影、电视等主管部门负有进行消防安全教育的职责和义务。新闻、出版、广播、电影、电视是社会宣传机器，做好消防安全工作是社会共同的责任。因此，新闻、出版、广播、电影、电视主管部门应尽消防宣传教育的义务，充分利用和发挥各自的特点和优势，经常宣传消防法规和消防科学知识，报道消防工作中的先进经验和好人好事，披露消防工作中存在的问题，推进消防事业的发展。

3. 建设行政主管部门、建筑设计和建设单位的消防工作职责

建设行政主管部门，是指各级人民政府的主管建设的职能部门。其消防工作职责是对经消防救援机构审核通过的建筑工程，颁发建设许可证，而对未经消防救援机构审核或者虽经审核而不合格的建筑工程，不发给建筑施工许可证。

建筑设计单位，是指专门从事建筑工程设计的企业。其消防工作职责是必须按照国家工程建筑消防技术标准进行建筑工程设计；在进行建筑工程设计时，选用的建筑构件和建筑材料的防火性能必须符合国家标准或行业标准；在进行室内装修、装饰设计时，必须选用依照产品质量法的规定确定的检验机构检验合格的不燃、难燃材料进行设计。

建设单位，是指建筑工程的所有者或建筑工程的开发商，其消防工作职责是将建筑工程的消防设计图纸及有关资料报送消防救援机构进行审核；经消防救援机构审核的建筑工程消防设计需要变更的，报经原审核的消防救援机构核准，未经核准不得变更；建筑工程竣工时，未经消防救援机构验收或虽经验收而不合格的建筑工程，不得投入使用。

（四）机关、团体、企业、事业单位的消防安全工作职责

机关、团体、企业、事业单位以及民办非企业单位和符合消防安全重点单位定界标准的个体工商户要在当地政府的领导下，积极组织开展本单位的消防工作，认真履行消防安全职责。

1. 社会单位的基本消防安全职责

（1）落实消防安全责任制，制定消防安全制度、消防安全操作规程，狠抓消防安全制度和消防安全操作规程的贯彻执行，保障单位的消防安全。

（2）确定本单位和所属各部门、岗位的消防安全责任人。明确各部门、各岗位及相关责任人的消防安全职责，做到职责明确，责任到人。

（3）针对本单位的特点对职工进行消防宣传教育。各单位应利用墙报、广播等形式和采取举办消防安全知识讲座，开展消防安全竞赛等方法，对职工进行消防法规和消防知识宣传教育，以增强职工的消防安全意识，提高防火、灭火技能。

（4）组织防火检查，及时消除火灾隐患。要适时开展以查思想、查制度、查措施、查责任、查隐患为主要内容的防火安全检查，及时发现、纠正消防安全工作中存在的问题，使制度、措施、责任真正落到实处。

（5）按照国家有关规定配置消防设施和器材、设置消防安全标志，并定期进行检查、维修，确保消防设施和器材完好有效。

（6）加强对建筑消防设施的管理，定期由建筑消防设施检测、维修企业对本单位消防设施进行检测、维修、保养，确保其完好有效。检测记录应当完整准确，存档备查。

（7）保障疏散通道、安全出口畅通，并设置符合国家规定的消防安全疏散标志。疏散通道、安全出口，是人员在火灾情况下逃生的主要途径。保障疏散通道、安全出口畅通，并在疏散通道、安全出口处设置疏散指示标志，一旦发生火灾，能引导人员迅速疏散逃生。

（8）制定灭火和应急疏散预案，并定期组织演练。

（9）法律、法规规定的其他消防安全职责。

2. 消防安全重点单位的消防工作职责

消防安全重点单位，是指发生火灾可能性较大以及一旦发生火灾可能造成人身伤亡或者财产重大损失，由消防救援机构确定，报本级人民政府备案的列管单位。消防安全重点单位，除了要履行社会单位的基本职责外，还应履行下列消防工作职责。

（1）确定消防安全管理人，组织实施本单位的消防安全管理工作。

（2）建立防火档案，确定消防安全重点部位，设置防火标志，实行严格管理。

（3）实行每日防火巡查，并建立巡查记录。

（4）对职工进行岗前消防安全培训，定期组织消防安全培训和消防演练。

（5）建立专职或义务消防队伍，加强管理、教育、培训，增强企业的自防自救能力。

（五）公民的消防安全责任

社会是由公民组成的集团，社会财富是由公民共同创造并共同拥有的财富。公共消防设施，是为扑救火灾设置的灭火器具设备。保护社会财富，维护公共消防设施是公民应履行的义务。每个公民必须认真遵守消防法规，履行法律赋予的消防安全义务，只有这样，才能使社会财富免遭火灾危害，使公共消防设施免遭破坏。公民的消防安全责任如下。

（1）学习和掌握消防科学知识，严格遵守消防法规，积极主动做好消防安全工作。

（2）自觉保护消防设施，不损坏、不擅自挪用、拆除、停用消防设施器材，不埋压圈占消火栓，不占用防火间距，不堵塞消防通道。

（3）不携带火种进入生产、贮存易燃易爆危险物品的场所，不携带易燃易爆危险物品进入公共场所或者乘坐公共交通工具。

（4）发现火灾应立即报告火警；私有通信工具应无偿为火灾报警提供便利；不谎报火警。

（5）成年公民都有参加有组织的灭火工作的义务。

综上所述，各级政府，政府相关各部门，各机关、团体、企业、事业单位以及每个公民，都要按照职责分工，认真履行工作职责和社会义务，切实树立消防安全责任主体意识，逐步建立和完善政府统一领导、部门履行职责、行业自觉管理、全民普遍参与、消防救援机构严格监督的消防安全运行机制，为国民经济的快速发展创造一个良好的消防安全环境。

第三节　我国消防法规体系

消防法律法规是指国家制定的有关消防管理的一切规范性文件的总称。包括消防法律、消防法规（消防行政法规、地方性消防法规）、消防规章（消防行政规章和地方政府消防规章）以及消防技术标准等。

我国的消防法律法规体系是以《中华人民共和国消防法》（以下简称为《消防法》）为核心，以消防行政法规、地方性消防法规、各类消防规章、消防技术标准以及其他规范性文件为主干，以涉及消防的有关法律法规为重要补充的消防法律法规体系。它的调整对象是在消防管理过程中形成的各种社会关系。其立法目的是为规范社会生活中各种消防行为，预防火灾和减少火灾的危害，保护公共财产和公民人身、财产的安全，维护公共安全，保障社会主义现代化建设的顺利进行。

一、消防法律

（一）消防专门法律

《消防法》是我国唯一的消防专门法律，是我国消防工作的基本法。

我国第一部《消防法》于1998年颁布实施，为推动我国消防法制的建设、公共消防设施建设、规范消防监督执法，提高社会化消防管理水平以及提高广大群众自防自救等诸多方面起到了积极的作用，也在预防和减少火灾危害，保护人身、财产安全，维护公共安全工作中切实取得了成效。随着我国经济社会的发展和政府职能的转变，随着社会和广大人民群众对自身安全的新需求、新期待，1998年的《消防法》

已难以适应新时期消防工作的需要，自2002年开始，消防救援机构正式启动《消防法》的修订工作，经过数次修改和讨论，根据全国人大常委会审议意见和各方面的意见，《消防法》修订草案于2008年10月28日经十一届全国人大常委会第五次会议审议通过，并于2009年5月1日正式施行。

（二）与消防违法行为处罚相关的法律

与消防违法行为处罚相关的法律主要有《中华人民共和国刑法》《中华人民共和国刑事诉讼法》《中华人民共和国行政处罚法》《中华人民共和国安全生产法》《中华人民共和国治安管理处罚法》《中华人民共和国城市规划法》《中华人民共和国建筑法》《中华人民共和国森林法》《中华人民共和国草原法》《中华人民共和国产品质量法》等。

有一些消防违法行为，常常也属于治安违法行为。如《消防法》中的五种消防安全违法行为，应当依照《治安管理处罚法》的规定进行处罚。

（1）违反有关消防技术标准和管理规定生产、储存、运输、销售、使用、销毁易燃易爆危险品的；

（2）非法携带易燃易爆危险品进入公共场所或者乘坐公共交通工具的；

（3）谎报火警的；

（4）阻碍消防车、消防艇执行任务的；

（5）阻碍消防救援机构的工作人员依法执行职务的。

又如《消防法》规定"拘留处罚由县级以上消防救援机构依照《中华人民共和国治安管理处罚法》的有关规定决定。消防救援机构需要传唤消防安全违法行为人的，依照《中华人民共和国治安管理处罚法》的有关规定执行。"

（三）国家行政管理通用法律

国家行政管理通用法律主要包括《中华人民共和国行政许可法》《中华人民共和国行政复议法》《中华人民共和国行政诉讼法》《行政处罚法》《中华人民共和国行政监察法》和《中华人民共和国国家赔偿法》等。这些法律是所有的国家行政机关在行政管理和行政执法中都应当遵守和执行的法律。

二、消防法规

（一）行政法规

消防行政法规是国务院根据宪法和法律，为领导和管理国家消防行政工作，按照法定程序批准或颁布的有关消防工作的规范性法律文件。主要有《森林防火条例》《草原防火条例》《民用核设施安全监督管理条例》《特别重大事故调查程序暂行规定》等。

（二）地方性法规

地方性消防法规，由省、自治区、直辖市、省会、自治区首府、国务院批准的较大市的人大及其常委会在不与宪法、法律和行政法规相矛盾的情况下，根据本地区的实际情况制定的规范性文件。全国大部分省、自治区、直辖市有立法权的人大常委会制定了符合本地实际情况的消防条例。如《北京市消防条例》《浙江省消防条例》《青海省消防条例》等。

三、消防技术标准

（一）消防技术标准的含义

消防技术标准是规定社会生产、生活中保障消防安全的技术要求和安全极限的各类技术规范和标准的总和。单纯的技术标准，不具有或基本上不具有社会性，因而不具有法律意义。消防技术规范和技术标准中，由国家赋予其普遍约束力和法律意义的那部分规范和标准，则属于消防法规体系的内容。国家一般用两种方法赋予技术规范和标准以法律意义：一种是在法律条文中直接规定这类规范和标准；另一种是把遵守一定技术规范和标准定为法律义务，违反该规范或标准，要承担法律责任。这种技术规范或标准虽不是法律文件本身的组成部分，但却是它的附件和补充。这些规范和标准涉及危险化学品、电气装置、建筑工程设计、施工、验收、生产流程、消防设施设备、消防产品等大量内容，是进行消防监督必不可少的依据和工具。

（二）消防技术标准的分类

消防技术标准根据其性质可分为规范和标准两大类，其中规范又称为工程建设技术标准，标准又分为基础性标准、实验方法标准和产品标准（又称通用技术条件）。

消防技术标准根据制定的部门的不同，划分为国家标准、行业标准和地方标准。

消防技术标准根据强制约束力的不同，分为强制性标准和推荐性标准。保障人体健康，人身、财产安全的标准和法律、行政法规规定强制执行的标准是强制性标准，其他标准是推荐性标准。

（三）单位消防安全管理常用的消防技术标准

单位消防安全管理中依据的现行消防技术规范主要有：
《建筑设计防火规范》；
《高层民用建筑设计防火规范》；
《建筑内部装修设计防火规范》；
《建筑灭火器配置设计规范》；
《水喷雾灭火系统设计规范》；
《火灾自动报警系统设计规范》；
《火灾自动报警系统施工及验收规范》；
《石油库设计规范》；
《小型石油库及汽车加油站设计规范》；
《建筑物防雷设计规范》；
《爆炸和火灾危险环境电力装置设计规范》等。

单位消防安全管理中依据的现行消防技术标准有：

《人员密集场所消防安全管理》；

《重大火灾隐判定方法》等。

四、规范性文件

消防行政管理规范性文件是指未列入消防行政管理法规范畴内的、由国家机关制定颁布的有关消防行政管理工作的通知、通告、决定、指示、命令等规范性文件的总称。如：

《消防改革与发展纲要》；

《关于加强电气焊割防火安全工作的通告》；

《关于加强家具建筑装修装饰材料销售市场防火安全管理的通告》；

《国务院关于进一步加强消防工作的意见》等。

其中《国务院关于进一步加强消防工作的意见》（简称《意见》）成为了新时期指导消防工作的重要纲领性文件。

第四节　保障建筑消防安全的途径

建筑的消防安全质量，与建筑设计、消防设施安装、消防设施的检测、维护保养有着直接关系。要保障建筑的消防安全，必须从源头抓起，从建筑设计、施工、设施维护以及日常的安全管理几个方面抓起。

一、把好建筑消防系统设计关

建筑消防系统设计，是建筑设计至关重要的一个环节，是建筑消防安全的源头，采用符合标准的消防系统设计方案，是确保该建筑消防安全的首要条件；因此，城乡建设规划和建筑设计与施工过程中必须贯彻"预防为主，防消结合"的消防工作方针，严把建筑消防系统设计关，加强建设工程消防监督管理。建设单位应选择具有资质的设计单位进行建筑消防系统的设计，在保证建筑物使用功能的前提下，严格按照有关规范、标准及规定进行设计，保证建设工程设计质量，从源头上消除火灾隐患，从根本上防止火灾发生。

二、把好建筑消防系统施工关

建筑消防设施安装，是为达到设计功能和使用功能，保证消防安全的重要环节。因此建设、施工及工程监理单位一定要把好建筑消防系统的施工关，消防救援机构应加强对建设工程施工的监督与管理。为确保建筑消防设施与系统满足消防安全要求，建设与施工单位必须按照下列要求进行施工。

（1）选择具有消防工程施工资格、经验丰富、施工能力强的施工队伍施工；

（2）严格按经消防救援机构审批合格后的设计方案及有关施工验收规范进行施工；

（3）选择经检测合格，实际使用证明运行可靠、经久耐用的建筑消防产品。

三、做好消防系统与设施使用过程中的维护与维修工作

要保证建筑消防系统与设施始终保持良好的工作状态，必须做好消防系统与设施的检查、维护与维修工作。

（一）建立健全建筑消防设施定期维修保养制度

设有消防设施的建筑，在投入使用后，应建立消防设施的定期维修保养制度，使设施维修保养工作制度化，即使系统未出现明显的故障，也应在规定的期限内，按照规定对全系统进行定期维修保养。在定期的维修保养过程中，可以发现系统存在的故障隐患，并及时排除，从而保证系统的正常运行。这种系统全面的维修保养工作，至少应该每年进行一次。

（二）选择合格的专业消防设施维修保养机构

对建筑消防设施进行全系统的维修保养，工作量比较大，技术性、专业性比较强，一般的建筑使用单位通常不具有足够的人力和技术力量，这项工作应选择经消防部门培训合格的专门从事消防设施维修保养的消防中介机构进行，并在对系统维修保养之后，出具系统合格证明，存档备查。

（三）选择经培训合格的人员负责消防设施的日常维修保养工作

由于对消防设施全系统进行维修保养的时间间隔较长，系统有可能在某次维修保养之后，下一次维修保养之前出现故障，这就需要对系统进行经常性的维修保养。这种日常性的维修保养工作，工作量小，技术性相对较低可以由建筑使用单位调专人或由消防设施操作员兼职担任。日常性的消防设施维修保养工作，可以随时发现系统存在的故障，对系统正常运行十分重要。每次对系统维修保养之后，应做好记录，存入设备运行档案。

（四）建立健全岗位责任制度

建筑消防设施通常由消防控制室中的控制设备和外围设备组成，许多单位只在消防控制室安排值班人员负责监管控制室内的设备，而未明确控制室以外的消防设施由哪个部门负责，致使外围消防设施出现故障不能及时被发现和排除，火灾发生时，不能发挥其应有的作用。因此，仅仅明确消防控制室工作人员的职责是不够的，还应进一步明确整个消防设施全系统的岗位责任，健全包括全部消防设施在内的消防设施检查、检测、维修保养岗位责任制，从而保证消防设施始终处于良好运行状态，在火灾发生时，发挥其应有的作用。

四、做好建筑消防安全管理工作

落实消防安全责任制度,有领导负责的逐级防火责任制,做到层层有人抓。有生产岗位防火责任制,做到处处有人管。有专职或兼职防火安全干部,做好经常性的消防安全工作;要有健全的各项消防安全管理制度,包括逐级防火检查,用火用电、易燃易爆品安全管理,消防器材维护保养,以及火警、火灾事故报告、调查、处理等制度;对火险隐患,做到及时发现、按期整改;一时整改不了的,采取应急措施,确保安全;明确消防安全重点部位,做到定点、定人、定措施,并根据需要采用自动报警、灭火等技术;对新职工和广大职工群众普及消防知识,对重点工种进行专门的消防训练和考核,做到经常化,制度化;制定灭火和应急疏散预案,并定期演练。只有这样,才能保证建筑消防安全。

社会要发展,经济要繁荣,消防工作也要同步发展,只有严把建筑防火设计质量、建筑消防设施安装、检测与维修保养质量关,做好建筑消防安全管理工作,才能保证建筑物的消防安全,才能为经济建设和经济发展创造有利环境,发挥好消防工作为经济建设保驾护航的作用。

第二章 消防监督检查概论

第一节 消防监督检查

一、消防监督检查的性质、特点和作用

消防监督检查是国家赋予消防救援机构的一项重要职责。消防救援机构应当对机关、团体、企业、事业单位遵守消防法律、法规的情况依法进行监督检查。因此，消防监督检查是消防救援机构依照法律行使社会消防监督管理的一项职权。

（一）消防监督检查的性质

消防监督检查是行政机关的执法行为。由消防救援机构依法对机关、团体、企业、事业单位遵守消防法律、法规情况进行监督检查；对违反消防法律、法规行为责令改正，并依法实施行政处罚。

消防监督检查是国家消防监督制度的主要组成部分，是预防火灾和减少火灾危害，保护公民、公共财产和公民财产安全，维护公共安全的有效措施。

（二）消防监督检查的特点

消防监督检查是消防救援机构依法行使的消防监督管理职责，具有以下几个特点：

1. 具有权威性

由于消防监督检查是法律赋予的职责,并且依据国家和地方消防(或与之有关的)法律法规,因此具有权威性。

2. 具有强制性

消防法律、法规对公民、法人和其他组织具有普遍约束力。消防救援机构对机关、团体、企业、事业单位的消防监督检查不受时间和场所的限制,不管被监督者是否愿意接受,监督检查具有强制作用。这种监督检查不同于企业事业单位内部的防火检查,单位内部的防火检查是企业事业单位自身的管理行为,不是执法行为。

3. 具有客观公正性

消防监督检查是一种抽查性检查,通过监督检查,督促企业事业单位履行消防安全职责。消防救援机构在检查中发现和纠正违反消防法律法规行为,提出整改意见,消除火灾隐患,逾期不改的、依法实施处罚。监督检查的目的是纠正,辅之以处罚,具有客观公正性。

(三)消防监督检查的作用

(1)督促企业事业单位切实贯彻预防为主,防消结合的消防工作方针,落实消防安全责任制。预防为主,防消结合这一方针是我国人民同火灾作斗争的科学总结,它正确反映了消防工作的客观规律。企业事业单位应当认真贯彻落实各项消防法律、法规,制定消防安全管理制度和技术措施,切实落实消防安全责任制和逐级防火责任制。消防救援机构依法进行检查、监督,促进消防工作经常化、制度化。

(2)及时发现和纠正违反消防法律、法规的行为,消除火灾隐患。当前,由于人们的消防法制意识和安全意识不强,忽视消防安全,违法违章行为时有发生,据统计,每年由于违法违章造成的火灾占火灾总数的近一半,给社会造成很大危害。消防监督检查通过正确地行使法律手段,可以纠正违法违章行为,消除火灾隐患,保障消防安全。

二、消防监督检查的分工

消防监督检查由各级消防救援机构组织实施。上级消防救援机构对下级消防救援机构的消防监督检查工作负有监督和指导职责;直辖市、市(地区、州、盟)、县(市辖区、县级市、旗)消防救援机构具体实施消防监督检查。

消防救援机构负责对消防安全重点单位和一般单位开展日常监督检查。

消防监督检查的分工,是依据行政区划和各级消防救援机构的职能划分的,并以城市为重点。

（一）消防监督检查分工的意义

1. 有利于落实逐级责任制

实行监督检查的分工，使各级消防救援机构分工明确，责任清楚，能增强消防监督人员的责任感和自觉性，使之能经常地对管辖的单位实施监督检查，熟悉和掌握单位生产工艺及火灾危险性，并督促单位落实各项消防安全措施和防火责任制，有效地保障消防安全。

2. 有利于突出对重点单位的管理

实行分级监督以后，将消防安全重点单位的监督检查交给所在市、区、县消防救援机构，有利于促进消防监督检的制度化、经常化。同时，各级消防救援机构可根据辖区情况，进行调查研究，突出重点，配备力量，做到抓住重点，兼顾一般，确保安全。

3. 有利于加强宏观监督指导

由于实行分级监督检查，消防安全重点单位的日常性监督管理由当地消防救援机构负责，上级消防救援机构对下级消防救援机构能够经常进行监督检查指导，及时发现问题，纠正偏差，总结经验教训，有利于提高消防监督工作的整体水平。

（二）消防监督检查分工的原则

按照我国的行政区划和各级消防救援机构的职能，各级消防监督检查的职责是：

（1）省、自治区、直辖市消防救援机构主要负责：

①制定有关监督检查的法规政策，并组织实施；

②监督、检查、指导下级消防救援机构的消防监督检查工作。

（2）城市（包括直辖市、副省级市、地级市）消防救援机构具体实施消防监督检查，其职责是：

直辖市消防救援机构除担负上述职责外，还担负着组织实施全市消防监督检查和市级消防安全重点单位的定期检查。副省级、地级市消防救援机构担负着全市消防监督检查的组织实施、市级消防安全重点单位的定期检查和对所属区、县消防救援机构的监督、检查、指导。

（3）地区（州、盟）消防救援机构主要担负对下级消防救援机构进行监督、检查、指导职责，也可以根据需要具体对重点单位实施监督检查。

（4）城市的区、县级市、县（旗）消防救援机构是具体担负消防监督检查的基层单位，负责区、县、旗消防安全重点单位的定期检查和非重点单位的抽查，并指导辖区消防救援机构的消防监督检查工作。

（5）消防救援机构负责对消防安全重点单位和一般单位开展日常监督检查。

第二节 火灾事故调查

一、接出警及信息上报

（一）接警出警

消防救援机构接到火灾报警或者出警指令后，应立即派消防救援人员赶赴火灾现场。

（二）信息上报

火灾信息的上报应及时、准确，信息内容包括火灾燃烧对象、面积、人员伤亡情况以及火灾的发现、报警等初步了解或调查的情况。

二、现场警戒及现场保护

（一）现场警戒

消防救援机构民警到场后，应当维持火灾现场秩序、组织疏散被困人员，做好火灾的调查工作。

（二）现场保护

消防机构应根据消防机构的要求，对火灾现场进行封闭，设置警戒带和告示牌，同时派人进行保护，禁止无关人员进入现场。与火灾有关的留有火灾痕迹、物品的场所均应列入现场保护范围。

偏远村寨发生火灾，消防机构无法及时赶赴现场调查的，应当先行封闭和保护火灾现场、控制肇事嫌疑人、开展调查询问工作。

三、调查询问及人员控制

调查询问

消防机构协助消防机构进行询问时，针对最先发现火灾的人和报警人、最先到达火场救火的人、目击证人和周围群众、值班人员、最后离开起火部位或在场人员、熟悉起火部位周围情况及生产工艺过程的人、火灾当事人的询问重点如下：

1. 最先发现火灾的人和报警人

（1）发现起火的时间、地点，最初起火的部位及证实起火时间和部位的依据等。

(2) 发现起火的详细经过。即发现者在什么情况下发现起火,主要燃烧物,起火前的现象征兆,如:声、光、烟、味等现象。

(3) 发生火灾后,火场的变化情况。如:火势蔓延的方向、燃烧范围、火焰和烟雾颜色变化情况。

(4) 发现火灾后所采取的施救措施。是否进入过现场,如何扑救以及扑救的位置、方法等。

(5) 发现火灾时还有何人在场,是否有可疑的人员出入火场,有何异常情况,还有谁知道或了解现场的这些情况。

(6) 发现火灾时的电源情况。如:照明、其他用电设备有无异常。

(7) 发现火灾时的天气情况。如:风向、风力等。

(8) 报警情况。如报警时间、地点、电话号码。

2. 最先到达火场救火的人

(1) 到达火场时,火势发展的形势和特点。如:起火、冒烟的具体部位,火焰、烟雾的颜色、气味。

(2) 到达火场时,火势蔓延到的位置和扑救过程。

(3) 进入火场、起火部位的具体路线。

(4) 扑救过程中是否发现了可疑物品、痕迹及可疑的人进出现场情况。

(5) 起火单位的消防器材和设施是否受到破坏。

(6) 起火部位附近是否有过破拆或破坏,原来状态如何。

(7) 采用何种灭火方式,效果如何。

3. 目击证人和周围群众

(1) 起火前后所看到的情况。如:发现起火的部位、范围、火势情况,起火前,火源、电源的异常情况,是否发现可疑物和人。

(2) 群众对火灾的议论和反映。

(3) 火灾当事人的有关情况。如:经济状况、品行作风、家庭社会关系,是否受过处理,火灾前后的行为表现等。

(4) 过去是否发生火灾及其他事故、案件的情况。

4. 最后离开起火部位或在场人员

(1) 离开起火部位之前是否有人吸烟或动用明火,生产设备运转情况,人员具体活动地点、路线及行为。

(2) 离开时,火源、电源处理情况,是否关闭燃气源、电源。附近是否有可燃、易燃物品及其种类、性质、数量。

(3) 在工作期间有无违章操作,是否发生过故障或异常,采取过何种措施。

(4) 其他在场人员的具体位置和活动路线。何时、为何离去,有无他人出入,出入目的、具体行为及时间、路线。

(5) 离开之前,是否进行过检查,是否发现有异常气味和响动,门窗关闭情况。

(6) 最后离开起火部位的具体时间、路线、先后顺序,有无证人。

（7）对火灾原因的看法和依据。

5. 值班人员

（1）交接班时间、记录。

（2）检查情况、检查时间、检查部位、检查路线、检查次数、是否发现异常及处理情况等。

（3）用火、用电情况。如：有无吸烟、照明是否异常等。

（4）发现起火经过、火势情况和采取的措施。

（5）值班、巡逻制度、措施。

（6）有无人员出入及具体时间。

6. 熟悉起火部位周围情况及生产工艺过程的人

（1）起火建筑物的主体结构、平面布置和建筑耐火等级，每个房间、车间的用途，车间内的设备及室内陈设。

（2）火源、电源情况。如火源分布部位及与可燃物的距离，是否出现过异常情况，是否采取过防火措施；架（敷）设电气线路的部位；电线的型号规格、质量、使用年限；是否有私拉乱接、电线破损、接触不良等情况；线路负荷是否过载，有无发热现象和出现异味；近期检查、修理、改造情况；机械设备的性能，使用情况，发生的故障等情况。

（3）起火部位存放、使用的物资、材料等产品情况，包括各种物质的种类、数量、相互位置。室内有无不宜混储的化学物品、可燃性物品以及与火源、热源的位置关系，室（库）内通风、湿度、温度情况，是否漏雨、漏水等。

（4）有无火灾史。曾在什么时间、部位、地点，由于什么原因发生过火灾或其他事故，事后采取过什么措施。

（5）设备及生产工艺情况，以往生产及设备运转情况。

（6）有无操作规程，实际执行情况如何。

（7）有无不正常的现象。如：设备、控制装置及灯光闪动、异响、异味等。

7. 受灾单位领导或户主

（1）对起火原因的看法，提供可疑人、重点人员情况。

（2）火前有无火灾隐患及整改情况。

（3）过去有无发生火灾及其他事故的情况。

（4）防火安全制度的执行情况。

（5）火灾损失情况。

8. 火灾当事人

（1）用火用电情况。有无本人因生活用火用电不慎，疏忽大意引起火灾的可能。火灾发生时及火灾前在何处、做何事。

（2）起火部位起火物堆放情况，包括物品的种类、数量及与火源的距离。

（3）起火过程及扑救情况。

（4）是否受伤及受伤的部位、原因。
（5）与邻居的关系，有无私仇或其他放火的可能。

第三节　消防产品监督管理

消防产品是指经过加工、制作，具有特定物理化学性能的专门用于火灾预防、灭火救援、火灾防护、避难逃生的专用器材和设备。它广泛应用于社会的各个领域、各种可能发生火灾的场所，装备着每一支专职、志愿消防队伍，应用于火灾发生的危急时刻，所以，其质量、数量、使用性能等，与消防安全关系都十分重大。如果质量优异，则功效显著，遇警启用能化险为夷；若质量不好，临警失效，则会贻误战机，不但起不了防止和扑救火灾的作用，反而会造成更大的经济损失，使小火酿成重灾，甚至危及生命安全。因此，消防产品的生产，必须坚持"质量第一"的方针，遵循"企业负责、行业自律、中介评价、政府监管"的原则，切实加强对消防产品的质量监督管理。

一、消防产品质量监督管理职责

市场监督管理局和消防救援机构按照各自职责对本行政区域内生产、流通和使用领域的消防产品质量实施监督管理。

（一）产品质量监督部门的监督职责

产品质量监督部门负责消防产品生产领域产品质量的监督检查，并依法履行以下职责：

（1）组织开展消防产品生产领域产品质量的监督抽查；
（2）负责消防产品质量认证、检验机构的资质认定和监督管理；
（3）对制造假冒伪劣消防产品的违法行为，依法予以查处，并将查处情况通报消防救援机构；
（4）受理消防产品生产领域违法行为的举报、投诉，并按规定进行调查、处理。

（二）工商行政管理部门的监督职责

工商行政管理部门负责消防产品流通领域产品质量的监督检查，并依法履行以下职责：

（1）组织开展消防产品流通领域产品质量的监督抽查；
（2）对销售假冒伪劣消防产品的违法行为，依法予以查处，并将查处情况通报消防救援机构构；
（3）受理消防产品流通领域违法行为的举报、投诉，并按规定进行调查、处理。

(三) 消防部门的监督职责

消防救援机构负责消防产品使用领域产品质量的监督检查，并依法履行以下职责：

（1）组织开展在建建设工程消防产品专项监督抽查；

（2）开业前检查和消防监督检查时，依照有关规定对消防产品质量实施检查；

（3）对消防产品质量认证、检验和消防设施检测等消防技术服务机构开展的认证、检验和检测活动进行监督；

（4）对发现的使用不合格消防产品或者国家明令淘汰的消防产品的违法行为，依法予以处理；

（5）受理消防产品使用领域违法行为的举报、投诉，并按规定进行调查、处理。

二、消防产品质量及相关单位的要求

（1）消防产品必须符合国家标准。无国家标准的，必须符合行业标准，新研制的尚未制定国家标准或行业标准的，经技术鉴定符合消防安全要求的，方可生产、销售、维修和使用，消防安全要求由消防救援机构制定。

（2）建筑构件和建筑材料的防火性能必须符合国家标准或者行业标准。

（3）根据国家工程建设消防技术标准的规定，室内装修、装饰工程，应当使用不燃、难燃材料或者阻燃制品的，必须依照消防技术标准选用由产品质量法规定确定的检验机构检验合格的材料。

（4）禁止生产、销售或者使用不合格的消防产品以及国家明令淘汰的消防产品；禁止使用不符合国家标准、行业标准或者地方标准的配件或者配料维修、保养消防设施和器材。

（5）为建设工程供应消防产品的单位应当提供强制性产品认证合格或者技术鉴定合格的证明文件、出厂合格证。

（6）供应有防火性能要求的建筑构件、建筑材料、室内装修装饰材料的单位应当提供符合国家标准、行业标准的证明文件、出厂合格证，并应作出质量合格的承诺。

（7）消防产品的使用单位应当根据建（构）筑物的火灾危险等级选用相应质量要求的消防产品。

（8）建设工程设计单位在设计中选用的消防产品，应当注明产品规格、性能等技术指标，其质量要求应当符合国家标准、行业标准。对尚未制定国家标准或行业标准的，应选用经技术鉴定合格的消防产品。

三、消防产品质量监督管理的措施

消防产品质量的优劣，直接影响着消防系统性能的发挥。目前，我国对消防产品质量的管理主要采取了消防产品市场准入、认证机构管理、证书管理、明确相关部门或人员的职责和义务等几方面的管理措施。

（一）实行消防产品市场准入制度

消防产品市场准入制度是指消防产品在经过国家具有资格的消防产品质量监督检验机构检验合格后才可上市销售的制度。目前，消防产品的市场准入制度主要有强制性产品认证制度（3C认证）和型式认可制度。

1. 强制性产品认证（3C认证）制度

强制性产品认证制度，是通过制定强制性产品认证的产品目录和实施强制性产品认证程序，对列入《目录》中的产品实施强制性的检测和审核的制度。凡列入强制性产品认证目录内的产品，没有获得指定认证机构的认证证书，没有按规定加施认证标志，一律不得进口、不得出厂销售和在经营服务场所使用。

实行强制性认证的消防产品目录由国家质量监督检验检疫总局、国家认证认可监督管理委员会会同消防救援机构制定并公布，消防产品认证基本规范、认证规则由国家认证认可监督管理委员会制定并公布。

实行强制性产品认证制度的消防产品，生产企业应当向消防救援机构消防产品合格评定中心提出认证申请，由具有认证资质的人员组成检查组，严格按照强制性产品认证实施规则进行产品质量认证，对申请认证企业的工厂条件进行考核检查，检查通过后再抽取产品样品送国家指定的消防产品质量监督检验中心作认证检验。最后，在工厂条件检查合格和产品检验合格的基础上颁发3C认证证书。企业凭3C认证证书上市销售产品。目前，实行强制性产品认证的消防产品有以下4类。

（1）火灾报警产品

实行强制性认证的火灾报警产品，包括以下产品种类（共22种）：

点型感烟火灾探测器、点型感温火灾探测器、独立式感烟火灾探测报警器、手动火灾报警按钮、点型紫外火焰探测器、特种火灾探测器、线型光束感烟火灾探测器、电气火灾监控系统、火灾显示盘、火灾声和/或光警报器、火灾报警控制器、消防联动控制系统设备、防火卷帘控制器、线型感温火灾探测器、家用火灾报警产品、城市消防远程监控产品、可燃气体报警产品、消防应急照明和疏散指示产品、消防安全标志、火警受理设备：119火灾报警装置、消防车辆动态管理装置。

（2）灭火设备产品

实行强制性认证的灭火设备产品，包括以下产品种类（共9种）：

喷水灭火产品、泡沫灭火设备产品、干粉灭火设备产品、气体灭火设备产品、灭火剂、灭火器、消防水带、消防给水设备产品、阻火抑爆产品。

（3）消防装备产品

实行强制性认证的消防装备产品，包括以下产品种类（共6种）：

正压式消防空气呼吸器、消防员个人防护装备、消防摩托车、抢险救援产品、逃生产品、自救呼吸器。

（4）火灾防护产品

实行强制性认证的火灾防护产品，包括以下产品种类（共10种）：

防火涂料、防火封堵材料、耐火电缆槽盒、防火窗、防火门、防火玻璃、防火卷帘、防火排烟阀门、消防排烟风机、挡烟垂壁。

2. 消防产品型式认可制度

消防产品型式认可制度是指对已制定国家标准、行业标准和尚未实行强制性产品认证的消防产品，企业凭《型式认可证书》上市销售消防产品的制度。具体操作程序是，实行型式认可制度的消防产品，生产企业向消防救援机构消防产品合格评定中心提出型式认可申请，提交所需材料，由具有检查资质的人员组成检查组，对申请型式认可企业的工厂条件进行考核检查，检查通过后再抽取产品样品送国家指定的消防产品质量监督检验中心作型式检验。最后，在工厂标准条件检查合格和产品检验合格的基础上颁发型式认可证书，企业凭型式认可证书上市销售产品。对已制定国家标准、行业标准但未列入强制性认证目录的消防产品，均实行型式认可制度。

（二）加强对消防产品市场准入评价机构的管理

为了保证消防产品检测检验的真实可靠性，保证其质量，国家有关政府机关要加强对有关消防产品检测检验机构的监督管理，制定严密的检测检验操作程序和规程，定期进行检查或抽查，并对出具虚假文件的行为追究其相关的法律责任。

1. 明确对认证机构和认证检查人员的要求

（1）国务院认证认可监督管理部门应当按照《中华人民共和国认证认可条例》有关规定，经征求国务院消防救援机构意见后，指定从事消防产品强制性认证活动的机构以及与认证有关的检测检验机构、实验室。

（2）消防产品技术鉴定机构不得从事消防产品生产、销售、进口活动。从事消防产品强制性认证活动的认证检查人员，应当依照有关规定取得执业资格注册。

（3）消防产品认证机构及其认证人员应当遵守有关法律、法规和产业政策，按照认证基本规范、认证规则从事认证活动，客观公正地出具认证证明，对认证结果负责，并依法承担法律责任。

（4）新研制的尚未制定国家标准、行业标准的消防产品，经国务院产品质量监督管理部门和国务院消防救援机构共同指定的技术鉴定机构鉴定符合消防安全要求的，方可生产、销售、使用。

2. 明确技术鉴定机构的条件

国务院产品质量监督管理部门和国务院消防救援机构共同指定的消防产品技术鉴定机构应当是具有第三方公正性的消防行业社团或者中介机构，并具备下列条件：

（1）符合消防产品技术鉴定机构建设规划和资源配置要求；

（2）有固定的场所和必要的设施；

（3）有符合技术鉴定要求的管理制度；

（4）有10名以上消防技术人员，其中有3名以上高级工程师，有2名以上从事消防标准化工作5年以上的专家。

（5）技术鉴定机构相关人员应熟悉消防产品的行业状况和国家产业政策。

3. 明确委托技术鉴定的条件

消防产品生产者委托消防产品技术鉴定，应当符合下列条件，并提交相关证明文件。

（1）具有法人资格，有健全有效的质量管理制度和责任制度；

（2）具有与所生产的消防产品相适应的专业技术人员、生产条件、检验手段、技术文件和工艺文件；

（3）其生产的消防产品具有符合有关国家标准或者行业标准以及保障人体健康和人身、财产安全的产品标准。境外消防产品生产者可以委托在我国境内有固定生产场所或者经营场所的进口商、销售商申请技术鉴定。

4. 严格按照技术鉴定程序进行鉴定

消防产品技术鉴定应当符合以下程序：

（1）生产者向消防产品技术鉴定机构提出书面委托，并提交规定的证明文件；

（2）消防产品技术鉴定机构对有关文件资料进行审核，审查产品标准，并将审查合格的产品标准报国务院消防救援机构消防机构备案；

（3）消防产品技术鉴定机构按照技术鉴定实施规则，组织开展消防产品工厂生产条件检查和产品质量检验；

（4）消防产品技术鉴定机构自接受委托之日起90日内，作出是否合格的结论；技术鉴定合格的，消防产品技术鉴定机构应当颁发消防产品技术鉴定证书；不合格的，应当书面通知委托人，并说明理由（产品检验时间不计入技术鉴定的时限，但消防产品技术鉴定机构应当将检验时间告知当事人）。

（三）明确相关机构和人员对消防产品质量的责任和义务

1. 鉴定机构的责任和义务

消防产品技术鉴定机构及其鉴定人员应当遵守有关法律、法规和产业政策，严格按照消防产品技术鉴定实施规则开展技术鉴定工作，客观公正地出具消防产品技术鉴定证书，对技术鉴定结果负责，并依法承担法律责任。

2. 生产者的责任和义务

（1）消防产品生产者应当对其生产的消防产品质量负责，建立实施有效的保持企业质量保证能力和产品一致性控制体系，保证消防产品质量、标志、标识持续符合相关法律法规和标准要求，确保认证产品持续满足认证要求。

（2）消防产品生产者（生产企业）应当建立消防产品生产、销售流向登记制度，如实记录产品名称、批次、规格、数量、销售去向等内容，并在产品或者包装上粘贴标志。

（3）消防产品未按照国家标准或者行业标准的强制性规定经强制性产品质量认证和型式检验合格和出厂检验合格，不得出厂销售。

3. 销售者的责任和义务

（1）消防产品销售者应当建立并执行进货检查验收制度，验明产品合格证明和产品标识。对依法实行强制性产品认证或者型式认可的消防产品，还应当查验有关证书。

（2）消防产品销售者应当建立消防产品进货台账，如实记录进货时间、产品名称、规格、数量、供货商及其联系方式等内容。进货台账保存期限不得少于2年。

（3）消防产品销售者应当采取有效措施，保证销售消防产品的质量。

4. 使用者的责任和义务

（1）消防产品使用者应当选用合格的消防产品，查验产品标识。实行强制性产品认证制度或者型式认可制度的消防产品，还应当查验有关证明材料。

（2）建筑设计单位应当选用具有国家标准、行业标准或者经技术鉴定合格的消防产品。按照国家标准、行业标准的要求对建筑消防设施、器材的配置进行设计。

（3）建设、施工和工程监理单位应当组织对消防产品实施安装前的核查检验；核查检验不合格的，不得安装。

（4）建筑施工企业应当建立安装质量管理制度，严格执行有关标准、施工规范和相关要求，保证消防产品的安装质量。工程监理单位应当对消防产品的安装质量进行监督。

（5）消防产品使用单位应当建立并实施消防产品检查、使用和维修管理制度，并定期组织检验、维修，确保完好有效。

（四）加强消防产品质量认证证书的管理

1. 明确证书时限

（1）强制性认证证书的时限

消防产品强制性认证证书的有效期为5年。有效期内，认证证书的有效性依赖认证机构的获证后监督获得保持。认证证书有效期届满，需要延续使用的，认证委托人应当在认证证书有效期届满前90天内提出认证委托。证书有效期内最后一次获证后监督结果合格的，认证机构应在接到认证委托后直接换发新证书。

（2）型式认可证书的时限

消防产品型式认可证书有效期一般为三年。证书有效期届满前6个月，持证人应按规定提交相应的材料，向评定中心提交换证申请。

2. 证书变更要求

在消防产品质量认证证书的有效期内，若生产者的生产条件、检验手段、生产技术或者工艺发生较大变化，或认证委托人需要扩展已经获得的认证证书覆盖的产品范围时，认证委托人应向认证机构提出变更/扩展委托，变更/扩展经认证机构批准后方可实施。

3. 备案和信息公布

经强制性产品认证或型式认可合格的消防产品生产者，应当将相关证书和文件送国务院消防救援机构备案。国务院消防救援机构应当将经强制性产品认证或者型式认可合格的消防产品信息予以公布。

4. 加强获证后的质量监督

消防产品认证机构、技术鉴定机构应当对经强制性产品认证、技术鉴定的消防产品质量实施跟踪检查；对不能持续符合强制性产品认证、技术鉴定要求的消防产品，应当依法暂停其使用直至撤销认证、鉴定证书，并予公布。

（五）明确禁止生产、进口、销售、使用的消防产品

（1）列入强制性产品认证目录而未取得强制性产品认证证书的；
（2）新研制的尚未制定国家标准、行业标准而未取得技术鉴定证书的；
（3）产品质量不合格的；
（4）国家明令淘汰的；
（5）其他不符合国家有关规定的。

消防产品生产、进口、销售单位以及建筑施工企业，应当通过行业社团组织建立自律机制，制定行业标准，维护行业诚信，推进消防产品质量信用体系建设，督促依法履行产品质量责任。

（六）加强消防产品质量的监督检查

消防救援机构对消防产品依法进行的监督检查，是消防监督检查的重要内容之一。但由于对消防产品的监督检查政策水平和技术水平要求更高，因而除了应当服从消防监督检查的基本要求外，在检查的形式和内容上还应当注意以下要求。

1. 消防产品监督检查的形式

根据实际需要，消防产品质量监督检查的形式主要有以下几种。

（1）结合消防监督检查、建设工程消防验收等对消防产品进行抽样检查

消防救援机构开展消防监督检查，包括对消防安全重点单位和非重点单位的监督检查，围绕重大节日、重大活动前的消防监督检查等，都可以同时进行消防产品监督检查；应当在执行验收规定的同时，对消防产品进行监督抽查。

（2）对存在严重质量问题的消防产品开展专项整治检查

对在日常开展的消防产品质量监督检查工作中发现的消防产品的防火、灭火主要性能存在严重缺陷等严重质量问题，或检查发现的具有一定普遍性的问题，可结合实际依法开展专项治理检查。消防救援机构应当根据消防产品质量问题的严重程度，协调组织有关部门分析原因，研究对策，制订方案，有针对性地组织开展集中专项质量整治活动，以取得预期的效果。

（3）对举报、投诉的消防产品质量问题和违法行为进行调查处理

消防产品质量问题，一般是指消防产品不符合市场准入制度、产品一致性不合格以及产品的性能指标不符合标准的要求等。违法行为主要指生产、销售、安装、维修、使用不符合市场准入制度、质量不合格、国家明令淘汰、失效、报废或者假冒伪劣的消防产品等危害社会安全的行为。消防救援机构对消防产品质量问题和违法行为的群众举报、投诉，应当建立登记制度，并根据属地管理原则和案情程度，指定专人或会同有关部门进行查处。

（4）根据需要进行的其他消防产品监督检查

除了上述三方面的监督检查外，消防救援机构还应当根据需要，适时开展其他形式的消防产品监督检查。如上级规定配合国家监督抽查、行业抽查和地方抽查，进行产品抽样检查；根据当地中心工作或重大活动消防保卫工作的需要，组织开展消防产品监督检查等。

2. 消防产品监督检查的内容

消防救援机构实施消防产品监督检查时，根据需要可检查以下内容。

（1）消防产品的销售、安装、维修、使用情况的检查

通过现场检查和查验记录，查清有无销售、安装、维修、使用假冒伪劣消防产品；系统安装调试是否符合相应标准和技术规范的要求；是否使用不符合标准规定的配件维修消防设施和器材；各类消防设施能否保持正常运行状态。

（2）消防产品市场准入的检查

主要是查验消防产品是否具有国家规定的强制性产品质量认证、型式认可证书、型式检验报告以及相应的3C认证、型式认可标志。此外，对防火材料、阻燃制品，要查验生产单位是否将经检验证实的防火阻燃性能指标，明确标示在产品或者其包装上。

（3）消防产品标志使用说明的检查

检查其内容是否符合相关产品标准的要求。如是否具有合格证，铭牌、说明书内容是否符合法律以及标准规定的要求，是否有生产厂名、生产地址、注册商标以及这些标识的真假。特别对获得强制性产品认证或型式认可证书的消防产品，应当检查使用3C认证或型式认可标志情况。

（4）消防产品一致性的检查

对照企业提供的由国家消防产品质量监督检验中心出具的型式检验报告，检查产品的型号规格、外观标识、结构部件、使用材料、产品性能参数等是否与强制性产品认证、型式认可的结果相一致。检查要求是符合认证、认可规定和产品标准要求，生产企业名称、产品名称、规格型号必须与强制性产品认证、型式认可证书或强制检验报告相一致，同时产品的实物也与强制性产品认证、型式认可证书或认证检验、认可检验报告中的描述相一致。

（5）消防产品性能现场检测

对场所安装的消防产品进行现场检测，如自动报警系统的功能试验，自动喷水灭火系统的末端试水，防火门、防火卷帘的启闭功能，灭火器的喷射性能，消防应急灯的应急照明功能，防排烟系统各种阀门的启闭性能以及消防控制系统信息采集、控制和联动功能测试等。

（6）消防产品的封样送检

在实施消防产品监督检查时，对消防产品质量有疑义但现场无法判定的，消防救援机构应当按规定抽取样品，填写的《消防产品监督检查抽样单》，由被抽样单位负责人签字确认后送消防产品质量检验机构进行检验。抽样数量不得超过检验的

合理需要，通常为1～3件。

生产、销售、安装、维修、使用单位对现场检查判定结果或者抽样检验结果有异议的，可以自收到检验报告之日起15日内向实施监督抽检的消防救援机构或其上一级消防救援机构申请复检。申请复检以一次为限。承担复检的机构由受理复验申请的部门指定。复检结果有改变的，复验费用由原检验机构承担；复检结果没有改变的，复检费用由申请复检的单位承担。

（7）消防救援机构实施消防产品监督抽查的主要内容

①列入强制性产品认证目录的消防产品是否具备强制性产品认证证书，新研制的尚未制定国家标准、行业标准的消防产品是否具备技术鉴定证书。

②按照国家标准或者行业标准的强制性规定，应当进行型式检验和出厂检验的消防产品，是否具备型式检验合格和出厂检验合格的证明文件。

③消防产品的外观标识、结构部件、材料、性能参数、生产厂名、厂址与产地等是否符合有关规定。

④消防产品的主要性能是否符合要求。

⑤法律、行政法规规定的其他内容。

3. 消防产品监督检查、抽查的要求

（1）消防产品监督检查的要求

消防救援机构进行消防产品监督检查时，应当填写检查记录，记录检查情况，由检查人员、被检查单位负责人或者有关管理人员签名；被检查单位负责人或者有关管理人员对检查记录有异议或者拒绝签名的，检查人员应当注明情况。

（2）消防产品监督抽查的要求

①要抓住重点进行抽查。消防救援机构应当将在实施公众聚集场所营业、使用前消防安全检查中发现的不能提供安装前的核查检验证明的消防产品，列入消防产品监督抽查的重点。

②不得收取检验费用。抽查的样品应当在建设工程安装的消防产品中随机抽取。样品由被抽样单位无偿供给，其数量不得超过检验的合理需要，并不得向被检查人收取检验费用。检验费用在规定经费中扣除。

③及时受理当事人的复检申请。当事人对检验结果有异议的，可以自收到检验报告之日起15个工作日内向实施监督抽查的消防救援机构提出书面复检申请。复检以一次为限。

④复检费用由申请人承担，但原检验结果、程序确有错误的除外。

四、消防产品违法应当承担的法律责任

生产、销售不合格的消防产品或者国家明令淘汰的消防产品的行为，由市场监督管理部门依照《产品质量法》的规定进行处罚。使用不合格的消防产品或者国家明令淘汰的消防产品的行为，由消防救援机构依照《消防法》的规定进行处罚。

（一）建设工程使用消防产品违法的处罚

1. 建设工程使用消防产品的违法行为

（1）建设单位要求建筑施工企业使用不符合市场准入的消防产品、不合格的消防产品或者国家明令淘汰的消防产品的。

（2）建筑施工企业安装不符合市场准入的消防产品、不合格的消防产品或者国家明令淘汰的消防产品，降低消防施工质量的。

（3）工程监理单位与建设单位或者建筑施工企业串通，弄虚作假，安装、使用不符合市场准入的消防产品、不合格的消防产品或者国家明令淘汰的消防产品的。

（4）建筑设计单位选用不符合市场准入的消防产品，或者国家明令淘汰的消防产品进行消防设计的。

2. 建设工程使用消防产品违法应当承担的法律责任

有上述情形之一的，由住建部门依照《消防法》规定，责令停止施工、停止使用或者停产停业，并处三万元以上三十万元以下罚款。

（二）人员密集场所使用消防产品违法的处罚

人员密集场所使用不合格消防产品或者国家明令淘汰的消防产品的，由消防救援机构依照《消防法》规定，责令限期改正；逾期不改正的，处五千元以上五万元以下罚款，并对其直接负责的主管人员和其他直接责任人员处五百元以上二千元以下罚款；情节严重的，责令停产停业。

使用不符合市场准入的消防产品的，由消防救援机构责令限期改正；逾期不改正的，处三千元以上三万元以下罚款，并对其直接负责的主管人员和其他直接责任人员处三百元以上一千元以下罚款；情节严重的，责令停产停业。

（三）消防产品质量技术服务机构消防安全违法的处罚

1. 消防产品质量技术服务机构的消防安全违法行为

（1）出具虚假文件的。

（2）出具失实文件，给他人造成损失的。

2. 消防产品质量技术服务机构消防安全违法应当承担的法律责任

（1）消防产品质量认证、技术鉴定、检验和消防设施检测等消防技术服务机构有上述违法行为之一的，由消防救援机构依照《消防法》规定，责令改正，处五万元以上十万元以下罚款，并对直接负责的主管人员和其他直接责任人员处一万元以上五万元以下罚款；有违法所得的，并处没收违法所得；给他人造成损失的，依法承担赔偿责任；情节严重的，由原许可机关依法责令停止执业或者吊销相应资质、资格。因出具失实文件，给他人造成损失的，依法承担赔偿责任；造成重大损失的，由原许可机关依法责令停止执业或者吊销相应资质。

（2）隐匿、转移、变卖、损毁被消防救援机构查封、扣押的物品的，由消防救援机构处被隐匿、转移、变卖、损毁物品货值金额等值以上三倍以下的罚款；有违法所得的，并处没收违法所得。

第四节　消防宣传教育

一、消防宣传教育基本规定

（一）消防宣传工作职责

根据辖区特点和辖区消防工作实际，制订阶段性消防宣传工作计划，督促指导社会单位、居民社区、农村乡镇开展经常性消防宣传教育活动；在重大节假日期间和火灾多发季节，在辖区集中组织开展针对性消防宣传教育活动；积极推进消防宣传"进社区、进学校、进企业、进农村、进家庭"工作，普及消防法律法规和消防安全常识，提高民众消防安全意识和自救逃生能力，减少火灾事故的发生。

（二）消防宣传教育内容

（1）消防法律法规、规章制度，包括《中华人民共和国消防法》《北京市消防条例》《机关、团体、企业、事业单位消防安全管理规定》《高层居民住宅楼防火管理规则》等。

（2）党和政府有关消防工作方针、政策及消防工作重大举措和部署等。

（3）消防安全知识和自救逃生常识，包括家庭火灾防范和处置、人员密集场所火灾预防和处置、火警电话和报警方法、学校火灾防范和处置、火灾现场自救逃生常识等。

（4）火灾事故及教训，包括辖区发生的火灾原因和经验教训；全市乃至全国重大火灾事故情况、火灾原因及教训。

（5）辖区火灾特点和火灾形势。

（三）消防宣传教育形式

（1）创办消防宣传橱窗、板报、消防知识长廊。

（2）利用报刊、广播、电视、网络等媒体宣传消防安全知识。

（3）组织辖区群众参观消防队（站）、消防科普教育基地。

（4）组织辖区群众观看消防题材电影、录像，收听收看消防题材广播、电视节目。

（5）张贴、悬挂消防宣传标语、横幅，设立消防警示标志牌。

（6）组织开展消防知识竞赛、消防安全培训班、消防知识讲座、消防咨询、问卷调查等消防宣传活动，深入居民家庭特别是老弱病残、鳏寡孤独家庭开展入户消防宣传。

（7）组织辖区单位、居民社区开展消防应急疏散演练等活动；

（8）印制、发放消防宣传书籍、消防安全知识手册等消防宣传材料。

（9）发动辖区消防志愿者、义务消防宣传员、少儿消防团等以多种形式开展消防宣传。

（四）消防宣传教育要求

（1）每个消防救援机构明确一名专（兼）职消防宣传员，负责辖区的消防宣传工作；消防救援机构要在辖区开展消防宣传教育活动。

（2）督促指导辖区社会单位建立和完善消防宣传教育管理制度，督促指导各单位、社区、农村制定防火公约，督促落实。

（3）督促指导学校、社区、企业、农村定期开展消防宣传教育活动，学校每学期至少1次，社区每季度至少1次，企业单位每半年至少1次，农村每半年至少一次，到居民家庭特别是鳏寡孤独家庭开展入户宣传。

（4）在"119"消防日、重大节假日期间、火灾多发季节等消防宣传教育重点时期，组织在社区（乡村）设立消防宣传站，悬挂消防宣传横幅，发放消防宣传材料。

（5）协调辖区消防监督人员和消防中队，组织辖区单位员工、学校师生、社会群众等消防中队参观体验。

（6）积极配合消防救援机构开展消防宣传"五进"活动。

（7）组织新闻媒体对辖区消防工作进行宣传报道；配合、协助消防官兵做好火灾现场新闻发布、接受媒体采访等工作。

二、不同场所消防宣传教育

（一）社区消防宣传教育

（1）指导社区设立消防宣传活动室，配备必要的灭火器材、消防宣传教育资料（如火灾案例、消防安全挂图等音像资料、书刊等）和消防训练演示器具等。

（2）制定社区消防宣传教育工作制度和居民防火公约，宣传和动员社区居民认真遵守；建立消防宣传教育档案。

（3）明确社区消防宣传教育责任人，建立社区消防义务宣传队和消防志愿者队伍，并定期开展消防宣传活动。

（4）在社区设置消防宣传牌和宣传栏。

（5）定期在社区组织消防宣传活动，定期到居民家庭开展入户消防宣传。使居民做到懂火灾预防措施、懂扑救家庭火灾方法、懂逃生自救常识，会报警、会使用灭火器、会扑救初起火灾。

（6）定期到鳏寡孤独等弱势群体家庭开展入户消防宣传，组织对鳏寡孤独等人员监护人进行消防安全教育，宣传发动鳏寡孤独等弱势群体家庭建立邻里守望制度，安装火灾报警和求助装置等。

（二）农村消防宣传教育

（1）督促指导农村建立消防组织机构，制订村民防火公约和消防宣传教育制度。

（2）明确农村消防安全宣传负责人，成立村民义务消防宣传巡查队，组织开展消防宣传教育活动。

（3）在各乡镇、村建立消防宣传教育活动室，配备相应的消防宣传器材与消防宣传材料；每年组织开展一次集中消防宣传活动。

（4）在乡镇、农村设置消防宣传牌、宣传栏，在农村大集、大棚、民俗旅游村等人员聚集场所以及易发生山火、林火的地方，设置明显的警示性消防宣传标语口号。

（5）通过广播或组织宣传队等开展消防宣传活动。

（6）定期到农村鳏寡孤独等弱势群体家庭开展入户消防宣传，组织对鳏寡孤独等人员监护人进行消防安全教育，宣传发动鳏寡孤独等弱势群体家庭建立邻里守望制度。

（三）企业消防宣传教育

（1）督促指导企业建立消防组织机构，制订消防宣传教育方案和培训制度，建立消防宣传教育档案，制作消防宣传资料等。

（2）督促指导企业设置固定消防安全宣传板、标语或警示牌。

（3）督促指导企业开设消防宣传专栏、专刊，利用单位广播、闭路电视、电子屏幕等进行消防安全宣传。

（4）督促指导企业开展员工岗前消防安全培训，尤其是务工人员较集中的单位要开办消防夜校，开展消防安全培训。

（5）督促指导企业开展经常性消防宣传教育，组织对职工进行消防安全培训，保证职工做到懂本岗位火灾危险性、懂基本消防常识、懂预防火灾措施；会报警、会扑救初起火灾、会组织人员疏散。

（四）学校消防宣传教育

（1）督促指导学校履行消防宣传教育职责，建立消防安全责任制度，制定消防安全疏散预案，完善消防教育档案。

（2）督促指导学校建立消防宣传教育阵地，设立固定宣传牌（栏），印制发放消防宣传材料。

（3）督促指导学校开展消防征文、演讲比赛、消防夏令营、消防运动会、疏散逃生演练等消防宣传教育活动。

（4）组织教职员工和学生参观消防队（站）、市民防灾馆等消防教育基地，定期组织开展针对性消防宣传教育活动，使学生达到会报火警、会使用灭火器材、会自救逃生。

第三章 消防安全检查

单位消防安全检查是指单位内部结合自身情况，适时组织的督促、查看、了解本单位内部消防安全工作情况以及存在的问题和隐患的一项消防安全管理活动。单位消防安全检查是依据《消防法》和《机关、团体、企业、事业单位消防安全管理规定》等有关法律法规对单位提出的具体要求实施的日常工作，并应作为一项制度确定下来。

第一节 消防安全检查的目的和形式

一、消防安全检查的目的

单位消防安全检查的目的就是通过对本单位消防安全管理和消防设施的检查并了解单位消防安全制度、安全操作规程的落实和遵守情况以及消防设施、设备的配置和运行情况，以督促规章制度、措施的贯彻落实，提高和警示员工的安全防范意识和发现火灾隐患并督促落实整改，减少火灾的发生和最大限度减少人员伤亡及其财产损失。这既是单位自我管理、自我约束的一种重要手段，也是及时发现和消除火灾隐患、预防火灾发生的重要措施。

二、消防安全检查的形式

消防安全检查是一项长期的、经常性的工作，在组织形式上应采取经常性检查和定期性检查相结合、重点检查和普遍检查相结合的方式。具体检查形式主要有以下几种。

（一）一般日常性检查

这种检查是按照岗位消防责任制的要求，以班组长、安全员、义务消防员为主对所处的岗位和环境的消防安全情况进行检查，通常以人员在岗在位情况、火源电源气源等危险源管理、灭火器配置、疏散通道和交接班情况为检查的重点。

一般日常性检查能及时发现不安全因素，及时消除安全隐患，它是消防安全检查的重要形式之一。

（二）定期防火检查

这种检查是按规定的频次进行，或者按照不同的季节特点，或者结合重大节日进行检查的。这种检查通常由单位领导组织，或由有关职能部门组织，除了对所有部位进行检查外，还要对重点部位进行重点检查。这种检查的频次对企事业单位应当至少每季度检查一次，对重点部位至少每月检查一次。

（三）专项检查

根据单位实际情况以及当前主要任务和消防安全薄弱环节开展的检查，如用电检查、用火检查、疏散设施检查、消防设施检查、危险品储存与使用检查等。专项检查应有专业技术人员参加。

（四）夜间检查

夜间检查是预防夜间发生大火的有效措施，检查主要依靠夜间值班干部、警卫和专、兼职消防管理人员。重点是检查火源电源的管理、白天的动火部位、重要仓库以及其他有可能发生异常情况的部位，及时弥补过失，消除隐患。

（五）防火巡查

防火巡查是消防安全重点单位一种必要的消防安全检查形式，也是《消防法》赋予消防安全重点单位必须履行的一项职责。消防安全重点单位应当进行每日防火巡查，并确定巡查的人员、内容、部位和频次。公共娱乐场所在营业期间的防火巡查应当至少每 2h 一次，营业结束时应当对营业现场进行检查，消除遗留火种。宾馆、饭店、医院、养老院、寄宿制的学校、托儿所、幼儿园应当加强夜间防火巡查；重要的仓库和劳动密集型企业也应当重视日常的防火巡查，其他消防安全重点单位可以结合实际需要组织防火巡查。

防火巡查人员应当及时纠正违章行为，妥善处置火灾危险，无法当场处置的，应当立即报告。发现初起火灾应当立即报警并及时扑救。

防火巡查应当填写巡查记录，巡查人员及其主管人员应当在巡查记录上签名。单位防火巡查的内容，一般都是动态管理上的薄弱环节，而且一旦失查就可能造成重大事故的情况，包括以下内容：

（1）用火、用电有无违章情况；

（2）安全出口、疏散通道是否畅通，安全疏散指示标志、应急照明是否完好；

（3）消防设施、器材和消防安全标志是否在位、完整；
（4）常闭式防火门是否处于关闭状态，防火卷帘下是否堆放物品影响使用；
（5）消防安全重点部位的人员在岗情况；
（6）其他消防安全情况。

（六）其他形式的检查

根据需要进行的其他形式检查，如重大活动前的检查、开业前的检查、季节性检查等。

第二节　消防安全检查的方法和内容

一、单位消防安全检查的方法

消防安全检查的方法是指单位为达到实施消防安全检查的目的所采取的技术措施和手段。消防安全检查手段直接影响检查的质量，单位消防安全管理人员在进行自身消防安全检查时应根据检查对象的情况，灵活运用以下各种手段，了解检查对象的消防安全管理情况。简单地说就是查、问、看、测。

（一）查阅消防档案

消防档案是单位履行消防安全职责、反映单位消防工作基本情况和消防管理情况的载体。查阅消防档案应注意以下问题：
（1）消防安全重点单位的消防档案应包括消防安全基本情况和消防安全管理情况。
（2）制定的消防安全制度和操作规程是否符合相关法规和技术规程。
（3）灭火和应急救援预案是否可靠，演练是否按计划进行。
（4）查阅消防救援机构填发的各种法律文书，尤其要注意责令改正或重大火灾隐患限期整改的相关内容是否得到落实。
（5）防火检查、防火巡查记录是否完善。
（6）消防安全教育、培训内容是否完整。

（二）询问员工

询问员工是消防安全管理人员实施消防安全检查时最常用的方法。为在有限的时间之内获得对检查对象的大致了解，并通过这种了解掌握被检查对象的消防安全知识和能力状况，消防管理人员可以通过询问或测试的方法直接而快速地获得相关的信息。
（1）询问各部门、各岗位的消防安全管理人员，了解其实施和组织落实消防安全管理工作的概况以及对消防安全工作的熟悉程度。

(2）询问消防安全重点部位的人员，了解单位对其培训的概况。

（3）询问消防控制室的值班、操作人员，了解其是否具备岗位资格。

（4）公众聚集场所应随机抽询数名员工，了解其组织引导在场群众疏散的知识和技能以及报火警和扑救初起火灾的知识和技能。

（三）查看消防通道、安全出口、防火间距、防火防烟分区设置、灭火器材、消防设施、建筑及装修材料等情况

消防通道、安全出口、消防设施、灭火器材、防火间距、防火防烟分区等是建筑物或场所消防安全的重要保障，国家的相关法律与技术规范对此都做了相应的规定。查看消防通道、消防设施、灭火器材、防火间距、防火分隔等，主要是通过眼看、耳听、手摸等方法，判断消防通道是否畅通，防火间距是否被占用，灭火器材是否配置得当并完好有效，消防设施各组件是否完整齐全无损、各组件阀门及开关等是否置于规定启闭状态、各种仪表显示位置是否处于正常允许范围，建筑装修材料是否符合耐火等级和燃烧性能要求，必要时再辅以仪器检测、鉴定等手段等，确保检查效果。

（四）测试消防设施

单位应对消防设施至少每年检测一次。这种检测一般由专业的检测公司进行。使用专用检测设备测试消防设施设备的工况，要求检测员具备相应的专业技术基础知识，熟悉各类消防设施的组成和工作原理，掌握检查测试方法以及操作中应注意的事项。对一些常规消防设施的测试，利用专用检测设备对火灾报警器报警、消防电梯强制性停靠、室内外消火栓压力、消火栓远程启泵、压力开关和水力警铃、末端试水装置、防火卷帘升降、防火阀启闭、防排烟设施启动等项目进行测试。

二、单位消防安全检查的内容

单位进行消防安全检查应当包括以下内容：

（1）火灾隐患的整改情况以及防范措施的落实情况；

（2）安全疏散通道、疏散指示标志、应急照明和安全出口情况；

（3）消防车通道、消防水源情况；

（4）灭火器材配置及有效情况；

（5）用火、用电有无违章情况；

（6）重点工种人员以及其他员工消防知识的掌握情况；

（7）消防安全重点部位的管理情况；

（8）易燃易爆危险物品和场所防火防爆措施的落实情况以及其他重要物资的防火安全情况；

（9）消防（控制室）值班情况和设施运行、记录情况；

（10）防火巡查情况；

（11）消防安全标志的设置情况和完好、有效情况；

（12）其他需要检查的内容。

第三节　消防安全检查的实施

一、一般单位内部的日常管理检查要点

（一）消防安全组织机构及管理制度的检查

1. 检查方法

查看消防安全组织机构及管理制度的相关档案及文件。

2. 要求

消防安全责任人及消防安全管理人的设置及职责明确；消防安全管理制度健全；相关火灾危险性较大岗位的操作规程和操作人员的岗位职责明确；义务消防队组成和灭火及疏散预案完善；消防档案包括单位基本情况、建筑消防审批验收资料、安全检查、巡查、隐患整改、教育培训、预案演练等日常消防管理记录。

（二）单位员工消防安全能力的检查

1. 检查方法

任意选择几名员工，询问其消防基本知识掌握的情况，对于疏散通道和安全出口的位置及数量的了解情况、疏散程序和逃生技能的掌握情况；模拟一起火灾，检查现场疏散引导员的数量和位置；检查疏散引导员引导现场人员疏散逃生的基本技能；常用灭火器的选用和操作方法等。

2. 要求

（1）员工熟练掌握报警方法，发现起火能立即呼救、触发火灾报警按钮或使用消防专用电话通知消防控制室值班人员，并拨打"119"电话报警。

（2）熟悉自己在初起火灾处置中的岗位职责、疏散程序和逃生技能，以及引导人员疏散的方法要领。

（3）熟悉疏散通道和安全出口的位置及数量，按照灭火和应急疏散预案要求，通过喊话和广播等方式，引导火场人员通过疏散通道和安全出口正确逃生。

（4）宾馆、饭店的员工还应掌握逃生器械的操作方法，指导逃生人员正确使用缓降器、缓降袋、呼吸器等逃生器械。

（5）员工掌握室内消火栓和灭火器材的位置和使用的操作要领，能根据起火物类型选用对应的灭火器并按操作要领正确扑救初起火灾。

（6）员工掌握基本的防火知识，熟悉本岗位火灾危险性、工艺流程、操作规程，能紧急处理一般的事故苗头。

（7）电、气焊等特殊工种相关操作人员具备电、气焊等特殊工种上岗资格，动火作业许可证完备有效；动火监护人员到场并配备相应的灭火器材；员工掌握可燃物清理等火灾预防措施，掌握灭火器操作等火灾扑救技能。

（三）重点火灾危险源的检查

1. 检查方法

查看厨房、配电室、锅炉房及柴油发电机房等火灾危险性较大的部位和使用明火部位的管理情况。

2. 要求

（1）厨房排油烟机及管道的油污定期清洗；电气设备的除尘及检查等消防安全管理措施落实；燃油燃气设施消防安全管理等制度完备，燃油储量符合规定（不大于一天的使用量）；

（2）电气设备及其线路未超负荷装设，无乱拉乱接；隐蔽线路应当穿管保护；电气连接应当可靠；电气设备的保险丝未加粗或以其他金属代替；电气线路具有足够的绝缘强度和机械强度；未擅自架设临时线路；电气设备与周围可燃物保持一定的安全距离；

（3）使用明火的部位有专人管理，人员密集场所未使用明火取暖。

（四）建筑内、外保温材料及防火措施的检查

1. 检查方法

现场观察和抽样做材料燃烧性能鉴定。

2. 要求

（1）一类高层公共建筑和高度超过100m的住宅建筑，保温材料的燃烧性能应为A级；

（2）二类高层公共建筑和高度大于27m但小于100m的住宅建筑，保温材料应采用低烟、低毒且燃烧性能不应低于B1级；

（3）其他建筑保温材料的燃烧性能不应低于B2级；

（4）保温系统应采用不燃材料做防护层，当采用B1级材料时，防护层厚度不低于10mm；

（5）建筑外墙的外保温系统与基层墙体、装饰层之间的空腔，应在每层楼板处采用防火封堵材料封堵。

（五）消防控制室的检查

1. 检查方法

（1）查看消防控制室设置是否合理，内部设备布置是否符合规定，功能是否完善；查看值班员数量及上岗资格证书；任选火灾报警探测器，用专用测试工具向其发出模拟火灾报警信号，待火灾报警探测器确认灯启动后，检查消防控制室值班人员火

灾信号确认情况；模拟火灾确认之后，检查消防控制室值班人员火灾应急处置情况。

（2）检查其他操作如开机、关机、自检、消音、屏蔽、复位、信息记录查询、启动方式设置等要领的掌握情况。

2. 要求

（1）消防控制室的耐火等级应为一、二级，且应独立设置或设在一层或负一层并有直通室外的出口，内部设备布置合理，能满足受理火警、操控消防设施和检修的基本要求；

（2）同一时段值班员数量不少于两人，且持有消防控制室值班员（消防设施操作员）上岗资格证书；

（3）接到模拟火灾报警信号后，消防控制室值班人员以最快的方式确认是否发生火灾；模拟火灾确认之后，消防控制室值班人员立即将火灾报警联动控制开关转至自动状态（平时已处于自动状态的除外），启动单位内部应急灭火疏散预案，并按预案操作相关消防设施。如切换电源至消防电源、启动备用发电机、启动水泵、防排烟风机，关闭防火卷帘和常开式防火门，打开应急广播引导人员疏散，同时拨打"119"火警电话报警并报告单位负责人，然后观察各个设备动作后的信号反馈情况，确认各项预案步骤落实到位。

（4）消防控制室内不应堆放杂物和无关物品。

（六）防火分区及建筑防火分隔措施的检查

1. 防火分区的检查

（1）检查方法

实际观察和测量。

（2）要求

防火分区应按功能划分且分区面积符合规范要求；无擅自加盖增加建筑面积或拆除防火隔断、破坏防火分区的情况；无擅自改变建筑使用功能使原防火分区不能满足现功能要求的情况。

2. 防火卷帘的检查

（1）外观检查

组件应齐全完好，紧固件无松动现象；门帘各接缝处、导轨、卷筒等缝隙应有防火密封措施，防止烟火窜入；防火卷帘上部、周围的缝隙应采用相同耐火极限的不燃材料填充、封堵。

（2）功能检查

分别操作机械手动、触发手动按钮、消防控制室手动输出遥控信号、分别触发两个相关的火灾探测器，查看卷帘的手动和自动控制运行情况及信号反馈情况。

（3）要求

①防火卷帘应运行平稳，无卡顿。远程信号控制，防火卷帘应按固定的程序自动下降。设置在非疏散通道位置的仅用于防火分隔用途的防火卷帘，在火灾报警探

测器报警之后能直接一步下降至地面。

②当防火卷帘既用于防火分隔又作为疏散的补充通道时，防火卷帘应具有二步降的功能，即在感烟探测器报警之后下降至距地面1.8m的位置停止，待感温探测器报警之后继续下降至地面。

③对设在通道位置和消防电梯前室设置的卷帘，还应有内外两侧手动控制按钮，保证消防员出入时和卷帘降落后尚有人员逃生时启动升降。

④防火卷帘还应有易熔片熔断降落功能。

3. 防火门的检查

（1）外观检查

防火门设置合理，组件齐全完好，启闭灵活、关闭严密。

（2）功能检查

将常闭式防火门从任意一侧手动开启至最大开度之后放开，观察防火门的动作状态；对常开式防火门将消防控制室防火门控制按钮设置于自动状态，用专用测试工具向常开式防火门任意一侧的火灾报警探测器发出模拟火灾报警信号，观察防火门的动作状态。

（3）要求

①防火门应为向疏散方向开启的平开门，并在关闭后应能从任何一侧手动开启。

②常闭式防火门应能自行关闭，双扇防火门应能按顺序关闭；电动常开式防火门应能在火灾报警后按控制模块设定顺序关闭并将关闭信号反馈至消防控制室。设置在疏散通道上并设有出入口控制系统的防火门，应能自动和手动解除出入口控制系统。

③防火门的耐火极限符合设计要求，和安装位置的分隔作用要求相一致。防火门与墙体间的缝隙应用相同耐火等级的材料进行填充封堵。

④防火门不得跨越变形缝，并不得在变形缝两侧任意安装，应统一安装在楼层较多的一侧。

4. 防火阀和排烟防火阀等管道分隔设施的检查

（1）检查方法

检查阀体安装是否合理、可靠，分别手动、电动和远程信号控制开启和关闭阀门，观察其灵活性和信号反馈情况。

（2）要求

①阀门应当紧贴防火墙安装，且安装牢固、可靠，铭牌清晰，品名与管道对应。

②阀门启闭应当灵活，无卡涩。电动启闭应当有信号反馈，且信号反馈正确。阀体无裂缝和明显锈蚀，管道保温符合特定要求。

③易熔片的熔断温度和火灾温度自动控制是否符合阀门动作温度要求。

④必要时，应打开防火阀检查内部焊缝是否平整密实，有无虚焊漏焊；油漆涂层是否均匀，有无锈蚀剥落；弹簧弹力有无松弛，阀片轴润滑是否正常，电气连接是否可靠；有无异物堵塞，特别是防火阀在经历火灾后应立即检查并更换易熔片和

其他因火灾损坏的部件。

5. 电梯井、管道井等横、竖向管道孔洞分隔的检查

（1）检查方法

查看电缆井、管道井等竖向井道以及管道穿越楼板和隔墙的孔洞的分隔及封堵情况。

（2）要求

①电缆井、管道井、排烟道、通风道等竖向井道，应分别独立设置。井壁的耐火极限不应低于1.00h，检查门应采用丙级防火门。

②电缆井、管道井等竖向井道在每层楼板处采用不低于楼板耐火极限的不燃烧体或防火封堵材料封堵；与房间相连通的孔洞采用防火封堵材料封堵；特别是电缆井桥架内电缆空隙也应在每层封堵之中，且应满足耐火极限要求。

③电梯井应独立设置，井内严禁敷设可燃气体和甲、乙、丙类液体管道，不应敷设与电梯无关的电缆、电线等。电梯井的井壁除设置电梯门洞和通气孔洞外，不应设置其他洞口。电梯层门的耐火极限不应低于1.00h。

④现代建筑一般不设垃圾井道，对老建筑的垃圾道应封死，防止有人随意丢弃垃圾或其他引火物。垃圾应实行袋装化管理。

⑤玻璃幕墙应在每层楼板处用一定耐火等级的材料进行封堵。

（七）安全疏散设施的检查

1. 疏散走道和安全出口的检查

（1）检查方法

查看疏散走道和安全出口的通行情况。

（2）要求

①疏散走道和安全出口畅通，无堵塞、占用、锁闭及分隔现象，未安装栅栏门、卷帘门等影响安全疏散的设施；

②平时需要控制人员出入或设有门禁系统的疏散门具有保证火灾时人员疏散畅通的可靠措施；人员密集的公共建筑不宜在窗口、阳台等部位设置栅栏，当必须设置时，应设有易于从内部开启的装置；窗口、阳台等部位宜设置辅助疏散逃生设施。

③疏散走道、楼梯间应无可燃装修和堆放杂物。

④进入楼梯间和前室的门应为乙级防火门，平时应处于关闭状态。楼梯间的门除通向屋顶平台和一楼大厅的门外，其他各层进入楼梯间的门都应向楼梯间开启。楼梯间内一楼与地下室的连接梯段处应有分隔措施，防止人员疏散时误入地下层。

2. 应急照明和疏散指示标志的检查

（1）检查方法

①查看外观、附件是否齐全、完整。

②应急照明灯的设置位置是否符合要求；疏散指示标志方向是否正确。

③断开非消防用电，用秒表测量应急工作状态的转换时间和持续时间。

④使用照度计测量两个应急照明灯之间地面中心的照度是否达到要求。

（2）要求

①应急照明灯能正常启动；电源转换时间应不大于5s。

②应急照明灯和疏散指示灯的供电持续时间应符合相关要求，照度应符合设置场所的照度要求。

③消防应急灯具的应急工作时间应不小于灯具本身额定的应急工作时间。

④安装在走廊和大厅的应急照明灯应置于顶棚下或接近顶棚的墙面上，楼梯间应置于休息平台下，且正对楼梯梯段。

⑤消防疏散标志灯应安装在疏散走道1m以下的墙面上，间距不应大于20m；供电应连接于消防电源上，当用蓄电池作应急电源时，其连续供电时间应满足持续时间的要求。

⑥对安装在疏散通道高处的消防疏散指示标志，应使指示标志正对疏散方向，标志牌前不得有遮挡物；消防疏散指示标志灯安装在安全出口时应置于出口的顶部，安装在走道侧面墙壁上和安装在转角处时应符合相关要求。

⑦商场、展览等人员密集场所除在墙面设置灯光疏散指示灯外，还应在疏散通道地面上设置灯光疏散指示标志灯或蓄光型疏散指示标志，且亮度符合要求。

3. 避难层（间）的检查

（1）检查方法

查看避难层（间）的设置和内部设施情况。

（2）要求

①保证避难层（间）的有效面积能满足疏散人员的要求（每平方米少于5人），不得设置办公场所和其他与疏散无关的用房。

②避难层（间）的通风系统应独立设置，建筑内的排烟管道和甲、乙类燃气管道不得穿越避难层（间），避难层（间）内不得有任何可燃装修和堆放可燃物品，通过避难层的楼梯间应错开设置。

③避难层（间）应设应急照明，地面照度不低于3lx；医院避难层（间）地面的照度不低于10lx。

④应急照明、应急广播和消防专用电话及其他消防设施的供电电源应连接至消防电源。

（八）火灾自动报警系统的检查

1. 火灾报警功能的检查

（1）检查方法

观察各类探测器的型号选择、保护面积、安装位置是否符合要求，并任选一只火灾报警探测器，用专用测试工具向其发出模拟火灾报警信号，观察其动作状态。

（2）要求

①探测器选型准确，保护面积适当，安装位置正确。

②发出模拟火灾信号后,火灾报警确认灯启动,并将报警信号反馈至消防控制室,编码位置准确。

2. 故障报警功能的检查

(1) 检查方法

任选一只火灾报警探测器,将其从底座上取下,观察其动作状态。

(2) 要求

故障报警确认灯启动,并将报警信号反馈至消防控制室。

3. 火警优先功能的检查

(1) 检查方法

任选一只火灾报警探测器,将其从底座上取下;同时,任选另外一只火灾报警探测器,用专用测试工具向其发出模拟火灾报警信号,观察其动作状态。

(2) 要求

故障报警状态下,火灾报警控制器首先发出故障报警信号;火灾报警信号输出后,火灾报警控制器优先发出火灾报警信号。故障报警状态暂时中止,当处理完火灾报警信号(消音)后,故障信号还会出现,可以滞后处理,以保证火警优先。

4. 手报按钮和探测器安装位置的检查

(1) 检查方法

目测或工具测量。

(2) 要求

①手报按钮应安装在楼梯口或疏散走廊的墙壁上,高度为1.3~1.5m,间隔距离不大于20m。

②感烟探测器应安装在楼板下,进烟口与楼板距离不大于10cm,斜坡屋面应安装在屋脊上,倾斜度不大于45°;安装在走廊时,两个感烟探测器间距不大于15m,对袋型走道间距不大于8m且应居中布置;两个感温探测器的安装间距不大于10m;探测器的工作显示灯闪亮并面向出入口。

③探测器与侧墙或梁的距离不应小于0.5m,距送风口不小于1.5m;当梁的高度大于0.6m时,两梁之间应作为独立探测区域。

第四节 火灾隐患的认定和整改

火灾隐患通常是指单位、场所、设备以及人们的行为违反消防法律、法规,有引起火灾或爆炸事故、危及生命财产安全、阻碍火灾扑救等潜在的危险因素和条件。及时发现和消除火灾隐患,保障人民生命和社会财产的安全,是单位进行防火检查的主要目的之一。企事业单位保卫人员在实施防火检查时,对单位存在的火灾隐患,应采取相应的处理措施,及时消除火灾隐患,纠正违法行为。

一、火灾隐患的分级

根据不安全因素引发火灾的可能性大小和可能造成的危害程度的不同,火灾隐患可分为一般火灾隐患和重大火灾隐患。

二、一般火灾隐患的认定

一般火灾隐患是指存在的不安全因素有引发火灾的可能,且发生火灾会造成一定的危害后果,但危害后果不严重的情形。

具有下列情形之一的,应当确定为一般火灾隐患:
(1)影响人员安全疏散或者灭火救援行动,不能立即改正的。
(2)消防设施未保持完好有效,影响防火灭火功能的。
(3)擅自改变防火分区,容易导致火势蔓延、扩大的。
(4)在人员密集场所违反消防安全规定,使用、储存易燃易爆危险品,不能立即改正的。
(5)不符合城市消防安全布局要求,影响公共安全的。
(6)其他可能增加火灾实质危险性或者危害性的情形。

三、重大火灾隐患的判定

重大火灾隐患是指违反消防法律法规,可能导致火灾发生或火灾危害增大,并由此可能造成特大火灾事故后果和严重社会影响的各类潜在不安全因素。重大火灾隐患的判定一般分为直接判定和综合判定。

(一)重大火灾隐患的判定程序

(1)进行现场检查核实,并获取相关影像、文字资料。
(2)组织集体讨论判定,且参与人数不应少于3人。
(3)对于涉及复杂疑难的技术问题,按照本标准判定重大火灾隐患有困难的,应由消防救援机构组织专家成立专家组进行技术论证。专家组应由当地政府有关行业主管、监管部门和相关消防技术的专家组成,人数不应少于7人。
(4)集体讨论或专家技术论证时,建筑业主和管理、使用单位等涉及利害关系的人员可以参加讨论,但不应进入专家组。
(5)集体讨论或专家技术论证应形成结论性意见,作为判定重大火灾隐患的依据。判定为重大火灾隐患的结论性意见应有2/3以上专家同意。
(6)集体讨论和专家技术论证应当提出合理可行的整改措施和期限。

(二)重大火灾隐患的直接判定

可直接判定为重大火灾隐患有以下情形:
(1)生产、储存和装卸易燃易爆化学物品的工厂、仓库和专用车站、码头、储罐区,未设置在城市的周围或相对独立的安全地带。

（2）甲、乙类厂房设置在建筑的地下、半地下室。

（3）甲、乙类厂房、库房或丙类厂房与人员密集场所、住宅或宿舍混合设置在同一建筑内。

（4）公共娱乐场所、商店、地下人员密集场所的安全出口、楼梯间的设置形式及数量不符合规定。

（5）旅馆、公共娱乐场所、商店、地下人员密集场所未按规定设置自动喷水灭火系统或火灾自动报警系统。

（6）易燃可燃液体、可燃气体储罐（区）未按规定设置固定灭火、冷却设施。

（三）重大火灾隐患的综合判定

适用于重大隐患综合判定的因素主要有隐患存在的门类多，而某一项具体隐患又不够重大隐患的界定标准，因此需要考虑多方面的因素综合判定。需要综合判定的要素如下：

1. 总平面布置

（1）未按规定设置消防车道或消防车道被堵塞、占用。

（2）建筑之间的既有防火间距被占用。

（3）城市建成区内的液化石油气加气站、加油加气合建站的储量达到或超过相应级别储量的规定。

（4）丙类厂房或丙类仓库与集体宿舍混合设置在同一建筑内。

（5）托儿所、幼儿园的儿童用房及儿童游乐厅等儿童活动场所，老年人建筑，医院、疗养院的住院部分等与其他建筑合建时，所在楼层位置不符合规定。

（6）地下车站的站厅乘客疏散区、站台及疏散通道内设置商业经营活动场所。

2. 防火分隔

（1）擅自改变原有防火分区，造成防火分区面积超过规定的50%。

（2）防火门、防火卷帘等防火分隔设施损坏的数量超过该防火分区防火分隔设施数量的50%。

（3）丙、丁、戊类厂房内有火灾爆炸危险的部位未采取防火防爆措施，或现有措施不能满足防止火灾蔓延的要求。

3. 安全疏散及灭火救援

（1）擅自改变建筑内的避难走道、避难间、避难层与其他区域的防火分隔设施，或避难走道、避难间、避难层被占用、堵塞而无法正常使用。

（2）建筑物的安全出口数量不符合规定，或被封堵。

（3）按规定应设置独立的安全出口、疏散楼梯而未设置。

（4）商店营业厅内的疏散距离超过规定距离的25%。

（5）高层建筑和地下建筑未按规定设置疏散指示标志、应急照明，或损坏率超过30%；其他建筑未按规定设置疏散指示标志、应急照明，或损坏率超过50%。

（6）设有人员密集场所的高层建筑的封闭楼梯间、防烟楼梯间门的损坏率超过

20%，其他建筑的封闭楼梯间、防烟楼梯间门的损坏率超过 50%。

（7）民用建筑内疏散走道、疏散楼梯间、前室室内的装修材料燃烧性能低于 B1 级。

（8）人员密集场所的疏散走道、楼梯间、疏散门或安全出口设置栅栏、卷帘门及其安全出口、楼梯间的设置形式及数量不符合规定。

（9）人员密集场所的建筑外窗被封堵或被广告牌等遮挡，影响逃生和灭火救援。

（10）高层建筑的举高消防车作业场地被占用，影响消防扑救作业。

4. 消防给水及灭火设施

（1）未按规定设置消防水池或无其他解决消防水源的设施。

（2）未按规定设置室外消防给水设施，或已设置但不能正常使用。

（3）未按规定设置室内消火栓系统，或已设置但不能正常使用。

（4）已设置的自动喷水灭火系统或其他固定灭火设施不能正常使用或运行。

5. 防烟排烟设施

人员密集场所未按规定设置防烟排烟设施，或防烟分区设置不当，或已设置但不能正常使用或运行。

6. 消防电源

（1）消防用电设备未按规定采用专用的供电回路，或不能实现双回路供电。

（2）未按规定设置消防用电设备末端自动切换装置，或已设置但不能正常工作。

7. 火灾自动报警系统

（1）火灾自动报警系统处于故障状态，不能恢复正常运行。

（2）自动消防设施不能正常联动控制。

8. 其他

（1）违反规定在可燃材料或可燃构件上直接敷设电气线路或安装电气设备。

（2）易燃易爆化学物品场所未按规定设置防雷、防静电设施，或防雷、防静电设施失效。

（3）易燃易爆化学物品或有粉尘爆炸危险的场所未按规定设置防爆电气设备，或防爆电气设备失效。

（4）违反规定在公共场所使用可燃材料装修。

四、火灾隐患的整改

单位对存在的火灾隐患应当及时予以消除，消除的方式可以视隐患的大小、整改难易程度等情况灵活处置。可以立即改正的，保卫人员应当责令当场改正；对一时改正不了的，保卫人员应责令限期整改。特别重大的情况，保卫人员应及时向有关领导汇报，必要时可以向当地消防救援部门请求协助。

（一）火灾隐患当场改正

对下列违反消防安全规定的行为，单位应当责成有关人员当场改正并督促落实：

（1）违章进入生产、储存易燃易爆危险物品场所的；

（2）违章使用明火作业或者在具有火灾、爆炸危险的场所吸烟、使用明火等违反禁令的；

（3）将安全出口上锁、遮挡，或者占用、堆放物品影响疏散通道畅通的；

（4）消火栓、灭火器材被遮挡影响使用或者被挪作他用的；

（5）常闭式防火门处于开启状态，防火卷帘下堆放物品影响使用的；

（6）消防设施管理、值班人员和防火巡查人员脱岗的；

（7）违章关闭消防设施、切断消防电源的；

（8）其他可以当场改正的行为。

违反前款规定的情况以及改正情况应当有记录并存档备查。

（二）火灾隐患限期整改

对不能当场改正的火灾隐患，消防工作归口管理职能部门或者专、兼职消防管理人员应根据本单位的管理分工，及时将存在的火灾隐患向单位的消防安全管理人或者消防安全责任人报告，提出整改方案。消防安全管理人或者消防安全责任人应当确定整改的措施、期限以及负责整改的部门、人员，并落实整改资金。

在火灾隐患消除之前，单位应当落实防范措施，保障消防安全。对不能确保消防安全，随时可能引发火灾或者一旦发生火灾将严重危及人身安全的，应当将危险部位停产停业整改。火灾隐患整改完毕，负责整改的部门或者人员应当将整改情况记录报送消防安全责任人或者消防安全管理人签字确认后存档备查。

对于涉及城市规划布局而不能自身解决的重大火灾隐患，以及机关、团体、事业单位确无能力解决的重大火灾隐患，单位应当提出解决方案并及时向其上级主管部门或者当地人民政府报告。

对于对当地经济和社会生活影响较大的单位存在重大火灾隐患，需要停产、停业进行整改的，由消防救援机构提出意见，并由消防救援机构报请当地人民政府依法决定，由消防救援机构监督实施。

对消防救援机构责令限期整改的火灾隐患，应当及时提出整改方案报消防救援机构审查备案，单位应当在规定的期限内改正并写出火灾隐患整改复函，报送消防救援机构，由消防救援机构验收。对于政府挂牌的重大火灾隐患，消防救援机构验收后应确认隐患整改是否完成，验收不合格的应当责令隐患单位继续整改，对验收合格的应将验收情况报当地人民政府，以确定是否摘牌，恢复单位正常的生产经营。

第四章 消防安全管理

第一节 消防安全管理概述

一、消防安全管理组织机构及职责

（一）组长（消防安全负责人）的主要职责

①贯彻执行消防法规，保障单位消防安全符合规定，掌握本单位的消防安全情况。
②将消防工作与本单位的活动统筹安排，批准实施年度消防工作计划。
③为本单位的消防安全提供必要的经费和组织保障。
④确定逐级消防安全责任，批准实施消防安全制度和保障消防安全的操作规程。
⑤组织防火检查，督促落实火灾隐患整改，及时处理涉及消防安全的重大问题。
⑥根据消防法规的规定建立专职消防队、义务消防队。
⑦组织制定符合本单位实际情况的灭火和应急疏散预案，并实施演练。

（二）副组长（消防安全管理人）的主要职责

①拟订年度消防工作计划，组织实施日常消防安全管理工作。
②组织制订消防安全制度和保障消防安全的操作规程并检查督促其落实。
③拟订消防安全工作的资金投入和组织保障方案。

④组织实施防火检查和火灾隐患整改工作。
⑤组织实施对本单位消防设施、灭火器材和消防安全标志的维护保养,确保其完好有效,确保疏散通道和安全出口畅通。
⑥组织管理专职消防队和义务消防队。
⑦在员工中组织开展消防知识、技能的宣传教育和培训,组织灭火和应急疏散预案的实施和演练。
⑧单位消防安全责任人委托的其他消防安全管理工作。

(三)组员的主要职责

①贯彻执行单位的消防安全管理制度,了解岗位职责制度。
②熟悉本单位的消防设施、灭火器材和消防安全标志的使用及维护保养方法,定期保养,使其完好有效。
③了解本单位的火灾危险性,能够检查和整改火灾隐患。
④了解单位的灭火和应急疏散预案,了解火灾等突发情况的处置程序。
⑤其他需要履行的消防职责。

二、消防安全管理的任务

在我国建设的新时期,消防安全管理的总任务,就是要依据经济发展规律和经济建设的新情况及新特点,适应市场经济发展来决定消防管理总目标,坚持"预防为主、防消结合"的方针,通过各级党政领导,充分发动群众,进行严格管理,科学管理,依法管理,更有效地防止和减少火灾危害,保卫社会主义现代化建设及保障公民生命财产的安全。

具体地说,消防安全管理的任务是:

第一,贯彻预防为主、防消结合的方针,坚持专门机关和群众相结合的原则,实行防火安全责任制。

第二,建立健全各级消防安全管理机构,选择、考核以及培养各种消防安全管理人员。

第三,制订消防安全管理计划,选择并决定近期或者远期消防安全管理目标。

第四,开展消防宣传教育,普及消防安全管理知识,动员每个职工群众都参加消防安全管理活动。

第五,研究如何利用最少的人力、财力、物力、时间,采取现代化的科学方法,为单位提供最佳消防安全环境。

第六,建立健全消防安全管理规章制度,实行规范管理、从严管理。

第七,加强对消防安全事务进行监督、检查、控制以及协调工作。

第八,对在消防工作中有突出贡献或成绩显著的单位及个人予以奖励。

三、消防安全管理的作用

火灾是一种破坏力很大的灾害,因此做好消防安全管理工作对保障公民的人身安全,保卫我国现代化建设具有十分重要的作用。

(一)保护公民生命财产安全的需要

火灾是一种最为常见的严重危害人民生命财产安全的灾害。在火灾发展过程中,通常情况下火灾会被控制在小范围内,人员有时间逃生。但因为很多建筑物,尤其是公众聚集场所、机关、团体、企业、事业单位大量使用易燃可燃材料装修,并且疏散通道堵塞、消防设备失效现象严重,以致火灾迅速蔓延、损失扩大、人员大量伤亡。

(二)保卫现代化经济建设的需要

随着改革开放的不断深化及市场经济的持续发展,尤其是我国加入WTO以后,我国经济发展,社会不断进步。但是,经济的高速发展也给我们带来一个严肃的课题,那就是如何让经济建设得到健康、安全的发展。这当中有一个非常值得人们重视的问题:做好防火工作,确保现代化经济建设,机关、团体、企业、事业单位,在同火灾作斗争过程中,要始终把预防火灾放在首位,从思想上、组织上、制度上采取各种积极措施,以避免火灾的发生。

建设一个车间、建造一幢高楼需要一二年,营造一个林场常需十几年、二十几年。但是火灾一旦发生,用不了多少时间,即会将人们长期辛勤劳动创造出来的财富化为灰烬。做好了消防工作就使经济建设成果有了安全保障。随着我国现代化建设的迅猛发展,新材料、新设备以及新工艺的广泛应用,用火、用电、用易燃化学物品的单位大量增多,新的不安全因素也随之不断增加,就更需要加强消防工作,以保证现代化建设事业的顺利进行。

(三)维护社会治安的需要

火灾危害程度随着经济发展而增加,这是客观规律。而目前我国虽然正处在经济建设高速发展时期,因为没有系统的多层次的消防法律、法规体系,尤其是管理体制改革、权力下放,而且审批制度又不完善,缺乏统一的法律、法规依据,形成单位消防安全宣传教育、安全检查、火险整改及消防监督形同虚设,加之职工群众消防意识淡薄,遇有火情缺乏经验,一旦发生火灾难以抢救,导致极大的人员伤亡及财产损毁。火灾是一种治安灾害事故,发生火灾会给受害群众带来困难和不幸,也会使当地的社会治安受到一定的影响。所以,从维护社会治安的角度出发,也要求加强消防安全管理,以便于减少这种治安灾害事故的发生。

消防安全管理涉及各行各业、千家万户,是一种全民事业。各级消防救援机构及社会单位应当本着对党、对人民负责的精神,把预防火灾作为自己应尽的责任,在各级党委和政府的领导下,借助广大群众,努力做好防火工作,大力减少及消除火灾的危害,创造良好的社会秩序,保证我国现代化建设事业的顺利进行。

四、消防安全管理的原则

任何一项管理活动都必须遵循一定的原则。依据我国消防安全管理的性质,消防安全管理除应遵循普遍政治原则和科学管理原则外,还必须遵循下列一些特有的原则。

(一)统一领导,分级管理

根据消防安全管理的性质与消防实践,我国的消防安全管理实行统一领导,即实行统一的法律、法规、方针、政策,以确保全国消防管理工作的协调一致。但是,由于我国是一个人口众多,地域广阔的国家,各地经济、文化以及科技发展不平衡,发生火灾的具体规律和特点也不同,不可能用一个统一的模式来管理各地区、各部门的消防业务。所以,必须在国家消防主管部门的统一领导下,实行纵向的分级管理,赋予各级消防管理部门一定的职责及权限,调动其积极性与主动性。

(二)专门机关管理与群众管理相结合

各级消防救援监督机构是消防管理的专门机关,担负着主要的消防管理职能,但是消防工作涉及各行各业,千家万户,消防工作与每一个社会成员息息相关,如果不发动群众参与管理,消防工作的各项措施就很难落实。只有坚持在专门机关组织指导与群众参加管理相结合,才能够卓有成效地搞好这一工作。

(三)安全与生产相一致

安全和生产是一个对立统一的整体。安全是为了更好地生产,生产必须要以安全为前提,二者不可偏废。消防救援监督机关在消防管理中,要认真坚持安全与生产相一致的原则,对机关、团体、企业以及事业单位存在的火险隐患决不姑息迁就,而应积极督促其整改,使安全与生产同步前进。若忽视这一点,则会导致很大的损失。

(四)严格管理、依法管理

由于各种客观因素的存在,一部分单位与个人往往对消防安全的重要性认识不足,存在着对消防安全不重视的现象,导致大量的火险隐患得不到发现或发现后不能及时进行整改。为了减少和消除引发火灾的各种因素,消防管理组织,尤其是消防救援监督机构就严格管理的原则,对所有监督管理范围内的单位、部门以及区域的消防安全提出严格的要求,发现火险隐患严格督促检查、整改。

依法管理,就是要依照国家司法机关和行政机关制定和颁布的法律、法规以及规章等,对消防事务进行管理。消防管理要依法进行,这是由于火的破坏性所决定的。火灾危害社会安宁,破坏人们正常的生产、工作以及生活秩序,这就需要有强制性的管理措施才能够有效地控制火灾的发生。而强制性的管理又必须以法律作后盾,因此消防安全管理工作必须坚持依法管理的原则。

五、消防安全管理制度

（一）消防工作制度

①认真学习并贯彻落实《消防法》，加大宣传、培训力度，对员工进行消防常识的教育，做到人人都对企业消防工作负责。

②明确任务，落实责任，逐级签订安全防火责任书，按照"谁主管，谁负责"的工作原则，真正把消防工作落实到实处。

③加大检查整改力度，除每周组织专项检查外，每天都要有保卫部三级巡查制检查安全防火情况，发现问题，及时汇报，及时处理。

④每年组织企业灭火疏散演练不低于两次。

⑤做好重大节日期间防火工作，并制定具体保卫方案。

⑥加强火源、电源的管理，落实好天然气液化气的检查制度，电气线路设备的检查制度，及时清楚火险隐患。

⑦建立企业消防档案，组建义务消防队，做到预防为主，防消结合。加强吸烟管理制度，商场为无烟商场的禁止吸烟。

⑧坚持做好安全出口，疏散通道的专项治理和检查工作，对发生火灾或火线隐患整改不及时的部门，应对相关责任人予以责罚。

⑨保障消防设施设备就位，完整好用，符合法律法规要求，并落实维护责任人。

（二）消防监控中心交接班制度

①接班人员必须提前15min到达本岗位，做好交接准备。

②上岗前必须按规定着装，检查仪容仪表，精神面貌良好。

③检查岗位的设备运行是否良好和交接巡视检查、执机注意事项。

④当班人员必须在记录本上填写好设备运行、巡检等情况，并要求字迹清楚，记录齐全。

⑤各消防应急工具，相关资料如数按规定摆放整齐。

⑥做好中控室卫生清理工作，保证机器、地面、墙面洁净。

⑦接班人员未到，在岗人员不得离岗，应及时向有关领导汇报，请示处理办法。

⑧交接班各项内容经确认后必须在交接班本上签姓名和时间，以示确认和负责。

⑨如遇到突发事件等特殊情况，接班者协助交班者对事件进行处理，待事件处理告一段落，经交上级领导批准，再进行交接班。

⑩当接班人有酒醉、情绪不稳、意识不清等情况时，不得交接班，应上报请示处理办法。

⑪交班者要按本制度进行交班，如未按规定办，接班者可以提出意见，要求交班人员立即补办，否则可以不接班，并向有关领导报告。

⑫消防中控室双人执机，不得单人交接执机，不得电话信誉交接，应有文字体现。

（三）消防监控中心安全巡查工作制度

①防火巡查每两小时一次，主要包括以下内容。

a. 用火、用电有无违章情况。商场为无烟商场禁止吸烟，禁止随意用火。餐饮用火：微波炉、灶具1m内不得有易燃可燃危险品，灶具与气瓶之间的净距离不得小于0.5m，灶具与气瓶连接的软管长度不得超过2m。

b. 安全出口、疏散通道是否通畅，安全疏散指示标志、应急照明是否完好。安全出口不得封闭、堵塞、安全出口处不得设置门槛，疏散门应当向疏散方向开启，不得采用卷帘门、转门、吊门、侧拉门。

c. 消防设施、器材和消防安全标志是否在位、完整。任何店铺、个人不得损坏或者擅自挪用、拆除、停用消防设施、器材，不得埋压、圈占、遮挡消火栓，不得占用防火间距、堵塞消防车通道。

d. 常闭式防火门是否处于关闭状态，防火卷材下是否堆放物品影响使用。商场使用为甲级防火门，查闭门器、顺位器是否完好，防火卷帘下1m处不得堆放物品影响使用。

e. 消防安全重点部位的人员在岗情况。配电室、机房、库房、厨房的人员责任落实与管理情况。

②巡查人员应当及时纠正违章行为，要善处置火灾危险，无法当场处置的，应当立即报告。发现初起火灾应当立即报警并及时扑救。

③防火巡查、检查应当填写巡查、检查记录，巡查、检查人员及其主管人员应当在巡查、检查记录上签名，存档备查。

④巡查人员是保安部的安防力量，遇有可疑人、可疑事要有跟进、有交接，对店铺、个人的违规行为、危险举动（吸烟、拍照、溜旱冰、散发广告、带宠物、擅自施工、危险搬运、长时间逗留在通道内、做客服调查、着装不整、新闻媒体擅自采、顾客纠纷、客诉、斗殴等）要及时发现、询问、制止，保证合法人的权益，保持商场的有序经营环境。通道内有无杂物门锁杠推是否完好。安防执勤时注意自我保护。

⑤巡查人员禁止利用工作时间闲谈或办私事，不得擅自进入独立经营管理的区域，如有工作需要，应两人以上经上级、区域负责人同意后方可进入，并配合负责人的工作。

（四）消防监控中心工作制度

①严格遵守国家的法律、法规和公司的相关规章制度。了解和掌握消防报警控制设备设施的各项性能指标及操作方法，熟悉相关专业理论知识和安全操作规程，持证上岗。

②坚守岗位，时刻保持高度警惕。监视火灾报警控制和监控设备设施，严格按程序操作，认真处理当班发生的事件，并如实记录。

③经常对消防控制室设备及通信器材等进行检查，定期做好各系统功能试验、维护等工作，确保消防设施运行状况良好。

④保持室内清洁卫生，设施设备无污渍、无尘土，室为物品摆放整齐、墙面、

地面洁净；要妥善保管和使用控制室内相关设备设施和各种公用物品，杜绝丢失和损坏，并且做好领用、借用登记。

⑤发现设备设施故障时，及时通知值班领导和工程技术人员进行修理维护，不得擅自拆卸、挪用和停用设备设施，主动配合相关人员进行设备设施检修和维护并如实登记。

⑥充分发挥监控系统优势，密切关注商场内各种情况，注意发现可疑人或可疑物。发现异常情况应及时报告值班领导，按照操作程序果断采取应对措施，不得麻痹大意。

⑦做好中控室的保密工作。无关人员禁止进入消防控制室内，因工作需要进入监控室的，需经保安部经理同意后方可进入，当班值班员应做好记录。

⑧认真填写当值期间相关设施设备运行记录，发生的情况和处理结果。当班未处理完毕的应交代接班人员继续跟进，并做好物品交接工作。

⑨完成领导交给的其他工作任务。

（五）消防监控中心值班员制度

①值机员必须坚守岗位，不得擅离职守。按规定准时接岗、巡视，认真执行岗位职责，除楼层巡视和处警以外，值班机员不得做与本职工作无关的事情。

②值机员不得无故缺勤和私自换班，因特殊情况急需换班时，值机员必须提前三天向消防领班申请并填写"换班申请表"，上报部门领导同意后方可调班。换班过程中若发生重大责任事故，当班者要负主要责任。

③积极配合保安员做好日常工作，发生紧急情况时，若值机员无法处理或超出职权范围时应及时按程序上报公司领导，值机员不得擅自做主。

④建立完善的工作记录制度，值机员应将本人姓名、日期、班次、消防监控系统运行情况、值班情况及需跟进事项详细记录在案，并认真做好交接。

⑤无关人员不得擅自进入中控室，如有公司领导批准的，中控人员应严格执行来客登记制度。

第二节 消防管理的基本方法

一、分级负责法

分级负责是指某项工作任务，单位或机关、部门之间，纵向层层负责，一级对一级负责，横向分工把关，分线负责，从而形成纵向到底，横向到边，纵横交错的严密的工作网络的一种工作方法。该方法在消防安全管理的工作实践中，主要有以下两种。

（一）分级管理

消防监督管理工作中的分级管理，是指对各个社会单位和居民的消防安全工作在消防救援机构内部根据行政辖区的管理范围、权限等，按照市消防救援机构分级进行管理。

（二）消防安全责任制

所谓消防安全责任制就是，政府、政府部门、社会单位、公民个人都要按照自己的法定职责行事，一级对一级负责。对机关、团体、企事业单位的消防工作而言，就是单位的法定代表人要对本单位的消防安全负责，法定代表人授权某项工作的领导人，要对自己主管内的消防安全负责，就是逐级落实防火责任制。

二、重点管理法

重点管理法也就是抓主要矛盾的方法。即指在处理两个以上矛盾存在的事务时，用全力找出其主要的起着领导和决定作用的矛盾，从而抓住主要矛盾，化解其他矛盾，推动整个工作全面开展的一种工作方法。

由于消防安全工作是涉及各个机关、团体、工厂、矿山、学校等企事业单位和千家万户以及每个公民个人的工作，社会性很强，在开展消防安全管理中，也必须学会运用抓主要矛盾，从思维方法和工作方法上掌握抓主要矛盾的工作方法，以推动全社会消防安全工作的开展。

（一）专项治理

专项治理就是针对一个大的地区性各项工作或一个单位的具体工作情况，从中找出主要的起着领导和决定作用的工作，即主要矛盾，作为一个时期或一段时间内的中心工作去抓的工作方法。这种工作方法若能运用得好，可以避免不分主次，一面平推，眉毛胡子一把抓的局面，从而收到事半功倍的效果。

（二）抓点带面

抓点带面就是领导决策机关，为了推动某项工作的开展，或完成某项工作任务，决策人员根据抓主要矛盾和调查研究的工作原理，带着要抓或推广的工作任务，深入实际，突破一点，取得经验（通常称为抓试点），然后利用这种经验去指导其他单位，进而考验和充实决策任务的内容，并把决策任务从面上推广开来的一种工作方法。这种工作方法既可以检验上级机关决策是否正确，又可以避免大的失误，还可以提高工作效率，以极小的代价取得最佳成绩。

（三）消防安全重点管理

消防安全重点管理，是根据抓主要矛盾的工作原理，把在消防工作中的火灾危险性大、火灾发生后损失大、伤亡大、影响大，即对火灾的发生及火灾发生后的损失、伤亡、政治影响、社会影响等起主要的领导和决定作用的单位、部位、工种、人员和事项，作为消防安全管理的重点来抓，从而有效地防止火灾发生的一种管理方法。

三、调查研究法

调查研究既是领导者必备的基本素质之一,又是实施正确决策的基础。调查研究的方法是管理者能否管理成功的最重要的工作方法。由于消防安全管理工作的社会性、专业性很强,所以在消防安全管理工作中调查研究方法的应用十分重要。加之目前社会主义市场经济的建立和发展,消防工作出现了很多新情况、新问题,为适应新形势,通过调查研究,研究新办法,探索新路子,才能深入解决实际问题。

在消防安全管理的实际工作中,调查研究最直接的运用就是消防安全检查或消防监督检查。具体归纳起来大体有以下几种方法。

(一)普遍调查法

普遍调查法是指对某一范围内所有研究对象不留遗漏地进行全面调查。如某市消防救援机构为了全面掌握"三资企业"的消防安全管理状况,他们组织调查小组对全市所属的所有"三资"企业逐个进行调查。通过调查发现该市"三资"企业存在的安全体制管理不顺,过分依赖保险,主官忽视消防安全等问题,并写出专题调查报告,上报下发,有力地促进了问题的解决。

(二)典型调查法

典型调查法是指在对被调查对象有初步了解的基础上,依据调查目的不同,有计划地选择一个或几个有代表性的单位进行详细调查,以期取得对对象的总体认识的一种调查方法。这种方法是认识客观事物共同本质的一种科学方法,只要典型选择正确,材料收集方法得当,做出的措施,就会有普遍的指导意义。如某市消防支队根据流通领域的职能部门先后改为企业集团,企业性职能部门也迈出了政企分开的步伐的实际情况,及时选择典型对部分市县(区)两级商业、物资、供销、粮食等部门进行了调查,发现其保卫机构、人员和保卫工作职能都发生了变化,为此,他们认真分析了这些变化给消防工作可能带来的有利和不利因素,及时提出了加强消防立法,加强专职消防队伍建设,加强消防重点单位管理和加强社会化消防工作的建议和措施。

(三)个案调查法

个案调查法就是把一个社会单位(一个人、一个企业、一个乡等)作为一个整体进行尽可能全面、完整、深入、细致地调查了解。这种调查方法属于集约性研究,探究的范围比较窄,但调查得深透,得到的资料也较为丰富。实质上这种调查方法,在消防安全管理工作中的火灾原因调查和具体深入到某个企业单位进行专门的消防监督检查等都是最具体、最实际的运用。如在对一个企业单位进行消防监督检查时,可最直观地发现企业单位领导对消防安全工作的重视程度,职工的消防安全意识,消防制度的落实,消防组织建设和存在的火灾隐患,消防安全违法行为及整改落实情况等。

（四）抽样调查法

抽样调查法就是指从被调查的对象中，依据一定的规则抽取部分样本进行调查，以期获得对有关问题的总的认识的一种方法。如《消防法》规定，按照国家工程建设消防技术标准需要进行消防设计的一般建设工程，建设单位应当自依法取得施工许可之日起七个工作日内，将消防设计文件报消防救援机构备案，消防救援机构应当进行抽查；依法应当经消防救援机构进行消防设计审核的建设工程，未经依法审核或者审核不合格的，负责审批该工程施工许可的部门不得给予施工许可，建筑单位、施工单位不得施工，其他建设工程取得施工许可后经依法抽查不合格的，应当停止施工。这些都是具体运用抽样调查法的法律依据。

再如，对签订消防责任状这种工作措施的社会效果如何，不太清楚，某消防救援机构有重点地深入到有关乡、镇、村和有关主管部门的重点单位开展调查研究，通过调查发现，消防责任状仅仅是促使人们做好消防工作的一种行政手段，不是万能的、永恒的措施，它往往受到各种条件的制约，不能发挥其应有的作用，更不能使消防工作社会化持之以恒地开展下去。针对这一情况，采取相应对策，克服其不利因素，使消防工作得到了健康的发展。

四、消防安全评价法

目前，可以用于生产过程或设施消防安全评价的方法有安全检查表法、火灾爆炸危险指数评价法、危险性预先分析法、危险可操作性研究法、故障类型与影响分析法、故障树分析法、人的可靠性分析法、作业条件危险性评价法、概率危险分析法等，已达到几十种。按照评价的特点，消防安全评价的方法可有定性评价法、着火爆炸危险指数评价法、概率风险评价法和半定量评价法等几大类。在具体运用时，可根据评价对象、评价人员素质和评价的目的进行选择。

（一）定性评价法

定性评价法主要是根据经验和判断能力对生产系统的工艺、设备、环境、人员、管理等方面的状况进行定性的评价。此类评价方法主要有列表检查法（安全检查表法）、预先危险性分析法、故障类型和影响分析法以及危险可操作性研究法等。这类方法的特点是简单、便于操作，评价过程及结果直观，目前在国内外企业消防安全管理工作中被广泛使用。但是这类方法含有相当高的经验成分，带有一定的局限性，对系统危险性的描述缺乏深度，不同类型评价对象的评价结果没有可比性。

（二）指数评价法

该评价方法操作简单，避免了火灾事故概率及其后果难以确定的困难，使系统结构复杂、用概率难以表述其火灾危险性单元的评价有了一个可行的方法，是目前应用较多的评价方法之一。该评价方法的缺点是：评价模型对系统消防安全保障体系的功能重视不够，特别是易燃易爆危险物质和消防安全保障体系间的相互作用关系未予考虑。各因素之间均以乘积或相加的方式处理，忽视了各因素之间重要性的差别；评价自开始起就用指标值给出，使得评价后期对系统的安全改进工作较困难；指标值的确定只和指标的设置与否有关，而与指标因素的客观状态无关等，致使易燃易爆危险物质的种类、含量、空间布置相似，而实际消防安全水平相差较远的系统评价结果相近。该评价法目前在石油、化工等领域应用较多。

（三）火灾概率风险评价法

火灾概率风险评价方法是根据子系统的事故发生概率，求取整个系统火灾事故发生概率的评价方法。本方法系统结构简单、清晰，相同元件的基础数据相互借鉴性强，这种方法在航空、航天、核能等领域得到了广泛应用。另一方面，该方法要求数据准确、充分，分析过程完整，判断和假设合理。但该方法需要取得组成系统各子系统发生故障的概率数据，目前在民用工业系统中，这类数据的积累还很不充分，是使用这一方法的根本性障碍。

（四）重大危险源评价法

重大危险源评价方法分为固有危险性评价与现实危险性评价，后者是在前者的基础上考虑各种控制因素－反映了人对控制事故发生和事故后果扩大的主观能动作用。固有危险性评价主要反映物质的固有特性、易燃易爆危险物质生产过程的特点和危险单元内、外部环境状况，分为事故易发性评价和事故严重度评价两种。事故的易发性取决于危险物质事故易发性与工艺过程危险性的耦合。易燃、易爆、有毒重大危险源辨识评价方法填补了我国跨行业重大危险源评价方法的空白，在事故严重度评价中建立了伤害模型库，采用了定量的计算方法，使我国工业火灾危险评价方法的研究从定性评价进入定量评价阶段。实际应用表明，使用该方法得到的评价结果科学、合理，符合中国国情。

由于消防安全评价不仅涉及技术科学，而且涉及管理学、伦理学、心理学、法学等社会科学的相关知识，评价指标及其权值的选取与生产技术水平、管理水平、生产者和管理者的素质以及社会和文化背景等因素密切相关。因此，每种评价方法都有一定的适用范围和限度。目前，国外现有的消防安全评价方法主要适用于评价具有火灾危险的生产装置或生产单元发生火灾事故的可能性和火灾事故后果的严重程度。

第三节　建筑内部电气防火管理

一、爆炸危险场所的电气设备

（一）爆炸性混合物

爆炸性混合物指的是遇火源在瞬间发生爆炸或燃烧的物质。一般包括以下几种。

①可燃气体和空气的混合物。
②易燃液体蒸气和空气的混合物。
③燃点低于或者等于场所环境温度的可燃液体蒸气与空气的混合物。
④悬浮状的可燃粉尘和可燃纤维与空气的混合物。

（二）防爆电气设备的类型、标志及选型

爆炸危险场所的防爆电气设备在运行过程中必须具备不引燃周围爆炸性混合物的性能。

能满足以上要求而制成的防爆电气设备类型主要有：
①隔爆型电气设备（d）。
②增安型电气设备（e）。
③本质安全型电气设备（i）。
④正压型电气设备（p）。
⑤充油型电气设备（o）。
⑥充砂型电气设备（q）。
⑦无火花型电气设备（n）。
⑧防爆特殊型电气设备（s）。

二、建筑消防用电

（一）安全电压

安全电压是指50V以下特定电源供电的电压系列。

安全电压是为防止触电事故而采用的50V以下特定电源供电的电压系列，有42V、36V、24V、12V和6V五个等级，根据不同的作业条件，选用不同的安全电压等级。建筑施工现场常用的安全电压有12V、24V以及36V。

特殊场所必须采用安全电压供电照明。

以下特殊场所必须采用安全电压供电照明：
①室内灯具离地面低于2.4m，手持照明灯具，一般潮湿作业场所（地下室、潮湿室内、人防工程、潮湿楼梯、隧道以及有高温、导电灰尘等）的照明，电源电压应不大于36V。
②在潮湿和易触及带电体场所的照明电源电压，应不大于24V。
③在特别潮湿的场所,锅炉或金属容器内,导电良好的地面使用手持照明灯具等，照明电源电压不得超过12V。

（二）施工现场临时用电档案管理

①施工现场临时用电必须建立安全技术档案，并应包括以下内容。
a.用电组织设计的全部资料。
b.修改用电组织设计的资料。

c. 用电工程检查验收表。
d. 用电技术交底资料。
e. 电气设备的试、检验凭单和调试记录。
f. 接地电阻、绝缘电阻和漏电保护器漏电动作参数测定记录表。
g. 定期检（复）查表。
h. 电工安装、巡检、维修以及拆除工作记录。

②安全技术档案应由主管该现场的电气技术人员负责建立与管理。其中"电工安装、巡检、维修、拆除工作记录"可以指定电工代管，每周由项目经理审核认可，并应在临时用电工程拆除后统一归档。

③临时用电工程应定期检查。定期检查时，应复查接地电阻值与绝缘电阻值。检查周期最长可为：基层公司每季一次，施工现场每月一次。

④临时用电工程定期检查应按分部、分项工程进行，必须及时处理安全隐患，并应履行复查验收手续。

（三）消防用电设备的电源的要求

①下列建筑物、储罐（区）以及堆场的消防用电应按一级负荷供电。
a. 建筑高度大于50m的乙、丙类厂房和丙类仓库。
b. 单罐容量大于1000m^3或总储量大于5000m^3的甲、乙类液体储罐区；单罐容量大于2000m^3或总储量大于10000m^3的丙类液体储罐区；总储量大于100000m^3的甲、乙类气体储罐区；单罐容量大于200m^3或总储量大于500m^3的液化烃储罐区。
c. 一类高层民用建筑。

②下列建筑物、储罐（区）和堆场的消防用电应按二级负荷供电。
a. 室外消防用水量大于30L／s的厂房、仓库。
b. 室外消防用水量大于35L／s的可燃材料堆场、可燃气体储罐（区）和甲、乙类液体储罐（区）。
c. 粮食仓库及粮食筒仓。
d. 二类高层民用建筑。
e. 座位数超过1500个的电影院、剧院，座位数超过3000个的体育馆、任一层建筑面积大于3000m^2的商店、展览建筑、省（市）级及以上的广播电视建筑、电信建筑和财贸金融建筑，室外消防用水量大于25L／s的其他公共建筑。

③除本条第①、②款外的建筑物、储罐（区）和堆场等的消防用电可采用三级负荷供电。

④消防电源的负荷分级应符合现行国家标准《供配电系统设计规范》的有关规定。

（四）消防用电设备的配电线路的敷设

消防用电设备配电线路的敷设应符合以下规定。

①暗敷时，应穿管并应敷设于不燃烧体结构内且保护层厚度不应小于30mm。明敷时（包括敷设在吊顶内），应穿金属管或封闭式金属线槽，并应采取防火保护措施。

②当采用阻燃或耐火电缆时,敷设在电缆井、电缆沟内可不采取防火保护措施。
③当采用矿物绝缘类不燃性电缆时,可直接明敷。
④宜与其他配电线路分开敷设;当敷设在同一井沟内时,宜分别布置在井沟的两侧。

(五) 导线截面大小的确定

导线截面应根据导线长期连续负载的允许载流量、线路的允许电压降以及导线的机械强度三项基本条件来合理选定。

①允许载流量。按允许载流量选择导线截面时,还应依据使用情况来确定。

a. 一台电动机导线的允许载流量(安)大于或者等于电动机的额定电流。

b. 多台电动机导线的允许载流量(安)大于或者等于容量最大的一台电动机的额定电流加上其余电动机的计算负载电流。

c. 电灯及电热负载导线的允许载流量(安)应大于或者等于所有电器额定电流的总和。

同一截面的导线,环境温度不同,允许载流量也不同。环境温度越高,其允许载流能力越低。所以,导线截面经初步确定后,还要根据环境的实际温度加以改进。

②允许电压降。在输电过程中,因为线路本身也具有一定的阻抗,通过电流时也会产生电压降即电压损失。电压降过大时,将会造成用电设备性能变差,不能正常工作,甚至可使电动机温升过高而烧毁。

③导线的机械强度。导线截面的确定还应考虑有足够的机械强度,因受积雪、风力以及气温过低时导线的收缩力及机械外力等影响,导线会发生断线。

(六) 电气线路短路的预防

从短路的形成看短路的原因。

1. 绝缘导线短路的原因

因为绝缘导线的绝缘强度、绝缘性能不符合规定要求;或雷击使电压突然升高而将导线绝缘击穿;或用金属导线捆扎绝缘导线,把绝缘导线挂在金属物体上,由于日久磨损和生锈腐蚀使绝缘层受到损坏;或受潮湿、高温、腐蚀作用而使导线的绝缘性能降低;或由于导线使用时间过长,致使绝缘层受损、陈旧、线芯裸露等。此外,也有由于不懂用电常识人为造成的短路。

2. 裸导线发生短路的原因

由于导线安装过低,在搬运较高大的物体时,不慎碰在导线上,或使两根导线碰在一起;遇风吹导线摆动造成两线相碰;在线路附近有树木,大风时树枝拍打导线;大风把各种杂物刮挂在导线上;线路上的绝缘子、横担等支持物脱落或破损,造成两根或两根以上导线相碰;以及倒杆事故等。

由于短路时产生的后果严重,因此在供电系统的设计、运行中应设法消除可能引起短路的原因。此外,为了减轻短路的严重后果,避免故障扩大,就需计算短路电流,以便正确地选择和校验各种电气设备,进行继电保护装置的整定电流计算及选用限制短路电流的电器（电抗器）。为了避免正在运行中的电气线路短路，室内布线应该多使用绝缘导线，绝缘导线的绝缘强度应符合电源电压的要求，电源电压为380V的应采用额定电压为500V的绝缘导线，电源电压为220V的应采用额定电压是250V的绝缘导线。此外，屋内布线还必须满足机械强度和连接方式的要求。

导线类型的选择要依据使用环境确定，一般场所可采用一般绝缘导线，特殊场所应采用特殊绝缘导线。

应当定期用兆欧表（摇表）检测绝缘强度；导线绝缘性能必须符合环境要求，同时要正确安装；线路上要按规定安装断路器或熔断器（通常使用的胶盖闸刀开关，通常都和熔断器装在一起，所以熔断器在线路上是较多的，但要注意熔丝的熔断电流应符合要求）。

（七）电气线路过负荷的预防

①要合理规划配电网络和调节负载，做出本区域内的负荷曲线，由于过负荷主要是由导线截面选用过小或负载过大造成的。

②不准许乱拉电线和接入过多负载，在原线路设计或新改建线路时要留出足够余量。由于任何电气设备或任何用户，它们的负荷并非是恒定的，或者时通时断，其负荷会经常发生变化。

③要定期用钳形电流表测量或者用计算的方法检查线路的实际负荷情况，定期检查线路的断路器、熔断器的运行情况，禁止使用铁丝、铜丝代替熔断器的熔丝，或更换大容量的保险丝，以保证过负荷时能及时切断电源。

（八）电气线路接触电阻过大的预防

1. 产生接触电阻过大的原因

①导线与导线或导线与电气设备的连接点连接不牢，连接点由于热作用或振动导致接触点松动，接触表面不平整等，使电流所通过的截面减少；

②不同金属（如铜铝）接触产生电化学腐蚀，使连接处氧化导致电阻率增大等。

2. 接触电阻过大的预防措施

①在敷设电气线路时，导线与导线或导线与电气设备的连接，必须可靠、牢固；

②经常对运行的线路和设备进行巡视检查，发现接头松动或者发热，应及时紧固或作适当处理；

③大截面导线的连接应用焊接法或者压接法，铜铝导线相接时宜采用铜铝过渡接头，并在铜铝导线接头处垫锡箔，或在铜线鼻子搪锡再与铝线鼻子连接的方法来减小接触电阻；

④在易发生接触电阻过大的部位涂变色漆或者安放试温蜡片，以及时发现过热现象等。

（九）配电箱与开关箱的防火要求

施工现场临时用电通常采用三级配电方式，即总配电箱（或配电室），下设分配电箱，再以下设开关箱，用电设备在开关箱以下。

配电箱和开关箱的安全防火要求如下：

①配电箱、开关箱的箱体材料，通常应选用钢板，也可选用绝缘板，但不宜选用木质材料。

②电箱、开关箱不得歪斜、倒置，应安装端正、牢固。

固定式配电箱、开关箱的下底与地面间的垂直距离应大于或者等于1.3m、小于或等于1.5m；移动式分配电箱、开关箱的下底与地面的垂直距离应大于或等于0.6m、小于或者等于1.5m。

③进入开关箱的电源线，禁止用插销连接。

④电箱之间的距离不宜太远。

⑤分配电箱与开关箱的距离不得大于30m。开关箱和固定式用电设备的水平距离不宜超过3m。

⑥每台用电设备应有各自专用的开关箱。施工现场每台用电设备应有各自专用的开关箱，且必须符合"一机一闸一漏"的规定，禁止用同一个开关电器直接控制两台及两台以上用电设备（含插座）。

开关箱中必须设漏电保护器，其额定漏电动作电流应不大于30mA，漏电动作时间应不大于0.1s。

⑦所有配电箱门应配锁，不得在配电箱与开关箱内挂接或插接其他临时用电设备，严禁在开关箱内放置杂物。

（十）配电室的安全防火要求

①配电室应靠近电源，并应设在潮气少、灰尘少、振动小、无腐蚀介质、无易燃易爆物及道路畅通的地方。

②成列的配电柜和控制柜两端应与重复接地线及保护零线做电气连接。

③配电室和控制室应能自然通风，并应采取防止雨雪侵入与动物进入的措施。

④配电室内的母线涂刷有色涂装，以区分相序。

⑤配电室的建筑物与构筑物的耐火等级不低于3级，室内配置沙箱和可用于扑灭电气火灾的灭火器。

⑥配电室的门向外开，并配锁。

⑦配电室的照明分别设置正常照明及事故照明。

⑧配电柜应编号，并应有用途标记。

⑨配电柜或配电线路停电维修时，应挂接地线，并应悬挂"禁止合闸、有人工作"停电标志牌。停送电必须由专人负责。

⑩应保持配电室整洁，不得堆放任何妨碍操作、维修的杂物。

（十一）配电箱及开关箱安全防火设置

①配电系统应设置配电柜或者总配电箱、分配电箱、开关箱，实行三级配电。

配电系统宜使三相负荷平衡。220V或者380V单相用电设备宜接入220／380V三相四线系统；当单相照明线路电流大于30A时，宜采用220／380V三相四线制供电。

②总配电箱以下可设若干分配电箱；分配电箱以下可设若干开关箱。

总配电箱应设在靠近电源的区域，分配电箱宜设在用电设备或者负荷相对集中的区域，分配电箱与开关箱之间的距离不得超过30m，开关箱与其控制的固定式用电设备的水平距离不宜超过3m。

③每台用电设备必须有各自专用的开关箱。禁止用同一个开关箱直接控制2台及2台以上用电设备（含插座）。

④动力配电箱与照明配电箱宜分别设置。当合并设置为同一配电箱时，动力及照明应分路配电；动力开关箱与照明开关箱必须分设。

⑤配电箱、开关箱应装设在干燥、通风及常温场所，不得装设在有严重损伤作用的烟气、天然气、潮气及其他有害介质中，亦不得装设在易受外来固体物撞击、强烈振动、液体喷溅及热源烘烤场所，否则，应予清除或者做防护处理。

⑥配电箱、开关箱周围应有足够2人同时工作的空间和通道，不得有灌木、杂草，不得堆放任何妨碍操作、维修的物品。

⑦配电箱、开关箱应采用冷轧钢板或者阻燃绝缘材料制作，钢板厚度应为1.2～2.0mm，其开关箱箱体钢板厚度不得小于1.2mm，配电箱箱体钢板厚度不得小于1.5mm，箱体表面应进行防腐处理。

⑧配电箱、开关箱应装设端正、牢固。固定式配电箱、开关箱的中心点与地面的垂直距离应为1.4～1.6m。移动式配电箱、开关箱应装设在坚固、稳定的支架上。其中心点与地面之间的垂直距离宜为0.8～1.6m。

⑨配电箱、开关箱内的电器（含插座）应先安装在金属或者非木质阻燃绝缘电器安装板上，然后方可整体紧固于配电箱、开关箱箱体内。

金属电器安装板与金属箱体应做电气连接。

⑩配电箱、开关箱内的电器（含插座）应按照规定位置紧固在电器安装板上，不得歪斜和松动。

⑪配电箱的电器安装板上必须分设N线端子板与PE线端子板。N线端子板必须与金属电器安装板绝缘；PE线端子板必须与金属电器安装板做电气连接。

进出线中的N线必须利用N线端子板连接；PE线必须利用PE线端子板连接。

⑫配电箱，开关箱内的连接线必须采用铜芯绝缘导线。导线绝缘的颜色标志应按有关规定配置并排列整齐；导线分支接头不得采用螺栓压接，应采用焊接并做绝缘包扎，不得有外露带电部分。

⑬配电箱、开关箱的金属箱体、金属电器安装板以及电器正常不带电的金属底座、外壳等必须利用PE线端子板与PE线做电气连接，金属箱门与金属箱体必须利用采用编织软铜线做电气连接。

⑭配电箱、开关箱的箱体尺寸应与箱内电器的数量及尺寸相适应。

⑮配电箱、开关箱中导线的进线口与出线口应设在箱体的下底面。

⑯配电箱、开关箱的进、出线口应配置固定线卡，进出线应加绝缘护套并成束

卡固在箱体上，不得与箱体直接接触。移动式配电箱、开关箱的进以及出线应采用橡皮护套绝缘电缆，不得有接头。

⑰配电箱、开关箱外形结构应能防雨、防尘。

（十二）电缆线路安全消防管理

①电缆中必须包含全部工作芯线与用作保护零线或保护线的芯线。需要三相四线制配电的电缆线路必须采用五芯电缆。

五芯电缆必须包含淡蓝、绿／黄两种颜色绝缘芯线。淡蓝色芯线必须用作 N 线。绿／黄双色芯线必须用作 PE 线，禁止混用。

②电缆截面的选择应符合有关规定，根据其长期连续负荷允许载流量和允许电压偏移确定。

③电缆线路应采用埋地或架空敷设，严禁沿地面明设，并应防止机械损伤和介质腐蚀。埋地电缆路径应设方位标志。

④电缆类型应依据敷设方式、环境条件选择。埋地敷设宜选用铠装电缆。当选用无铠装电缆时，应能防水、防腐。架空敷设宜选用无铠装电缆。

⑤电缆直接埋地敷设的深度不应小于 0.7m，并应在电缆紧邻上、下、左、右侧均匀敷设不小于 50mm 厚的细砂，然后覆盖砖或者混凝土板等硬质保护层。

⑥埋地电缆在穿越建筑物、道路、构筑物、易受机械损伤、介质腐蚀场所及引出地面从 2.0m 高到地下 0.2m 处，必须加设防护套管，防护套管内径不应小于电缆外径的 1.5 倍。

⑦埋地电缆与其附近外电电缆与管沟的平行间距不得小于 2m，交叉间距不得小于 1m。

⑧埋地电缆的接头应设在地面上的接线盒内，接线盒应能防水、防尘以及防机械损伤，并应远离易燃、易爆、易腐蚀场所。

⑨架空电缆应沿电杆、支架或墙壁敷设，并且采用绝缘子固定，绑扎线必须采用绝缘线，固定点间距应保证电缆能承受自重所带来的荷载，但沿墙壁敷设时最大弧垂距地不得小于 2.0m。架空电缆严禁沿脚手架、树木或者其他设施敷设。

⑩在建工程内的电缆线路必须采用电缆埋地引入，禁止穿越脚手架引入。电缆垂直敷设应充分利用在建工程的竖井、垂直孔洞等，并宜靠近用电负荷中心，固定点每楼层不得少于一处。电缆水平敷设宜沿墙或者门口刚性固定，最大弧垂距地不得小于 2.0m，装饰装修工程或其他特殊阶段，应补充编制单项施工用电方案。电源线可沿墙角及地面敷设，但应采取防机械损伤和电火措施。

⑪电缆线路必须有短路保护及过载保护，短路保护和过载保护电器与电缆的选配应符合有关要求。

（十三）室内配线安全防火设置

①室内配线必须采用绝缘导线或者电缆。

②室内配线应根据配线类型采用瓷瓶、嵌绝缘槽、瓷（塑料）夹、穿管或钢索敷设。

潮湿场所或者埋地非电缆配线必须穿管敷设，管口和管接头应密封。当采用金属管敷设，金属管必须做等电位连接，并且必须与 PE 线相连接。

③室内非埋地明敷主干线距地面高度不得小于 2.5m。

④架空进户线的室外端应采用绝缘子固定，过墙处应穿管保护，距地面高度不得小于 2.5m，并应采取防雨措施。

⑤室内配线所用导线或电缆的截面应根据用电设备或者线路的计算负荷确定，但铜线截面不应小于 $1.5mm^2$，铝线截面不应小于 $2.5mm^2$。

⑥钢索配线的吊架间距不宜大于 12m。采用瓷瓶固定导线时，导线间距不应小于 100mm，瓷瓶间距不应大于 1.5m。当采用瓷夹固定导线时，导线间距不应小于 35mm，瓷夹间距不应大于 800mm。采用护套绝缘导线或电缆时，可直接敷设于钢索上。

⑦室内配线必须有短路保护及过载保护，短路保护和过载保护电器与绝缘导线、电缆的选配应满足要求。对穿管敷设的绝缘导线线路，其短路保护熔断器的熔体额定电流不应大于穿管绝缘导线长期连续负荷允许载流量的 2.5 倍。

三、建筑防雷火灾

雷电是指一种大气中自然放电的现象，放电时，放电通道的温度可高达数万度，能使可燃建筑物或物资堆垛起火燃烧，甚至导致金属熔化，击穿铁皮层顶，引燃室内的可燃物。雷电还有很大的机械破坏力，击毁树木、烟囱、水塔以及其他建筑物，使用火、用电设备或者易燃、可燃液体罐等遭到破坏而起火。

（一）雷电的火灾危险性

雷电的火灾危险性主要表现在雷电放电时所出现的各种物理现象效应及作用。

①电效应。雷电放电时，能够产生高达数万伏甚至数十万伏的冲击电压。

②热效应。当几十至上千安的强大雷电流通过导体时，在极短的时间内将转换成为大量的热能。

③机械效应。因为雷电的热效应，还将使雷电通道中木材纤维缝隙和其他结构中的空气剧烈膨胀，同时使水分及其他物质分解为气体，所以在被雷击物体内部出现强大的机械压力。

以上 3 种效应是直接雷击所造成的，这种直接雷击所产生的电、热机械的破坏作用都十分大。同时还有：

④电磁感应。

⑤静电感应。

⑥雷电波侵入。

⑦防雷装置上的高电压对建筑物的反应作用。

(二) 雷电的防火措施

1. 直击雷防护措施

装设避雷针、避雷线以及避雷网都是防护直击雷的重要措施。避雷针分为独立避雷针和附设避雷针,独立避雷针是离开建筑物单独装设的。禁止在装有避雷针、避雷线的建筑物上架设通信线、广播线或者其他电气线路。防雷装置受击时,其接闪器、引下线和接地装置都呈现很高的冲击电压,可能击穿与邻近导体之间的绝缘体造成反击,所以必须保证接闪器、引下线、接地装置与邻近导体之间有足够的安全距离。

2. 雷电波引入防护措施

雷电波引入,又叫作高电位引入,它可能沿各种金属导体、管路,特别是天线或者架空电线引入室内。沿架空电线引入雷电波的防护问题比较复杂,通常采取以下几种办法。

①配电线路全部采用地下电缆。

②采用电缆线段进线方式供电。

③在架空电线引入的地方,加装放电保护间隙或者避雷器等。

3. 雷电感应防护措施

雷电感应,特别是静电感应也能产生很高的冲击电压。在建筑物中主要应考虑由反击导致的爆炸和火灾事故。

依据建筑物的不同层顶,应采取相应的防止静电感应的措施。对于金属屋顶,应将屋顶合理接地;对钢筋混凝土层顶,应把屋面钢筋焊成边长6~12m的网络,连成通路,并予以接地。对非金属屋顶,应在屋面上加装边长6~12m的金属网络,并予以接地。屋顶或者其上金属网络的接地不得少于两处,并且其间距应在10~30m范围内。

4. 可燃、易燃液体贮罐的防雷措施

①当罐顶钢板厚度大于3.5mm,并且装有呼吸阀时,可以不设防雷装置。但是油罐体应做良好的接地,接地点不少于两处,间距不大于30m,其接地装置的冲击接地电阻不大于30°。

②当罐顶钢板厚度小于3.5mm时,虽装有呼吸阀,也应在罐顶装设避雷针,并且避雷针与呼吸阀的水平距离不应小于3m,保护范围比呼吸阀高不应小于2m。

③浮顶油罐可不设防雷装置,但浮顶与罐体应有可靠的电气连接。

④非金属易燃液体贮罐,应采用独立的避雷针,避免直接雷击。同时还应有防雷电感应措施。避雷针冲击接地电阻不小于30Ω。

⑤覆土厚度大于0.5m的地下油罐,可以不考虑防雷措施。但呼吸阀、量油孔以及采光孔应做好接地,接地点不少于两处。冲击电阻不大于10Ω。

⑥易燃液体的敞开式贮罐,应设独立避雷针,其冲击接地电阻不大于5Ω。

第四章 消防安全管理

5. 棉、麻、毛及可燃物堆放的防雷措施

必须安装独立的防雷装置。其安装位置，应依据雷云的常年走向选定，一般是在迎向雷云走向的位置安装避雷针，其冲击接地电阻不大于 30Ω。

第四节　消防系统管理

一、消防系统的选择

（一）消防系统的供电

1. 对消防供电的要求及规定

建筑物中火灾自动报警和消防设备联动控制系统的工作特点是连续、不间断。

①火灾自动报警系统应设置交流电源和蓄电池备用电源。

②火灾自动报警系统的交流电源应采用消防电源，备用电源可采用火灾报警控制器和消防联动控制器自带的蓄电池电源或消防设备应急电源。当备用电源采用消防设备应急电源时，火灾报警控制器和消防联动控制器应采用单独的供电回路，并应保证在系统处于最大负载状态下不影响火灾报警控制器和消防联动控制器的正常工作。

③消防控制室图形显示装置、消防通信设备等的电源，宜由 UPS 电源装置或消防设备应急电源供电。

④火灾自动报警系统主电源不应设置剩余电流动作保护和过负荷保护装置。

⑤消防设备应急电源输出功率应大于火灾自动报警及联动控制系统全负荷功率的 120%，蓄电池组的容量应保证火灾自动报警及联动控制系统在火灾状态同时工作负荷条件下连续工作 3h 以上。

⑥消防用电设备应采用专用的供电回路，其配电设备应设有明显标志。其配电线路和控制回路宜按防火分区划分。

⑦火灾自动报警系统接地装置的接地电阻值应符合下列规定：

a. 采用共用接地装置时，接地电阻值不应大于 1Ω

b. 采用专用接地装置时，接地电阻值不应大于 4Ω。

⑧消防控制室内的电气和电子设备的金属外壳、机柜、机架和金属管、槽等，应采用等电位连接。

⑨由消防控制室接地板引至各消防电子设备的专用接地线应选用铜芯绝缘导线，其线芯截面面积不应小于 $4mm^2$。

⑩消防控制室接地板与建筑接地体之间，应采用线芯截面面积不小于 $25mm^2$ 的铜芯绝缘导线连接。

2. 消防设备供电系统

消防设备供电系统应能充分确保设备的工作性能，当火灾发生时能充分发挥消防设备的功能，将火灾损失降到最小。这就要求对电力负荷集中的高层建筑或者一、二级电力负荷（消防负荷），通常采用单电源或双电源的双回路供电方式，用两个10kV电源进线及两台变压器构成消防主供电电源。

3. 备用电源的自动投入

备用电源的自动投入装置（BZT）可以使两路供电互为备用，也可用于主供电电源与应急电源（如柴油发电机组）的连接及应急电源自动投入。

应当指出：两路电源在消防电梯及消防泵等设备端实现切换（末端切换）常采用备用电源自动投入装置。

（二）消防系统的布线与接地

1. 布线及配管

①火灾自动报警系统的传输线路应采用铜芯绝缘导线或者铜芯电缆，其电压等级不应低于交流250V。

②火灾探测器的传输线路宜采用不同颜色的绝缘导线，以方便识别，接线端子应有标号。

③配线中使用的非金属管材、线槽及其附件，都应采用不燃或非延燃性材料制成。

④火灾自动报警系统的传输线，当采用绝缘电线时，应采取穿管（金属管或者不燃、难燃型硬质、半硬质塑料管）或者封闭式线槽进行保护。

⑤不同电压、不同电流类别、不同系统的线路，不可共管或者在线槽的同一槽孔内敷设。横向敷设的报警系统传输线路，如果采用穿管布线，则不同防火分区的线路可不共管敷设。

⑥消防联动控制、自动灭火控制、事故广播、通信以及应急照明等线路，应穿金属管保护，并宜暗敷设在非燃烧体结构内，其保护层厚度不宜小于3cm。若必须采用明敷设，则应对金属管采取防火保护措施。当采用具有非延燃性绝缘和护套的电缆时，可不穿金属保护管，但应将其敷设在电缆竖井内。

⑦弱电线路的电缆宜和强电线路的电缆竖井分别设置。如果因条件限制，必须合用一个电缆竖井时，则应将弱电线路和强电线路分别布置在竖井两侧。

⑧横向敷设在建筑物的暗配管，钢管直径不宜大于25mm；水平或者垂直敷设在顶棚内或墙内的暗配管-钢管直径不宜大于20mm。

⑨从线槽、接线盒等处引到火灾控测器的底座盒、控制设备的接线盒、扬声器箱等的线路，应穿金属软管保护。

2. 消防系统的接地

为了确保消防系统正常工作，对系统的接地规定如下：

①火灾自动报警系统应在消防控制室设置专用接地板-接地装置的接地电阻值应符合以下要求：若采用专用接地装置，则接地电阻值不大于4Ω；若采用共用接

地装置时,则接地电阻值不应大于1Ω。

②火灾报警系统应设专用接地干线,通过消防控制室引到接地体。

③专用接地干线应采用铜芯绝缘导线,其芯线截面积应不小于25mm², 专用接地干线宜穿硬质型塑料管理设至接地体。

④由消防控制室接地板引到各消防电子设备的专用接地线应选用铜芯塑料绝缘导线,其芯线截面积不应小于4mm²。

⑤消防电子设备凡采用交流供电时,设备金属外壳和金属支架等应作保护接地,接地线应和电气保护接地干线(PE线)相连接。

⑥区域报警系统与集中报警系统中各消防电子设备的接地亦应符合上述①~⑤条的要求。

二、消防系统的维护管理

(一)一般要求

①消防系统的调试,应在建筑内部装修及该系统施工结束后进行。

②消防系统调试前应具备相关文件及调试必需的其他文件。

③调试负责人必须由有资格的专业技术人员担任,所有参加调试人员应职责明确,并且应按照调试程序工作。

(二)调试前的准备

①调试前应按设计要求查验设备的规格、型号、数量以及备品备件等。

②应按要求检查系统的施工质量。对属于施工中出现的问题,应会同有关单位协商解决,并有文字记录。

③应按要求检查系统线路,对于错线、开路、虚焊以及短路等应进行处理。

(三)消防系统调试

①消防系统调试应先分别对火灾探测器、集中火灾报警控制器、区域火灾报警控制器、火灾警报装置和消防控制设备等逐个进行单机通电检查,正常之后方可进行系统调试。

②消防系统通电后,应按现行国家标准的要求,对火灾报警控制器进行以下功能检查。

a. 火灾报警自检功能。

b. 消声、复位功能。

c. 火灾优先功能。

d. 故障报警功能。

e. 报警记忆功能。

f. 电源自动转换及备用电源的自动充电功能。

g. 备用电源的欠压及过压报警功能。

h.检查消防系统的主电源和备用电源,其容量应分别满足现行有关国家标准的要求,在备用电源连续充放电3次后,主电源与备用电源应能自动转换。

i.应采用专用的检查仪器对探测器逐个进行试验,并且其动作应准确无误。

j.应分别用主电源和备用电源供电,检查火灾自动报警系统的各项控制功能与联动功能。

k.消防系统应在运行120h无故障后。

(四)消防系统验收

消防系统的竣工验收是对系统施工质量的全面检查。

1. 一般要求

①消防系统的竣工验收,应在消防救援监督机构监督下,由建设主管单位主持设计、施工以及调试等单位参加,共同进行。

②消防系统的竣工验收应包括下列装置。

a.火灾自动报警系统装置(包括各种火灾探测器、手动火灾报警按钮、区域火灾报警控制器以及集中火灾报警控制器等)。

b.灭火系统控制装置(包括室内消火栓、自动喷水、卤代烷、干粉、二氧化碳、泡沫等固定灭火系统的控制装置)。

c.电动防火门及防火卷帘控制装置。

d.通风空调、防烟排烟及电动防火阀等消防控制装置。

e.火灾应急广播、消防通信、消防电源、消防电梯以及消防控制室的控制装置。

f.火灾应急照明和疏散指示控制装置。

③消防系统验收前,建设单位应向消防救援监督机构提交验收申请报告,并附以下技术文件。

a.消防系统竣工表。

b.消防系统竣工图。

c.施工记录(包括隐蔽工程验收记录)。

d.调试报告。

e.管理、维护人员登记表。

④消防系统验收前,消防救援监督机构应对操作、管理以及维护人员配备情况进行检查。

⑤消防系统验收前,消防救援监督机构应进行施工质量复查。复查应包括以下内容:

a.消防系统的主电源、备用电源、自动切换装置等安装位置以及施工质量。

b.消防用电设备的动力线、控制线、接地线和火灾报警信号传输线的敷设方式。

c.火灾探测器的类别、型号、适用场所、安装高度、保护半径、保护面积以及探测器的间距。

d.火灾应急照明和疏散指示控制装置的安装位置及施工质量。

2. 系统竣工验收要求

①消防用电设备电源的自动切换装置,应进行3次切换试验,每次试验都应正常。

a. 实际安装数量在5台以下者,全部抽检。

b. 实际安装数量在6~10台者,抽检5台。

c. 实际安装数量超过10台者,按实际安装数量30%~50%的比例抽检,但不少于5台,抽检时每个功能应能重复1~2次。

②火灾探测器(包括手动报警按钮),应按下列要求进行模拟火灾响应试验和故障报警抽检。

a. 实际安装数量在100只以下者,抽检10只。

b. 实际安装数量超过100只,按实际安装数量5%~10%的比例抽检,但是不少于10只,被抽检探测器的试验均应正常。

③室内消火栓的功能验收应在出水压力符合现行国家有关建筑设计防火规范的条件之下进行,并应符合以下要求。

a. 工作泵、备用泵转换运行1~3次。

b. 消防控制室内操作启、停泵1~3次。

c. 消火栓操作启泵按钮按照5%~10%的比例抽检。

上述室内消火栓的控制功能应正常、信号应正确。

④自动喷水灭火系统的抽检,应在符合现行国家标准,抽检以下控制功能。

a. 工作泵与备用泵转换运行1~3次。

b. 消防控制室内操作启、停泵1~3次。

c. 水流指示器、闸阀关闭器和电动阀等按实际安装数量的10%~30%的比例进行末端放水试验。

上述自动喷水灭火系统的控制功能、信号都应正常。

⑤卤代烷、泡沫、二氧化碳以及干粉等灭火系统的抽检,应在符合现行有关系统设计规范的条件下,按照实际安装数量的20%~30%抽检下列控制功能。

a. 人工启动和紧急切断试验1~3次。

b. 与固定灭火设备联动控制的其他设备(关闭防火门窗、停止空调风机、关闭防火阀以及落下防火幕等)试验1~3次。

c. 抽一个防护区进行喷放试验(卤代烷系统应采用氮气等介质代替)。

上述气体灭火系统的试验控制功能、信号都应正常。

⑥电动防火门与防火卷帘的抽检,应按实际安装数量的10%~20%抽检联动控制功能,其控制功能及信号均应正常。

⑦通风空调和防排烟设备(包括风机与阀门)的抽检,应按照实际安装数量的10%~20%抽检联动控制功能,其控制功能、信号均应正常。

⑧消防电梯的检验应进行1~2次人工控制及自动控制功能检验,其控制功能、信号均应正常。

⑨火灾应急广播设备的检验,应按实际数量的10%~20%进行以下功能检验。

a.共用的扬声器强行切换试验。
b.在消防控制室选层广播。
c.备用扩音机控制功能试验。
以上功能应正常，语音应清楚。
⑩消防通信设备的检验，应符合以下要求。
a.消防控制室及设备间所设的对讲电话进行1~3次通话试验。
b.电话插孔按照实际安装数量的5%~10%进行通话试验。
c.消防控制室的外线电话和"119台"进行1~3次通话试验。
以上功能应正常，语音应清楚。
⑪上述各项检验项目中，当有不合格时，应限期修复或者更换，并进行复检。复检时，对有抽检比例要求的，应进行加倍试验。其中复检不合格者，不能通过验收。

（五）日常维护与定期清洗

消防系统中所有设备均应做好日常维护保养工作，注意防潮、防尘、防电磁干扰、防冲击、防碰撞等各项安全防护工作，保持设备经常处在完好状态。

做好火灾探测器的定期清洗工作，对于保持火灾监控系统良好运行非常重要。火灾探测器投入运行后，由于环境条件的原因，容易受污染、积聚灰尘，使可靠性降低，引起误报或漏报，尤其是感烟火灾探测器，更易受环境影响。点型感烟火灾探测器投入运行2年后，应每隔3年至少全部清洗一遍；通过采样管采样的吸气式感烟火灾探测器根据使用环境的不同，需要对采样管道进行定期吹洗，最长的时间间隔不应超过一年；探测器的清洗应由有相关资质的机构根据产品生产企业的要求进行。探测器清洗后应做响应阈值及其他必要的功能试验，合格者方可继续使用。不合格探测器严禁重新安装使用，并应将该不合格品返回产品生产企业集中处理，严禁将离子感烟火灾探测器随意丢弃。可燃气体探测器的气敏元件超过生产企业规定的寿命年限后应及时更换，气敏元件的更换应由有相关资质的机构根据产品生产企业的要求进行。我国地域辽阔，南北方气候差别很大。南方多雨潮湿，水汽大，容易凝结水珠；北方干燥多风，容易积聚灰尘。在同一地区、不同行业、不同使用性质的场所，污染也不相同。应根据不同情况，确定对探测器清洗的周期与批量。清洗工作要由有资质的专门清洗单位进行，不得随意自行清洗，除非经过消防救援监督机构批准认可。清洗之后，火灾探测器应做响应阈值和其他必要的功能试验，以确保其响应性能符合要求。发现不合格的，应予报废，并立即更换，不得维修之后重新安装使用。

第四章 消防安全管理

第五节 特殊场所的消防安全管理技术

一、医院的消防安全

医院（含门诊部、医务室等）是为人们治疗疾病的重要场所，通常分为综合医院和专科医院两大类。各类医院在诊断、治疗过程中，常使用多种易燃易爆危险品、各种电气医疗设备以及其他明火等。而且由于医院里门诊和住院的病人较多，他们又大多行动困难，且有大批照料和探视病人的家属、亲友等，人员的流动量很大。同时，一些大中型医院的建筑又属于高层建筑，万一失火很容易造成重大的伤亡和经济损失，因此做好医院消防安全管理工作十分重要。

（一）医院的火灾危险特点

众所周知，医院作为人员集中的公共场所，是与众不同的，它的消防安全管理在整个医院管理中，占有十分重要的地位，其火灾危险性和特点如下。

1. 一旦失火伤亡大、影响大

医院是病人治病养病的场所，住院病人年龄不一、病情不同、行动不便，既有刚出生的婴儿，又有年过古稀的老人；既有刚动过手术的病人，又有待产的孕妇，一旦发生火灾，撤离火场难以及时，轻者会使病情加重，严重时会使病情恶化，甚至直接危及病人生命。因此，医院不仅要有一个良好的医疗环境，而且必须有一个安全环境。

2. 病人多，自救能力差，通道窄，逃生难

据某市医院住院情况日报表统计，全院每日住院加床平均达45张，分布在各病房楼道。发生火灾后，病人疏散困难。尤其是夜间病房发生火灾，断电后病房漆黑一片，加之医护人员少，通道窄，病人病情重，若组织指挥不当，很可能造成病人疏散过程中人踩伤亡事故。

3. 使用易燃易爆危险品多，用火用电多，火险因素多

医院内使用易燃易爆危险品多，（如酒精、二甲苯、氧气等）需求量大。此外，病房因医疗消毒，必须使用电炉、煤气炉等加热工具；还有的病人或家属违章在病房或过道吸烟，烟头不掐灭就到处乱扔等，这些明火若遇可燃物就会发生火灾。

4. 易燃要害部位多

医院的同位素库、危险品库、锅炉房、变电室、氧气库等要害部位，不仅火灾危险性大，而且一旦出现事故会直接危及病人生命安全。同时贵重仪器多，价值昂

贵、移动困难。一旦失火，不仅会给国家财产造成巨大经济损失，而且仪器一旦损坏，将直接影响病人治疗，甚至危及生命安全。

5. 建筑面积狭小，防火布局差

随着社会对医疗的需求，病床逐年增加，门诊量日趋增大。另外，随着科学技术的发展，医院的医疗仪器设备也在逐年递增，由于仪器增加，用电量增大，也使有的医院常年超负荷用电，而且高精尖医疗仪器操作间的消防设备与仪器设备不相匹配；有的尽管消防部门、医院保卫部门多次下达火险隐患通知书，但由于医院受到人力、财力、建筑面积的制约，致使许多隐患未能彻底解决，因而给消防安全管理带来了一定的困难。

6. 高压氧舱火灾危险性大

高压氧舱是一个卧式圆柱形的钢制密封舱，不仅是抢救煤气中毒、溺水、缺氧窒息等危急病人必需的设备，而且是治疗耳聋、面瘫等多种疾病的重要手段。一般治疗压力为 0.15～0.2MPa，含氧 25%～26%，有的甚至高达 30%～34%。有些供特殊用途，如为潜水员服务的高压氧舱，工作压力可高达 0.1MPa。其火灾危险特点如下。

①当氧浓度增高时，一些在常压下的空气（氧浓度为 21%）中不会被引燃的物质会变得很容易被引燃；高浓度氧遇到碳氢化合物、油脂、纯涤纶等往往还可使之自燃；在常压空气中，氧分压为 21kPa，在高压氧舱中当吸用高浓度氧或称富氧时，氧分压介于 21kPa～0.1MPa；当吸用高压氧时，氧分压大于 0.1MPa；舱内的氧浓度常在 25% 左右，有的甚至升高到 30%～34%。由于可燃物的燃烧主要与氧浓度有关，只要氧浓度不高，即使氧分压较高也不会燃烧。相反，氧浓度较高，即使氧分压在常压下也可引起剧烈燃烧。

②氧浓度增加时，可燃物的燃烧速度会加快，燃烧温度可达 1000℃以上，可使紫铜管熔化，而且使舱内的压力急剧增加。如果舱体或观察窗的强度不够，可能引起舱体爆裂或观察窗突然破裂，其后果将更严重。

③舱内起火时，当密闭空间内氧气经剧烈燃烧而耗尽后，火可自行熄灭，总的燃烧时间很短，烧过的物品常常是表层烧焦，而内层较完好。但是燃烧物的温度仍很高，如灭火时通风驱除浓烟，或舱内气体膨胀使观察窗破裂通入新鲜空气，烧过的余烬又可复燃。

④当舱内氧浓度分布不均匀时，由于氧的相对密度较空气为大，与空气之比为 1.105∶1，会使底层的氧浓度比上层高，燃烧后的损坏程度底层亦较明显。

⑤高压氧舱发生火灾很容易造成人员伤亡。此类伤亡事件，国内外都时有发生。舱内人员死亡的原因，一是由于舱内氧浓度高而造成极其严重的烧伤；二是由于舱内氧浓度高使燃烧非常充分，会很快将舱内氧气耗尽而造成急性缺氧和（或）使人窒息死亡。据对动物实验结果，20s 内即可造成死亡。

（二）医院的消防管理措施

1. 消防安全重点部位

医院应将下列部位确定为消防安全重点部位。

①容易发生火灾的部位,主要有危险品仓库、理化试验室、中心供氧站、高压氧舱、胶片室、锅炉房、木工间等。

②发生火灾时会严重危及人身和财产安全的部位,主要有病房楼、手术室、宿舍楼、贵重设备工作室、档案室、微机中心、病案室、财会室等。

③对消防安全有重大影响的部位,主要有消防控制室、配电间、消防水泵房等。

消防安全重点部位应设置明显的防火标志,标明"消防重点部位"和"防火责任人",落实相应管理规定,实行严格管理。

2. 电气防火

①电气设备应由具有电工资格的专业人员负责安装和维修,严格执行安全操作规程。

②在要求防爆、防尘、防潮的部位安装电气设备,应符合有关安全技术要求。

③每年应对电气线路和设备进行安全性能检查,必要时应委托专业机构进行电气消防安全监测。

3. 火源控制

医院应采取下列控制火源的措施。

①严格执行内部动火审批制度,及时落实动火现场防范措施及监护人。

②固定用火场所、设施和大型医疗设备应有专人负责,安全制度和操作规程应公布上墙。

③宿舍内严禁使用蜡烛灯明火用具,病房内非医疗不得使用明火。

④病区内禁止烧纸,除吸烟室外,不得在任何区域吸烟。

4. 易燃易爆化学危险物品管理

医院应加强易燃易爆化学危险物品管理,采取下列措施。

①严格易燃易爆化学危险物品使用审批制度。

②加强易燃易爆化学危险物品储存管理。

③易燃易爆化学危险物品应根据物化特性分类存放,严禁混存。

④高温季节,易燃易爆化学危险物品储存场所应加强通风,室内温度应控制在23℃以下。

5. 安全疏散设施管理

医院应落实下列安全疏散设施管理措施。

①防火门、防火卷帘、疏散指示标志、火灾应急照明、火灾应急广播等设施应设置齐全完好有效。

②医疗用房应在明显位置设置安全疏散图。

③常闭式防火门应向疏散方向开启,并设有警示文字和符号,因工作需要必须

常开的防火门应具备联动关闭功能。

④保持疏散通道、安全出口畅通，禁止占用疏散通道，不应遮挡、覆盖疏散指示标志。

⑤禁止将安全出口上锁，禁止在安全出口、疏散通道上安装栅栏等影响疏散的障碍物；疏散通道、疏散楼梯、安全出口处以及房间的外窗不应设置影响安全疏散和应急救援的固定栅栏。

⑥病房楼、门诊楼的疏散走道、疏散楼梯、安全出口应保持畅通，公共疏散门不应锁闭，宜设置推闩式外开门。

⑦防火卷帘下方严禁堆放物品，消防电梯前室的防火卷帘应具备停滞功能。

6. 消防设施、器材日常管理

医院应加强建筑消防设施、灭火器材的日常管理，并确定本单位专职人员或委托具有消防设施维护保养资格的组织或单位进行消防设施维护保养，保证建筑消防设施、灭火器材配置齐全、正常工作。

医院可以组织经消防救援机构培训合格、具有维护能力的专职人员，定期对消防设施进行维护保养，并保留记录；或委托具有消防设施维护保养资格的组织或单位，定期对消防设施进行维护保养，并保留维护保养记录。

（三）医院消防安全管理制度

1. 医院药库、药房消防安全管理制度

医院药品大都是可燃物，其中不乏易燃易爆化学物品，药品已经烟熏火烤就不能再用，防火措施非常重要。

①药库防火制度。药库应独立设立，不得与门诊部、病房等人员密集场所毗连。乙醇、甲醛、乙醚、丙酮等易燃、易爆危险性药品应另设危险品库，并与其他建筑物保持符合规定的安全间距，危险性药品应按化学危险物品的分类原则分类隔离存放。

存放量大的中草药库中，中草药药材应定期摊晾，注意防潮，预防发热自燃。

药库内禁止烟火。库内电气设备的安装、使用应符合防火要求。药库内不得使用60W以上白炽灯、碘钨灯、高压汞灯及电热器具。灯具周围0.5m内及垂直下方不得有可燃物；药库用电应在库房外或值班室内设置热水管或暖气片，如必须设置时，与易燃可燃药品应保持安全距离。

②药房防火。药房应设在门诊部或住院部的底层。对易燃危险药品应限量存放，一般不得超过一天用量，以氧化剂配方时应用玻璃、瓷质器皿盛装，不得采用纸质包装。药房内化学性能相互抵触或相互产生强烈反应的药品，要分开存放。盛放易燃液体的玻璃器皿应放在专用药架底部，以免破碎、脱底引起火灾。

药房内的废弃纸盒不应随地乱丢，应集中在专用筒篓内 – 集中按时清除。

药房内严禁烟火。照明灯具、开关、线路的安装、敷设和使用应符合相关防火规定。

2. 医院病房楼消防安全管理制度

①疏散通道内不得堆放可燃物品及其他杂物、不得加设病床。为划分防火防烟

分区设在走道上的防火门,如平时需要保持常开状态,发生火灾时则必须自动关闭。

②按相关规定设置的封闭楼梯间、防烟楼梯间和消防电梯前室内一律不得堆放杂物,防火门必须保持常关状态。疏散门应采用向疏散方向开启的平开门,不应采用推拉门、卷帘门、吊门、转门。除医疗有特殊要求外,疏散门不得上锁;疏散通道上应按规定设置事故照明、疏散指示标志和火灾事故广播并保持完整好用。

③无论是使用医用中心供氧系统还是采用氧气瓶供氧,都应遵循相关操作规程。给病人输氧时应由医护人员操作,采用氧气瓶供氧,氧气瓶要竖立固定,远离热源,使用时应轻搬轻放,避免碰撞。氧气瓶的开关、仪表、管道均不得漏气,医务人员要经常检查,保持氧气瓶的洁净和安全输氧。同时应提醒病人及其陪护、探视人员不得用有油污和抹布触摸氧气瓶和制氧设备。

④医务人员要随时检查病房用火、用电的安全情况。病房内的电气设备和线路不得擅自改动,严禁使用电炉、液化气炉、煤气炉、电水壶、酒精炉等非医疗器具,不得超负荷用电。病房内禁止使用明火与吸烟,禁止病人和家属携带煤油炉、电炉等加热食品,应在病房区以外的专门场所设置加热食品的炉灶并由专人管理。

二、商场、集贸市场消防安全

(一)集贸市场的安全防火要求

1. **必须建立消防管理机构**

在消防监督机构的指导下,集贸市场主办单位应建立消防管理机构,健全防火安全制度,强化管理,组建义务消防组织,并确定专(兼)职防火人员,制定灭火、疏散应急预案并开展演练。做到平时预防工作有人抓、有人管、有人落实;在发生火灾时有领导、有组织、有秩序地进行扑救。对于多家合办的应成立有关单位负责人参加的防火领导机构,统一管理消防安全工作。

2. **安全检查、隐患整改必须到位**

集贸市场主办单位应组织防火人员要进行经常性的消防安全检查,针对检查中发现的火灾隐患,一要将产生的原因找出,制定出整改方案,抓紧落实。二要把整改工作做到组织到位、措施到位、行动到位以及检查验收到位,决不走过场、图形式;对整改不彻底的单位,要责令重新进行整改,决不留下新的隐患。三要充分发挥消防部门监督职能作用,经常深入市场检查指导,发现问题,及时指出,将检查中发现的火灾隐患整改彻底。

3. **确保消防通道畅通**

安全通道畅通是集贸市场发生火灾后,保证人员生命财产安全的有效措施,市场主办单位应认真落实"谁主管、谁负责",按照商品的种类和火灾危险性划分若干区域,区域之间应保持相应的防火距离及安全疏散通道,对所堵塞消防通道的商品应依法取缔,保证安全疏散通道畅通。

4. 完善固定消防设施

针对集贸市场内未设置消防设施、无消防水源的现状,主办单位应立即筹集资金。按照相关规范要求增设室内外消火栓、火灾自动报警系统及消防水池、自动喷水灭火系统、水泵房等固定消防设施,配备足量的移动式灭火器、疏散指示标志,尽快提高市场自身的防火及灭火能力,使市场在安全的情况之下正常经营。

(二) 商场、集贸市场的安全防火技术

目前,我国的一些大型商场为了满足人民群众的需求,大多集购物、餐饮、娱乐为一体,所以商场、集贸市场的火灾风险较高,一旦发生火灾,容易造成重大的经济损失和人员伤亡,所以商场、集贸市场的防火要求要严于一般场所。

1. 建筑防火要求

商场的建筑首先在选址上应远离易燃易爆危险化学品生产及储存的场所,要同其他建筑保持一定防火间距。在商场周边要设置环形消防通道。商场内配套的锅炉房、变配电室、柴油发电机房、消防控制室、空调机房、消防水泵房等的设置应符合消防技术规范的要求。

对于电梯间、楼梯间、自动扶梯及贯通上下楼层的中庭,应安装防火门或者防火卷帘进行分隔,对于管道井、电缆井等,其每层检查口应安装丙级防火门,并且每隔2~3层楼板处用用耐火材料分隔。

2. 室内装修

商场室内装修采用的装修材料的燃烧性能等级,应按楼梯间严于疏散走道、疏散走道严于其他场所、地下严于地上、高层严于多层的原则予以控制。尽量采用不燃性材料和难燃性材料,避免使用在燃烧时产生大量浓烟或有毒气体的材料。

建筑内部装修不应遮挡安全出口、消防设施、疏散通道及疏散指示标志,不应减少安全出口、疏散出口和疏散通道的净宽度和数量,不应妨碍消防设施及疏散道的正常使用。

3. 安全疏散设施

商场是人员集中的场所,安全疏散必须满足消防规范的要求。要按照规范设置相应的防烟楼梯间、封闭楼梯间或者室外疏散楼梯。商场要有足够数量的安全出口,并多方位的均匀布置,不应设置影响安全疏散的旋转门及侧拉门等。

安全出口的门禁系统必须具备从内向外开启并且发出声光报警信号的功能,以及断电自动停止锁闭的功能。禁止使用只能由控制中心遥控开启的门禁系统。

安全出口、疏散通道以及疏散楼梯等都应按要求设置应急照明灯和疏散指示标志,应急照明灯的照度不应低于0.5lx,连续供电时间不得少于20min,疏散指示标志的间距不大于20m。禁止在楼梯、安全出口和疏散通道上设置摊位、堆放货物。

4. 消防设施

商场的消防设施包括火灾自动报警系统、室内外消火栓系统、自动喷水灭火系统、防排烟系统、疏散指示标志、应急照明、事故广播、防火门、防火卷帘及灭火器材。

①火灾自动报警系统。商场中任一层建筑面积大于 3000m² 或者总建筑面积大于 6000m² 的多层商场，建筑面积大于 500m² 的地下、半地下商场以及一类高层商场，应设置火灾自动报警系统。营业厅等人员聚集场所宜设置漏电火灾报警系统。

②灭火设施。商场应设置室内、外消火栓系统，并应满足有关消防技术规范要求。设有室内消防栓的商场应设置消防软管卷盘。建筑面积大于 200m² 的商业服务网点应设置消防软管卷盘或者轻便消防水龙头。

任一楼层建筑面积超过 1500m² 或总建筑面积超过 3000m² 的多层商场和建筑面积大于 500m² 的地下商场以及高层商场均应设置自动喷水灭火系统。

三、公共娱乐场所消防安全

（一）公共文化娱乐场所的防火要求

1. 公共文化娱乐场所的设置

①设置位置、防火间距、耐火等级。公共文化娱乐场所不得设置在文物古建筑、博物馆以及图书馆建筑内，不得毗连重要仓库或者危险物品仓库。不得在居民住宅楼内建公共娱乐场所。在公共文化娱乐场所的上面、下面或毗邻位置，不准布置燃油、燃气的锅炉房以及油浸电力变压器室。

公共文化娱乐场所在建设时，应与其他建筑物保持一定的防火间距，通常与甲、乙类生产厂房、库房之间应留有不少于 50m 的防火间距。而建筑物本身不宜低于二级耐火等级。

②防火分隔在建筑设计时应当考虑必要的防火技术措施。影剧院等建筑的舞台和观众厅之间，应采用耐火极限不低于 3.00h 的不燃体隔墙，舞台口上部和观众厅闷顶之间的隔墙，可以采用耐火极限不低于 1.50h 的不燃体，隔墙上的门应采用乙级防火门；舞台下面的灯光操作室和可燃物贮藏室，应用耐火极限不低于 2.00h 的不燃体墙与其他部位隔开；电影放映室应用耐火极限不低于 1.50h 的不燃体隔墙与其他部分隔开，观察孔和放映孔应设阻火闸门。

对超过 1500 个座位的影剧院与超过 2000 个座位的会堂、礼堂的舞台，以及与舞台相连的侧台、后台的门窗洞口，都应设水幕分隔；对于超过 1500 个座位的剧院与超过 2000 个座位的会堂的屋架下部，以及建筑面积超过 400m 的演播室、建筑面积超过 500m 的电影摄影棚等，均应设雨淋喷水灭火系统。

公共文化娱乐场所与其他建筑相毗连或者附设于其他建筑物内时，应当按照独立的防火分区设置。商住楼内的公共文化娱乐场所和居民住宅的安全出口应当分开设置。

③在地下建筑内设置公共娱乐场所除符合有关消防技术规范的要求外，还应符合以下规定。

a. 允许设在地下一层。

b. 通往地面的安全出口不应少于 2 个，每个楼梯宽度应当满足有关建筑设计防火规范的规定。

  c. 应当设置机械防烟、排烟设施。
  d. 应当设置火灾自动报警系统及自动喷水灭火系统。
  e. 禁止使用液化石油气。

 2. 公共文化娱乐场所的安全疏散

  ①公共文化娱乐场所观众厅、舞厅的安全疏散出口,应当按照人流情况合理设置,数目不应少于2个,并且每个安全出口平均疏散人数不应超过250人,当容纳人数超过2000人时,其超过部分按每个出口平均疏散人数不超过400人计算。

  ②公共文化娱乐场所观众厅的入场门、太平门不应设置门槛,其宽度不应小于1.4m。紧靠于门口1.4m范围内不应设置踏步。同时,太平门不准采用卷帘门、转门、吊门以及侧拉门,门口不得设置门帘、屏风等影响疏散的遮挡物。公共文化娱乐场所在营业时,必须保证安全出口和通道畅通无阻,严禁将安全出口上锁、堵塞。

  ③为确保安全疏散,公共文化娱乐场所室外疏散通道的宽度不应小于3m。为了确保灭火时的需要,超过2000个座位的礼堂、影院等超大空间建筑四周,宜设环形消防车道。

  ④在布置公共文化娱乐场所观众厅内的疏散通道时,横走道之间的座位不宜超过20排。而纵走道之间的座位数每排不宜超过22个,当前后排座椅的排距不小于0.9m时,可以增加1倍,但是不得超过50个;仅一侧有纵走道时,其座位数应减半。

 3. 公共文化娱乐场所的应急照明

  ①在安全出口和疏散走道上,应设置必要的应急照明及疏散指示标志,以利于火灾时引导观众沿着灯光疏散指示标志顺利疏散。疏散用的应急照明,其最低照度不应低于1.0lx。而照明供电时间不得少于20min。

  ②应急照明灯应设在墙面或者顶棚上,疏散指示标志应设于太平门的顶部和疏散走道及其转角处距地面1.0m以下的墙面上,走道上的指示标志间距不应大于20m。

 4. 公共文化娱乐场所的灭火设施及器材的设置

  公共文化娱乐场所发生火灾蔓延快,扑救困难。因此,必须配备消防器材等灭火设施。根据规定,对于超过800个座位的剧院、电影院、俱乐部以及超过1200个座位的礼堂,都应设置室内消火栓。

  为了确保能及时有效地控制火灾,座位超过1500个的剧院和座位超过2000个的会堂或礼堂,室内人员休息室与器材间应设置自动喷水灭火系统。

  室内消火栓的布置,通常应布置在舞台、观众厅和电影放映室等重点部位醒目并便于取用的地方。此外,对放映室(包括卷片室)、配电室、储藏室、舞台以及音响操作等重点部位,都应配备必要的灭火器。

(二)娱乐场所的安全防火技术

  设置在综合性建筑内的公共娱乐场所,其消防设施及火灾器材的配备,应符合规范对综合性建筑的防火要求。

1. 场所的设置要求

①设置位置、防火间距以及建筑物耐火等级。娱乐场所不得设在下列地点：居民楼、博物馆、图书馆和被核定为文物保护单位的建筑物内；居民住宅区和学校、医院、机关周围；车站、机场等人群密集的场所；建筑物地下一层以下；与危险化学品仓库毗连的区域。娱乐场所的边界噪声，应当符合国家规定的环境噪声标准。

②防火分区。影剧院以及会堂舞台上部与观众厅闷顶之间应采用防火墙进行分隔，防火墙上不应开设门、窗、洞孔或穿越管道，若确需在隔墙上开门时，其门应采用甲级防火门。舞台灯光操作室与可燃物贮藏室之间，应用耐火极限不低于1h的非燃烧的墙体分隔。

③装修规定。娱乐场所要正确选用装修材料，内部装修应合理解决舒适豪华的装修效果和防火安全之间的矛盾之处，尽量选用不燃和难燃材料，少用可燃材料，特别是尽量避免使用在燃烧时产生大量浓烟和有毒气体的材料。如剧院观众厅顶棚，应用钢龙骨、纸面石膏板材料装修，严禁使用木龙骨、纸板或塑料板等材料装修。

剧院、会堂水平疏散通道及安全出口的门厅，其顶棚装饰材料应采用不燃装修材料。内部无自然采光的楼梯间、封闭楼梯间、防烟楼梯间及其前室的顶棚、墙面和地面，都应采用不燃装修材料。

2. 安全疏散设施

公共娱乐场所的安全疏散设施应严格按照相关规范要求设置。否则，一旦发生火灾，极易造成人员伤亡。安全疏散设施包括安全出口、疏散门、疏散走道、疏散楼梯、应急照明以及疏散指示标志。

①安全出口。安全出口或者疏散出口的数量应按相关规范规定计算确定。除规范另有规定外，安全出口的数量不应少于2个。安全出口或者疏散出口应分散合理设置，相邻2个安全出口或疏散出口最近边缘之间的水平距离不应小于5m。

②疏散门。疏散门的数量应当依据计算合理设置，数量不应少于2个，影剧院的疏散门的平均疏散人数不应超过250人，当容纳人数大于2000人时，其超过的部分按每樘疏散门平均疏散人数不超过400人计算。

疏散门不应设置门槛，其净宽度不应小于1.4m，并且紧靠门口内、外各1.4m范围内不应设置踏步。疏散门均应向疏散方向开启，不准使用卷帘门、转门、吊门、折叠门、铁栅门以及侧拉门，应为朝疏散方向开启的平开门，门口不得设置门帘及屏风等影响疏散的遮挡物。公共场所在营业时，必须保证安全出口畅通无阻，禁止将安全出口上锁、堵塞。

为确保安全疏散，公共娱乐场所室外疏散小巷的宽度不应小于3m。为保证灭火的需要，超过2000个座位的会堂等建筑四周，宜设置环形消防车道。

③疏散楼梯和走道。多层建筑的室内疏散楼梯宜设置楼梯间，大于2层的建筑应采用封闭楼梯间。当娱乐场所设置在一类高层建筑或者超过32m的二类高层建筑中时，应设置防烟楼梯间。

剧院的观众厅的疏散走道宽度应按照其通过人数，每100人不小于0.6m，但是最小净宽度不应小于1m，边走道的净宽度不应小于0.8m，在布置疏散走道时，横走道之间的座位排数不宜大于20排；纵走道之间的座位数，每排不宜超过22个；前后排座椅的排距不小于0.9m时，可以增加一倍，但不得超过50个；仅一侧有纵走道时，座位数应减少一半。

④应急照明和疏散指示标志。公共娱乐场所内应按照相关规范条文配置应急照明和疏散指示标志，场所内的疏散走道和主要疏散路线的地面或者靠近地面的墙上应设置发光疏散指示标志，以便引导观众沿着标志顺利疏散。疏散用的应急照明其最低照度不应低于0.5lx，设置的应急照明及疏散指示标志的备用电源，其连续供电的时间不应少于20～30min。

3. 消防设施

①消火栓系统。除相关规范另有规定之外，娱乐场所必须设置室内、室外消火栓系统，并且宜设置消防软管卷盘。系统的设计应符合相关规范要求。

②自动灭火系统。设置在地下、半地下，建筑的首层、二层以及三层且任一层建筑面积超过300m²时，或建筑在地上四层及四层以上以及设置在高层建筑内的娱乐场所，都应设置自动喷水灭火系统。系统的设置应符合相关规范的要求。

③防排烟系统。设置在高层建筑内三层以上的娱乐场所应设置防排烟系统，设置在多层建筑一、二、三层且房间建筑面积超过200m²时，设置在四层及四层以上，或者地下、半地下的娱乐场所，该场所中长度大于20m的内部过道，都应设置防排烟系统。

④灭火器的配置。建筑面积在200m²及以上的娱乐场所应按照严重危险级配置灭火器。建筑面积在200m²以下的娱乐场所应按中危险级配置灭火器。应依据场所可能发生的火灾种类选择相应的灭火器，在同一灭火器配置场所，当选用两种或者两种以上类型的灭火器时，应采用灭火剂相容的灭火器。

四、宾馆、饭店消防安全

宾馆和饭店是供国内外旅客住宿、就餐、娱乐和举行各种会议、宴会的场所。现代化的宾馆、饭店一般都具有多功能的特点，拥有各种厅、堂、房、室、场。厅：包括各种风味餐厅和咖啡厅、歌舞厅、展览厅等。堂：指大堂、会堂等。房：包括各种客房和厨房、面包房、库房、洗衣房、锅炉房、冷冻机房等。室：包括办公室、变电室、美容室、医疗室等。场：指商场、停车场等。从而组成了宾馆、饭店这样一个有"小社会"之称的有机整体。

（一）宾馆、饭店的火灾危险性

现代的宾馆、饭店，抛弃了以往那种以客房为主的单一经营方式，将客房、公寓、餐馆、商场和夜总会、会议中心等集于一体，向多功能方面发展。因而对建筑和其他设施的要求很高，并且追求舒适、豪华，以满足旅客的需要，提高竞争能力。这样，就暗含着许多火灾危险，主要有：

1. 可燃物多

宾馆、饭店虽然大多采用钢筋混凝土结构或钢结构，但大量的装饰材料和陈设用具都采用木材、塑料和棉、麻、丝、毛以及其他纤维制品。这些都是有机可燃物质，增加了建筑内的火灾荷载。一旦发生火灾，这些材料就像架在炉膛里的柴火，燃烧猛烈、蔓延迅速，塑料制品在燃烧时还会产生有毒气体。这些不仅会给疏散和扑救带来困难，而且还会危及人身安全。

2. 建筑结构易产生烟囱效应

现代的宾馆和饭店，特别是大、中城市的宾馆、饭店，很多都是高层建筑，楼梯井、电梯井、管道井、电缆垃圾井、污水井等，如同一座座大烟囱；还有通风管道，纵横交叉，延伸到建筑的各个角落，一旦发生火灾，竖井产生的烟囱效应，便会使火焰沿着竖井和通风管道迅速蔓延、扩大，进而危及全楼。

3. 疏散困难，易造成重大伤亡

宾馆、饭店是人员比较集中的地方，在这些人员中，多数是暂住的旅客，流动性很大。他们对建筑内的环境情况、疏散设施不熟悉，加之发生火灾时烟雾弥漫，心情紧张，极易迷失方向，拥塞在通道上，造成秩序混乱，给疏散和施救工作带来困难，因此往往造成重大伤亡。

4. 致灾因素多

宾馆、饭店发生火灾，在国外是常有的事，一般损失都极为严重。国内宾馆、饭店的火灾，也时有发生。

从国内外宾馆、饭店发生的火灾来看，起火原因主要是：旅客酒后躺在床上吸烟；乱丢烟蒂和火柴梗；厨房用火不慎和油锅过热起火；维修管道设备和进行可燃装修施工等违章动火；电器线路接触不良，电热器具使用不当，照明灯具温度过高烤着可燃物等四个方面。宾馆、饭店容易引起火灾的可燃物主要有液体或气体燃料、化学涂料、家具、棉织品等。宾馆、饭店最有可能发生火灾的部位是：客房、厨房、餐厅以及各种机房。

（二）宾馆、饭店的防火管理措施

客房、厨房、公寓、写字间以及其他附属设施，应分别采取以下防火管理措施。

1. 客房、公寓、写字间

客房、公寓、写字间是现代宾馆、饭店的主要部分，它包括卧室、卫生间、办公室、小型厨房、客房、楼层服务间、小型库房等。

客房、公寓发生火灾的主要原因是烟头、火柴梗引燃可燃物或电热器具烤着可燃物，发生火灾的时间一般在夜间和节假日，尤以旅客酒后卧床吸烟，引燃被褥及其他棉织品等发生的事故最为常见。所以，客房内所有的装饰材料应采用不燃材料或难燃材料，窗帘一类的丝、棉织品应经过防火处理，客房内除了固有电器和允许旅客使用电吹风、电动剃须刀等日常生活的小型电器外，禁止使用其他电器设备，尤其是电热设备。

对旅客及来访人员，应明文规定：禁止将易燃易爆物品带入宾馆；凡携带进入宾馆者，要立即交服务员专门储存，妥善保管，并严禁在宾馆、饭店区域内燃放烟花爆竹。

客房内应配有禁止卧床吸烟的标志、应急疏散指示图、宾馆客人须知及宾馆、饭店内的消防安全指南。服务员应经常向旅客宣传：不要躺在床上吸烟，烟头和火柴梗不要乱扔乱放，应放在烟灰缸内；入睡前应将音响、电视机等关闭，人离开客房时，应将客房内照明灯关掉；服务员应保持高度警惕，在整理房间时要仔细检查，对烟灰缸内未熄灭的烟蒂不得倒入垃圾袋；平时应不断巡逻查看，发现火灾隐患应及时采取措施。对酒后的旅客尤应特别注意。

高层旅馆的客房内应配备应急手电筒、防烟面具等逃生器材及使用说明，其他旅馆的客房内宜配备应急手电筒、防烟面具等逃生器材及使用说明。客房层应按照有关建筑火灾逃生器材及配备标准设置辅助疏散、逃生设备，并应有明显的标志。

写字间出租时，出租方和承租方应签订租赁合同，并明确各自的防火责任。

2. 餐厅、厨房

餐厅是宾馆、饭店人员最集中的场所，一般有大小宴会厅、中西餐厅、咖啡厅、酒吧等。大型的宾馆、饭店通常还会有好几个风味餐厅，可以同时供几百人甚至几千人就餐和举行宴会。这些餐厅、宴会厅出于功能和装饰上的需要，其内部常有较多的装修物，空花隔断，可燃物数量很大。厅内装有许多装饰灯，供电线路非常复杂，布线都在闷顶之内，又紧靠失火概率较大的厨房。

厨房内设有冷冻机、绞肉机、切菜机、烤箱等多种设备，油雾气、水汽较大的电气设备容易受潮和导致绝缘层老化，易导致漏电或短路起火。有的餐厅，为了增加地方风味，临时使用明火较多，如点蜡烛增加气氛、吃火锅使用各种火炉等方面的事故已屡有发生。厨房用火最多，若燃气管道漏气或油炸食品时不小心，也非常容易发生火灾。因此，必须引起高度重视。

①要控制客流量。餐厅应根据设计用餐的人数摆放餐桌，留出足够的通道。通道及出入口必须保持畅通，不得堵塞。举行宴会和酒会时，人员不应超出原设计的人数。

②加强用火管理。如餐厅内需要点蜡烛增加气氛时，必须把蜡烛固定在不燃材料制作的基座内，并不得靠近可燃物。供应火锅的风味餐厅，必须加强对火炉的管理，使用液化石油气炉、酒精炉和木炭炉要慎用，由于酒精炉未熄灭就添加酒精很容易导致火灾事故的发生，所以操作时严禁在火焰未熄灭前添加酒精，酒精炉最好使用固体酒精燃料，但应加强对固体酒精存放的管理。餐厅内应在多处放置烟缸、痰盂，以方便宾客扔放烟头和火柴梗。

③注意燃气使用防火。厨房内燃气管道、法兰接头、仪表、阀门必须定期检查，防止泄漏；发现燃气泄漏，首先要关闭阀门，及时通风，并严禁任何明火和启动电源开关。燃气库房不得存放或堆放餐具等其他物品。楼层厨房不应使用瓶装液化石

油气、煤气、天然气管道应从室外单独引入，不得穿过客房或其他公共区域。

④厨房用火用电的管理。厨房内使用的绞肉机、切菜机等电气机械设备，不得过载运行，并防止电气设备和线路受潮。油炸食品时，锅内的油不要超过三分之二，以防食油溢出着火。工作结束后，操作人员应及时关闭厨房的所有燃气阀门，切断气源、火源和电源后方能离开。厨房的烟道，至少应每季度清洗一次；厨房燃油、燃气管道应经常检查、检测和保养。厨房内除配置常用的灭火器外，还应配置石棉毯，以便扑灭油锅起火的火灾。

3. 电气设备

随着科学技术的发展，电气化、自动化在宾馆、饭店日益普及，电冰箱、电热器、电风扇、电视机，各类新型灯具，以及电动扶梯、电动窗帘、空调设备、吸尘器、电灶具等已被宾馆和饭店大量使用。此外，随着改革开放的发展，国外的长驻商社在宾馆、饭店内设办事机构的日益增多，复印机、电传机、打字机、载波机、碎纸机等现代办公设备也在广泛应用。在这种情况下，用电急增，往往超过原设计的供电容量，因增加各种电气而产生过载或使用不当，引起的火灾已时有发生，故应引起足够重视。宾馆、饭店的电气线路，一般都敷设在闷顶和墙内，如发生漏电短路等电气故障，往往先在闷顶内起火，而后蔓延，并不易及时发觉，待发现时火已烧大，造成无可挽回的损失。为此，电气设备的安装、使用、维护必须做到以下几点。

①客房里的台灯、壁灯、落地灯和厨房内的电冰箱、绞肉机、切菜机等电器的金属外壳，应有可靠的接地保护。床台柜内设有音响、灯光、电视等控制设备的，应做好防火隔热处理。

②照明灯灯具表面高温部位不得靠近可燃物。碘钨灯、荧光灯、高压汞灯（包括日光灯镇流器），不应直接安装在可燃物上；深罩灯、吸顶灯等，如安装在可燃物附近时，应加垫石棉瓦和石棉板（布）隔热层；碘钨灯及功率大的白炽灯的灯头线，应采用耐高温线穿套管保护；厨房等潮湿地方应采用防潮灯具。

4. 维修施工

宾馆、饭店往往要对客房、餐厅等进行装饰、更新和修缮，因使用易燃液体稀释维修或使用易燃化学黏合剂粘贴地面和墙面装修物等，大都有易燃蒸气产生，遇明火会发生着火或爆炸。在维修安装设备进行焊接或切割时，因管道传热和火星溅落在可燃物上以及缝隙、夹层、垃圾井中也会导致阴燃而引起火灾。因此：

①使用明火应严格控制。除餐厅、厨房、锅炉的日常用火外，维修施工中电气焊割、喷灯烤漆、搪锡熬炼等动火作业，均须报请保安部门批准，签发动火证，并清除周围的可燃物，派人监护，同时备好灭火器材。

②在防火墙、不燃体楼板等防火分隔物上，不得任意开凿孔洞，以免烟火通过孔洞造成蔓延。安装窗式空调器的电缆线穿过楼板开孔时，空隙应用不燃材料封堵；空调系统的风管在穿过防火墙和不燃体板墙时，应在穿过处设阻火阀。

③中央空调系统的冷却塔，一般都设在建筑物的顶层。目前普遍使用的是玻璃钢冷却塔，这是一种外壳为玻璃钢，内部填充大量聚丙烯塑料薄片的冷却设备。聚

丙烯塑料片的片与片之间留有空隙，使水通过冷却散热。这种设备使用时，内部充满了水，并没有火灾危险。但是在施工安装或停用检查时，冷却塔却处于干燥状态下，由于塑料薄片非常易燃，而且片与片之间的空隙利于通风，起火后会立即扩大成灾，扑救也比较困难。因此，在用火管理上应列为重点，不准在冷却塔及附近任意动用明火。

④装饰墙面或铺设地面时，如采用油漆和易燃化学黏合剂，应严格控制用量，作业时应打开窗户，加强自然通风，并且切断作业点的电源，附近严禁使用明火。

5. 安全疏散设施

建筑内安全疏散设施除消防电梯外，还有封闭式疏散楼梯，主要用于发生火灾时扑救火灾和疏散人员、物资，必须绝对不在疏散楼梯间堆放物资，否则一旦发生火灾，后果不堪设想。为确保防火分隔，由通道进入楼梯间前室的门应为防火门，而且应向疏散方向开启。宾馆、饭店的每层楼面应挂平面图，楼梯间及通道应有事故照明灯具和疏散指示标志；装在墙面上的地脚灯最大距离不应超过20m，距地面不应大于1m，不准在楼内通道上增设床铺，以防阻碍紧急情况下的安全疏散。

6. 应急灭火疏散训练

根据宾馆、饭店的性质及火灾特点，宾馆、饭店的消防安全工作，要以自防自救为主，在做好火灾预防工作的基础上，应配备一支训练有素的应急力量，以便在发生火灾时，特别在夜间发生火灾时，能够正确处置，尽可能地减少损失和人员伤亡。

①应制订应急疏散和灭火作战预案，绘制出疏散及灭火作战指挥图和通信联络图。总经理和部门经理以及全体员工，均应经过消防训练，了解和掌握在发生火灾时，本岗位和本部门应采取的应急措施，以免临时慌乱。在夜间应留有足够的应急力量，以便在发生火灾时能及时进行扑救，并组织和引导旅客及其他人员安全疏散。

②应急力量的所有人员应配备防烟、防毒面具、照明器材及通信设备，并佩戴明显标志。高层宾馆、饭店在客房内还应配备救生器材。所有保安人员，均应了解应急预案的程序，以便能在紧急状态时及时有效地采取措施。消防中心控制室应配有足够的值班人员，且能熟练地掌握火灾自动报警系统和自动灭火系统设备的性能。在发生火灾时，这类自动报警和灭火设备能及时准确地进行动作，并能将情况通知有关人员。

③客房内宜备有红、白两色光的专用逃生手电，便于旅客在火灾情况下，能够起到照明和发射救生信号之用；同时应备有自救保护的湿毛巾，以过滤燃烧产生的浓烟及毒气，便于疏散和逃生。

④为了经常保持防火警惕，应在每季度组织一次消防安全教育活动，每年组织一次包括旅客参加的"实战"演习。

五、院校消防安全

（一）幼儿园防火管理

幼儿园是对 3～6 周岁的幼儿实施学前教育的机构。按照年龄段划分，一般分为大、中、小三个班次。根据条件，还可分为日托和全托等。从发生在克拉玛依那场大火中丧生的学生来看，从客观上讲，原因很多，但教师不懂消防常识，不知如何组织学生逃生，学生不会最基本的自救方法也应是重要的原因之一。对于幼儿园来讲，都是 3～6 岁的孩童，其逃生自救能力几乎没有，所以，加强其消防安全管理非常重要。

1. 幼儿园的火灾危险特点
①幼儿未形成消防安全意识。
②幼儿自救能力极差。
③一旦发生火灾，极易造成伤亡事故。

2. 幼儿园消防安全制度
①消防安全教育、培训制度。
a. 每年以创办消防知识宣传栏、开展知识竞赛等多种形式，提高全体员工的消防安全意识。
b. 定期组织员工学习消防法规和各项规章制度，做到依法治火。
c. 各部门应针对岗位特点进行消防安全教育培训。
d. 对消防设施维护保养和使用人员应进行实地演示和培训。
e. 对教职员工进行岗前消防培训。
②防火巡查、检查制度。
a. 落实逐级消防安全责任制和岗位消防安全责任制，落实巡查检查制度。
b. 幼儿园后勤每月对幼儿园进行一次防火检查并复查追踪改善。
c. 检查中发现火灾隐患，检查人员应填写防火检查记录，并按照规定，要求有关人员在记录上签名。
d. 检查人员应将检查情况及时报告幼儿园，若发现幼儿园存在火灾隐患，应及时整改。
③消防控制中心管理制度。
a. 熟悉并掌握各类消防设施的使用性能，保证扑救火灾过程中操作有序、准确迅速。
b. 发现设备故障时，应及时报告，并通知有关部门及时修复。
c. 发现火灾时，迅速按灭火作战预案紧急处理，并拨打"119"电话通知消防救援部门并报告上级主管部门。

3. 幼儿园的消防安全管理措施
①健全消防安全组织，加强对幼儿的消防安全意识教育。
a. 幼儿园管理、教育着大量无自理能力的幼儿，保证他们安全健康的成长是幼

儿园领导和教职员工的神圣职责。让每一位教师、保育员和员工都懂得日常的防火知识和发生火灾后的处置方法，达到会使用灭火器材，会扑救初期火灾，会组织幼儿疏散和逃生的要求。

　　b.将消防安全教育纳入幼儿园的教育大纲。

　　c.根据幼儿的身心特点，利用多种形式进行消防安全知识教育。可以根据幼儿的这些特点将消防知识编写成幼儿故事、儿歌、歌曲等，运用听、说、唱的形式对幼儿传授消防安全知识。

　　②园内建筑应当满足耐火和安全疏散的防火要求。

　　a.幼儿园的建筑宜单独布置，应当与甲、乙类火灾危险生产厂房、库房至少保持50m以上的距离，并应远离散发有害气体的部位。建筑面积不宜过大，耐火等级不应低于三级。

　　b.附设在居住等建筑物内的幼儿园，应用耐火极限不低于1h的不燃体墙与其他部分隔开。设在幼儿园主体建筑内的厨房，应用耐火极限不低于1.5h的不燃体墙与其他部分隔开。

　　c.幼儿园的安全疏散出口不应少于2个，每班活动室必须有单独的出入口。活动室或卧室门至外部出口或封闭楼梯间的最大距离：位于两个外部出口或楼梯间之间的房间，一、二级耐火等级为25m，三级为20m；位于袋形走道的房间，一、二级建筑为20m，三级建筑为15m。

　　d.活动室、卧室的门应向外开，不宜使用落地或玻璃门；疏散楼梯的最小宽度不宜小于1.1m，坡度不宜过大；楼梯栏杆上应加设儿童扶手，疏散通道的地面材料不宜太光滑。楼梯间应采用天然采光，其内部不得设置影响疏散的凸出物及易燃易爆危险品（如燃气）管道。

　　e.为了便于安全疏散，幼儿园为多层建筑时，应将年龄较大的班级布置在上层，年龄较小的布置在下层，不准设置在地下室内。

　　f.幼儿园的院内要保持道路通畅，其道路、院门的宽度不应小于3.5m。院内应留出幼儿活动场地和绿地，以便火灾时用作灭火展开和人员疏散用地。

　　③园内各种设备应满足消防安全要求。

　　a.幼儿园的采暖锅炉房应单独设置，并且锅炉和烟囱不能靠近可燃物或穿过可燃结构。要加设防护栅栏，防止幼儿玩火。室内的暖气片应设防护罩，以防烤燃可燃物品和烫伤幼儿。

　　b.幼儿园的电气设备应符合电气安装规程的有关要求，电源开关、电闸、插座等距地面应不小于1.5m，以防幼儿触电。

　　c.幼儿园不宜使用台扇、台灯等活动式电器，应选用吊扇、固定照明灯。

　　d.幼儿园的用电乐器、收录机等，应安设牢固、可靠，电源线应合理布设，以防幼儿触电或引起火灾事故。同时，要对幼儿进行安全用电的常识教育。

　　④加强对园内各种幼儿教育活动的防火管理。

　　a.教育幼儿不做玩火游戏。同时，教师、保育员用的火柴、打火机等引火物，

第四章 消防安全管理

要妥善保管，放置在孩子拿不到的地方。定期进行防火安全检查，督促检查厨房、锅炉房等单位搞好火源、电源管理。

b. 托儿所、幼儿园的儿童用房及儿童游乐厅等儿童活动场所不应使用明火取暖、照明，当必须使用时，应采取防火、防护措施，设专人负责；厨房、烧水间应单独设置。

幼儿是祖国的明天，更是民族的未来，愿所有的幼教工作者，都能积极对幼儿进行消防安全知识教育，让孩子们能够在更加安全健康和充满快乐、幸福的氛围中茁壮成长。

（二）中小学防火管理

1. 中小学的火灾危险特点

①火灾危险因素多，学生活泼好动，易玩火造成火灾。中小学内少年学生多，且集中，由于中小学生活泼好动，模仿力强，常因玩火、玩电子器具等引起火灾。

为了保证教育效果，不少中、小学校除了教学楼（室）外，一般都设有实验室、图书室、校办工厂等，这些部位的火灾危险因素较多，往往因不慎而发生火灾。

建筑物的耐火等级低、安全疏散差。建筑耐火等级一般为二、三级，但建设较早的中、小学校，三级耐火等级建筑较多。一旦发生火灾往往造成重大人员伤亡和财产损失。

②学生的自救逃生能力差，一旦遭遇火灾伤亡大。由于中小学生活泼好动，模仿力强，缺乏自我控制能力，加之中小学学生数量多且集中，一旦遇有火灾事故，会受烟气和火势的威胁陷入一片混乱。在高温烟气浓度大、照明困难的情况下，很难发现被困儿童。故一旦发生火灾，很容易造成伤亡事故。还由于中小学的教职员工大多数是女性，大多缺乏在紧急情况下疏散抢救、扑救初期火灾的常识，如果是夜间，自救能力更差。所以，一旦遭遇火灾往往造成重大伤亡。

2. 防火安全管理措施

①加强行政领导，落实防范措施。为了保证中、小学生安全健康的成长和学校教学工作的正常进行，中、小学应建立以主管行政工作的校长为组长，各班主任、总务管理人员为成员的防火安全领导机构，并配备 1 名防火兼职干部，具体负责学校的防火安全工作。防火安全领导机构应定期召开会议，研究解决学校防火安全方面的问题；要对教职员工进行消防安全知识教育，达到会使用灭火器材，会扑救初期火灾，会报警，会组织学生安全疏散、逃生的要求。要定期进行防火安全检查，对检查发现的不安全因素，要组织整改，消除火灾隐患，要落实各项防火措施。要配备质量合格，数量足够的灭火器材，并经常检查维修，保证完整好用。要做好实验室、图书室、校办工厂等重点部位的防火安全工作，严格落实管理措施，切实防止火灾事故的发生。

②加强对学生的防火安全教育。中、小学应切实加强对学生的防火安全教育，这是从根本上提高全民消防安全素质的主要途径，也是促进社会精神文明和物质文明发展的一个重要方面。

a. 小学消防安全教育的着眼点应当放在增强学生的消防安全意识上，可通过团队活动日、主题班会、演讲会、故事会、知识竞赛、书画比赛、征文等形式进行。消防安全知识专题教育的内容主要应当包括：火的作用和起源；无情的火灾；火灾是怎样发生的；怎样预防火灾的发生；如何协助家长搞好家庭防火；在公共场所怎样注意防火；怎样报告火警；遇到火灾后怎样逃生等方面的知识。各级消防救援机构可通过组织专门人员，协助学校举办少年消防警校、组织中小学生参观消防站、观摩消防表演等形式对小学生进行提高消防安全意识的教育。这样往往能够收到很好的效果。

b. 对中学生的消防安全教育最好采用渗透教育的方法。所谓渗透教育，就是指在进行主课教育的同时将相关的副课知识渗透在主课中讲解。此种方法既不需要增加课程内容，也不需要增加课时即可达到消防安全教育的目的。现在中学阶段的学生学习负担很重，全国都在减负，要增加中学生的课本和主课的内容是不可能的，但根据现行教材和课程安排，学校在学生开始学习《化学》《物理》《法律知识》等基础理论知识的同时将消防安全科学知识渗透在其中讲授却是完全可行的。

消防安全教育要结合教学、校园文化活动进行，有条件的中小学还应邀请当地消防救援人员来校讲消防课，或与消防等有关部门联合举办"中小学生消防夏令营"活动，传授消防知识，提高消防意识。要求学生不吸烟、不玩火，元旦、春节等重大节日，还应进行不燃放烟花爆竹的安全教育。从而使广大中小学生自幼就养成遵守防火制度、注意防火安全的良好习惯。

③提高建筑物的耐火等级，保证安全疏散。

a. 中、小学的教学楼应采用一、二级耐火等级的建筑，若采用三级耐火等级，则不能超过3层，且在地下室内不准设置教室。

b. 容纳50人以上的教室，其安全出口不应少于2个。音乐教室、大型教室的出入口，其门的开启方向应与人流疏散方向一致。教室门至外部出口或封闭楼梯间的距离：当位于两个外部出口或楼梯间之间时，一、二级耐火等级为35m，三级为30m；位于袋形走道两侧或尽端的房间，一、二级为22m，三级为20m。

c. 教学楼疏散楼梯的最小宽度不应小于1.1m，疏散通道的地面材料不宜太光滑，楼梯间应采用自然采光，不得采用旋转楼梯、高形踏步，燃气管道不得设在楼梯间内。中、小学应开设消防车可以通行的大门或院内消防车道，以满足安全疏散和扑救火灾的需要。

d. 图书馆、教学楼、实验楼和集体宿舍的公共疏散走道、疏散楼梯间不应设置卷帘门、栅栏等影响安全疏散的设施。

e. 学生集体宿舍严禁使用蜡烛、电炉等明火；当需要使用炉火采暖时，应设专人负责，夜间应定时进行防火巡查。每间集体宿舍均应设置用电超载保护装置。集体宿舍应设置醒目的消防设施、器材、出口等消防安全标志。

（三）高等院校防火管理

1. 普通教室及教学楼

①作为教室的建筑，其防火设计应满足相关要求，耐火等级不应低于三级，如由于条件限制设在低于三级耐火等级时，其层数不应超过1层，建筑面积不应超过600m^3。普通教学楼建筑的耐火等级、层数、面积和其他民用建筑的防火间距等，应满足具体的规定。

②作为教学使用的建筑，尤其是教学楼，距离甲、乙类的生产厂房，甲、乙类的物品仓库以及具有火灾爆炸危险性比较大的独立实验室的防火间距不应小于25m。

③课堂上用于实验及演示的危险化学品应严格控制用量。

④容纳人数超过50人的教室，其安全出口不应少于2个；安全疏散门应向疏散方向开启，并且不得设置门槛。

⑤教学楼的建筑高度超过24m或者10层以上的应严格执行《建筑设计防火规范》中的有关规定。

⑥高等院校和中等专业技术学校的教学楼体积大于5000m^3时，应设室内消火栓。

⑦教学楼内的配电线路应满足电气安装规程的要求，其中消防用电设备的配电线路应采取穿金属管保护。暗敷时，应敷设在非燃烧体结构内，保护厚度不小于3cm；当明敷时，应在金属管上采取防火保护措施。

⑧当教室内的照明灯具表面的高温部位靠近可燃物时应采取隔热、散热措施进行防火保护；隔热保护材料通常选用瓷管、石棉、玻璃丝等非燃烧材料。

2. 电化教室及电教中心

①演播室的建筑耐火等级不应低于一、二级，室内的装饰材料与吸声材料应采用非燃材料或者难燃材料，室内的安全门应向外开启。

②电影放映室及其附近的卷片室及影片贮藏室等，应用耐火极限不低于1h的非燃烧体与其他建筑部分隔开，房门应用防火门，放映孔与瞭望孔应设阻火闸门。

③电教楼或电教中心的耐火等级应是一、二级，其设置应同周围建筑保持足够的安全距离，当电教楼为多层建筑时，其占地面积宜控制在2500m^2内，其中电视收看室、听音室单间面积超过50m^2，并且人数超过50人时，应设在三层以下，应设两个以上安全出口；门必须向外开启，门宽应不小于1.4m。

3. 实验室及实验楼防火

①高等院校或者中等技术学校的实验室，耐火等级应不低于三级。

②一般实验室的底层疏散门、楼梯以及走道的各自总宽度应按具体的指标计算确定，其安全疏散出口不应少于2个，而安全疏散门向疏散方向开启。

③当实验楼超过5层时，宜设置封闭式楼梯间。

④实验室与一般实验室的配电线路应符合电气安装规程的要求，消防设备的配电线路需穿金属管保护，暗敷时非燃烧体的保护厚度不少于3cm，当明敷时金属管

上采取防火保护措施。

⑤实验室内使用的电炉必须确定位置,定点使用,专人管理,周围禁止堆放可燃物。

⑥一般实验室内的通风管道应是非燃材料,其保温材料应为非燃或难燃材料。

4. 学生宿舍的防火要求

学生宿舍的安全防火工作应从管理职能部门、班主任、校卫队以及联防队这几个方面着手,加强管理。

①管理职能部门的安全防火工作职责。

a. 学生宿舍的安全防火管理职能部门(包括保卫处、学生处以及宿管办等)应经常对学生进行消防安全教育,如举行消防安全知识讲座、开展消防警示教育以及平时行为规范教育等,使学生明白火灾的严重性和防火的重要性,掌握防火的基本知识及灭火的基本技能,做到防患于未然。

b. 经常对学生宿舍进行检查督促,查找并且整改存在的消防安全隐患。发现大功率电器与劣质电器应没收代管;发现抽烟或者点蜡烛的学生应及时制止和教育,晓之以理,使其不再犯同样的错误。

c. 加强对学生的纪律约束。不仅要对引起火灾、火情的学生进行纪律处分,对多次被查出违章用电、点蜡烛以及抽烟并屡教不改的学生也应予以纪律处分。

②班主任的安全防火工作职责。

a. 班主任应接受消防安全教育,了解防火的重要性,从而将防火列为对学生日常管理内容之一,经常对学生进行教育、提醒以及突击检查。

b. 班主任应当将防火工作纳入对学生操行等级考核内容,比如学生被查出有违章使用大功率电器、抽烟、点蜡烛等行为,可以对其操行等级降级处理。

③校卫队与联防队的安全防火工作职责。

a. 校卫队和联防队应加强对学生宿舍的巡逻,尤其是在晚上,发现学生有使用大功率电器、点蜡烛、抽烟等行为,要及时制止,并且报学生处或宿舍管理办公室记录在案。

b. 加强学生的自我管理和自我保护教育。学生安全员是学生宿舍加强安全管理的重要力量,在经过培训的基础上,他们可担负发现、处理以及报告火灾隐患的任务。

第五章 消防安全重点管理

消防安全重点管理，就是根据抓主要矛盾的工作原理，找出消防管理工作中的重点，如重点单位、重点部位、重点工种、易燃易爆品、火源及重大危险源等，把这些方面作为重点进行管理的一种工作方法。找准消防管理的重点，组织优势力量，确保管理万无一失，对节约人力、物力、财力，减少损失，减少影响，稳定社会具有重要的意义，是用有限的人力、物力资源，达到最好社会效益的最有效途径，是防止和减少火灾事故的有效方法。

第一节 消防安全重点单位管理

消防安全重点单位是指发生火灾可能性较大以及发生火灾可能造成重大的人身伤亡或者财产损失的单位。消防救援机构受理本行政区域内消防安全重点单位的申报，被确定为消防安全重点的单位，由消防救援机构报本级人民政府备案。

一、消防安全重点单位的范围

（1）商场（市场）、宾馆（饭店）、体育场（馆）、会堂、公共娱乐场所等公众聚集场所；

（2）医院、养老院和寄宿制的学校、托儿所、幼儿园；

（3）国家机关；

（4）广播电台、电视台和邮政、通信枢纽；

（5）客运车站、码头、民用机场；

（6）公共图书馆、展览馆、博物馆、档案馆以及具有火灾危险性的文物保护单位；

（7）发电厂（站）和电网经营企业；

（8）易燃易爆化学物品的生产、充装、储存、供应、销售单位；

（9）服装、制鞋等劳动密集型生产、加工企业；

（10）重要的科研单位；

（11）高层公共建筑、地下铁道、地下观光隧道、粮、棉、木材、百货等物资仓库和堆场；

（12）其他发生火灾可能性较大以及一旦发生火灾可能造成重大人身伤亡或者财产损失的单位。

二、消防安全重点单位的消防安全职责

机关、团体、企业、事业等单位以及对照以上标准确定的消防安全重点单位应当自我约束、自我管理，严格、自觉地履行《消防法》第十六条、第十七条规定的消防安全职责。

（一）单位的消防安全职责

（1）落实消防安全责任制，制定本单位的消防安全制度、消防安全操作规程，制定灭火和应急疏散预案；

（2）按照国家标准、行业标准配置消防设施、器材，设置消防安全标志，并定期组织检验、维修，确保完好有效；

（3）对建筑消防设施每年至少进行一次全面检测，确保完好有效，检测记录应当完整准确，存档备查；

（4）保障疏散通道、安全出口、消防车通道畅通，保证防火防烟分区、防火间距符合消防技术标准；

（5）组织防火检查，及时消除火灾隐患；

（6）组织进行有针对性的消防演练；

（7）法律、法规规定的其他消防安全职责。

（二）消防安全重点单位的消防安全职责

消防安全重点单位除应当履行以上职责外，还应当履行下列消防安全职责：

（1）确定消防安全管理人，组织实施本单位的消防安全管理工作；

（2）建立消防档案，确定消防安全重点部位，设置防火标志，实行严格管理；

（3）实行每日防火巡查，并建立巡查记录；

（4）对职工进行岗前消防安全培训，定期组织消防安全培训和消防演练。

三、消防安全重点单位管理的基本措施

（一）落实消防安全责任制度

任何一项工作目标的实现，都不能缺少具体负责人和负责部门，否则，该项工作将无从落实。消防安全重点单位的管理工作也不能例外。目前许多单位消防安全管理分工不明，职责不清，使得各项消防安全制度和措施难以真正落实。因此，消防安全重点单位应当按照规定成立消防安全组织机构，明确各级和岗位消防安全职责，确定各级各岗位的消防安全责任人，做到分工明确，责任到人，各尽其职，各负其责，形成一种科学、合理的消防安全管理机制，确保消防安全责任、消防安全制度和措施落到实处。

为了让符合《消防安全重点单位界定标准》的单位自觉"对号入座"，保障当地消防救援机关及时掌握本辖区内消防安全重点单位的基本情况，消防安全重点单位还必须将已明确的本单位的消防安全责任人、消防安全管理人报当地消防救援机构备案，以便按照消防安全重点单位的要求进行严格管理。

（二）制定并落实消防安全管理制度

单位管理制度是要求单位员工共同遵守的行为准则、办事规则或安全操作规程。为加强消防安全管理，各单位应当依据《消防法》的有关规定，从本单位的特点出发，结合单位的实际情况，制定并落实符合单位实际的消防安全管理制度，规范本单位员工的消防安全行为。消防安全重点单位需重点制定并落实以下消防安全管理制度。

1. 消防安全教育培训制度

为普及消防安全知识，增强员工的法制观念，提高其消防安全意识和素质，单位应根据国家有关法律法规和省、市消防安全管理的有关规定，制定消防安全教育培训制度，对单位新职工、重点岗位职工、普通职工接受消防安全宣传教育和培训的形式、频次、要求等进行规定，并按规定逐一落实。

2. 防火检查、巡查制度

防火检查、巡查是做好单位消防安全管理工作的重要环节，要想使防火检查和巡查成为单位消防安全管理的一种常态管理，并能够起到预防火灾、消除隐患的作用，就必须有制度的约束。制度的基本内容应当包括：单位逐级防火检查制度；规定检查的内容、依据、标准、形式、频次等；明确对检查部门和被检查部门的要求。

3. 火灾隐患整改制度

明确规定对当场整改和限期整改的火灾隐患的整改要求，对特大火灾隐患的整改程序和要求以及整改记录、存档要求等。

4. 消防设施、器材维护管理制度

重点单位应当根据国家及省市相关规定制定消防设施、器材维护管理制度并组织落实。制度应明确消防器材的配置标准、管理要求、维护维修、定期检测等方面的内容，加强对消防设施、器材的管理，确保其完好有效。

5. 用火、用电安全管理制度

确定用火管理范围；划分动火作业级别及其动火审批权限和手续；明确用火、用电的要求和禁止的行为。

6. 消防控制室值班制度

明确规定消防控制室值班人员的岗位职责及能力要求；明确规定 24 小时值班、换班要求、火警处置、值班记录及自动消防设施设备系统运行登记情况等事项。

7. 重点要害部位消防安全制度

根据单位的具体情况，明确确定本单位的重点要害部位，制定各重点部位的防火制度，应急处理措施及要求。

8. 易燃易爆危险品管理制度

制度的基本内容包括：易燃易爆危险品的范围；物品储存的具体防火要求；领取物品的手续；使用物品单位和岗位，定人、定点、定容器、定量的要求和防火措施；使用地点明显醒目的防火标志；使用结束剩余物品的收回要求等。

9. 灭火和应急疏散预案演练制度

明确规定灭火和应急疏散预案演练的组织机构，演练参与的人员、演练的频次和要求，演练中出现问题的处理及预案的修正完善等事项。

10. 消防安全工作考评与奖惩制度

规定在消防工作中有突出成绩的单位和个人的表彰、奖励的条件和标准；明确实施表彰和奖励的部门，表彰、奖励的程序；规定违反消防安全管理规定应受到惩罚的各种行为及具体罚则等。奖惩要与个人发展和经济利益挂钩。

（三）建立消防安全管理档案并及时更新

消防档案是消防安全重点单位在消防安全管理工作中建立起来的具有保存价值的文字、图标、音像等形态资料，是单位管理档案的重要组成部分。建立健全消防安全管理档案，是消防安全重点单位做好消防安全管理工作的一项重要措施。是保障单位消防安全管理及各项消防安全措施落实的基础。在单位消防安全管理工作中发挥着重要作用。

1. 单位建立消防安全管理档案的作用

（1）便于单位领导、有关部门、消防救援机构及单位消防安全管理工作有关的人员熟悉单位消防安全情况，为领导决策和日常工作服务。

（2）消防档案反映单位对消防安全管理的重视程度，可以作为上级主管部门、消防救援机构考核单位开展消防安全管理工作的重要依据。发生火灾时，可以为调查火灾原因、分析事故责任、处理责任者提供佐证材料。

（3）消防档案是对单位各项消防安全工作情况的记载，可以检查单位相关岗位人员履行消防安全职责的情况，评判单位消防安全管理人员的业务水平和工作能力。有利于强化单位消防安全管理工作的责任意识，推动单位的消防安全管理工作朝着规范化方向发展。

2. 消防档案应当包括的主要内容

消防救援机构根据《消防法》的有关规定,在《机关、团体、企业、事业单位消防安全管理规定》中专门把消防档案作为独立的一章,要求"消防安全重点单位要建立健全消防档案",并明确规定了消防档案的内容主要应当包括消防安全基本情况和消防安全管理情况两个方面:

(1)消防安全基本情况

消防安全重点单位的消防安全基本情况主要包括以下几个方面。

①单位基本概况。主要包括:单位名称、地址、电话号码、邮政编码、防火责任人,保卫、消防或安全技术部门的人员情况和上级主管机关、经济性质、固定资产、生产和储存物品的火灾危险性类别及数量,总平面图、消防设备和器材情况,水源情况等。

②消防安全重点部位情况。主要包括:火灾危险性类别、占地和建筑面积、主要建筑的耐火等级及重点要害部位的平面图等。

③建筑物或者场所施工、使用或者开业前的消防设计审核、消防验收以及消防安全检查的文件、资料。

④消防管理组织机构和各级消防安全责任人。

⑤消防安全管理制度。

⑥消防设施、灭火器材情况。

⑦专职消防队、志愿消防队人员及其消防装备配备情况。

⑧与消防安全有关的重点工种人员情况。

⑨新增消防产品、防火材料的合格证明材料。

⑩灭火和应急疏散预案等。

(2)消防安全管理情况

消防安全重点单位的消防安全管理情况主要包括以下几个方面。

①消防救援机关填发的各种法律文书。

②消防设施定期检查记录、自动消防设施全面检查测试的报告以及维修保养记录。

③历次防火检查、巡查记录。主要包括:检查的人员、时间、部位、内容,发现的火灾隐患(特别是重大火灾隐患情况)以及处理措施等。

④有关燃气、电气设备检测情况。主要包括:防雷、防静电等记录资料。

⑤消防安全培训记录。应当记明培训的时间、参加人员、内容等。

⑥灭火和应急疏散预案的演练记录。应当记明演练的时间、地点、内容、参加部门以及人员等。

⑦火灾情况记录。包括历次发生火灾的损失、原因及处理情况等。

⑧消防工作奖惩情况记录。

3. 建立消防档案的要求

(1)凡是消防安全重点单位都应当建立健全消防档案。

（2）消防档案的内容应当全面、翔实，全面而真实地反映单位消防工作的基本情况，并附有必要的图表。

（3）单位应根据发展变化的实际情况经常充实、变更档案内容，使防火档案及时、正确地反映单位的客观情况。

（4）单位应当对消防档案统一保管、备查。

（5）消防安全管理人员应当熟悉掌握本单位防火档案情况。

（6）非消防安全重点单位亦应当将本单位的基本概况、消防救援机构填发的各种法律文书、与消防工作有关的材料和记录等统一保管备查。

（四）定期开展消防安全检查，消除火灾隐患

消防安全重点单位，除了接受消防救援机构及上级主管部门的消防安全检查外，还要根据单位消防安全检查制度的规定，进行消防安全自查，以日常检查、防火巡查、定期检查和专项检查等多种形式对单位消防安全进行检查，及时发现并整改火灾隐患，做到防患于未然。

（五）定期对员工进行消防安全培训

消防安全重点单位应当定期对全体员工进行消防安全培训。其中公众聚集场所对员工的消防安全培训应当至少每年进行一次。新上岗和进入新岗位的员工应进行三级培训，重点岗位的职工上岗前还应再进行消防安全培训。消防安全责任人或管理人应当到由消防救援机构指定的培训机构进行培训，并取得培训证书，单位重点工种人员要经过专门的消防安全培训并获得相应岗位的资格证书。

通过教育和训练，使每个职工达到"四懂""四会"要求，即：懂得本岗位生产过程中的火灾危险性，懂得预防火灾的措施，懂得扑救火灾的方法，懂得逃生的方法；会报警，会使用消防器材，会扑救初期火灾，会自救。

（六）制定灭火和应急疏散预案并定期演练

为切实保证消防安全重点单位的安全，在抓好防火工作的同时，还应做好灭火准备，制订周密的灭火和应急疏散预案。

成立火灾应急预案组织机构，明确各级各岗位的职责分工，明确报警和接警处置程序、应急疏散的组织程序、人员疏散引导路线、通信联络和安全防护救护的程序以及其他特定的防火灭火措施和应急措施等。应当按照灭火和应急疏散预案定期进行实际的操作演练，消防安全重点单位通常至少每半年进行一次演练，并结合实际，不断完善预案。其他单位应当结合本单位实际，参照制订相应的应急方案，至少每年组织一次演练。

四、消防安全重点单位消防工作的十项标准

（1）有领导负责的逐级防火责任制，做到层层有人抓。

（2）有生产岗位防火责任制，做到处处有人管。

（3）有专职或兼职防火安全干部，做好经常性的消防安全工作。

（4）有与生产班组相结合的义务消防队，有夜间住厂值勤备防的义务消防队，配置必要的消防器材和设施，做到既能防火又能有效地扑灭初起火灾。规模大、火灾危险性大、离消防救援队较远的企业，有专职消防队，做到自防自救。

（5）有健全的各项消防安全管理制度，包括门卫、巡逻，逐级防火检查，用火用电、易燃易爆品安全管理，消防器材维护保养，以及火警、火灾事故报告、调查、处理等制度。

（6）对火险隐患，做到及时发现、登记立案，抓紧整改；一时整改不了的，采取应急措施，确保安全。

（7）明确消防安全重点部位，做到定点、定人、定措施，并根据需要采用自动报警、灭火等技术。

（8）对新工人和广大职工群众普及消防知识，对重点工种进行专门的消防训练和考核，做到经常化，制度化。

（9）有防火档案和灭火作战计划，做到切合实际，能够收到预期效果。

（10）对消防工作定期总结评比，奖惩严明。

消防安全重点单位一经确定，本单位和上级主管部门就应有计划地、经常不断进行消防安全检查，督促落实各项防火措施，使之达到消防安全重点单位消防安全"十项标准"的要求。

第二节　消防安全重点部位管理

消防安全管理工作的重点，不仅仅是消防安全重点单位的管理。在单位内部的管理上，同样也要遵循"抓重点，带一般"的原则，单位的重点管理要从重点部位着手。抓好重点部位的管理就抓住了工作的重点。不管是消防安全重点单位还是一般单位，都要加强对重点部位的防火管理。

一、消防安全重点部位的确定

确定消防安全重点部位应根据其火灾危险性大小，发生火灾后扑救的难易程度以及造成的损失和影响大小来确定。一般来说，下列部位应确定为消防安全重点部位。

（一）容易发生火灾的部位

单位容易发生火灾的部位主要是指：生产企业的油罐区；易燃易爆物品的生产、使用、贮存部位；生产工艺流程中火灾危险性较大的部位。如：生产易燃易爆危险品的车间，储存易燃易爆危险品的仓库，化工生产设备间，化验室、油库、化学危险品库，可燃液体、气体和氧化性气体的钢瓶、贮罐库，液化石油气贮配站、供应站，氧气站、乙炔站、煤气站，油漆、喷漆、烘烤、电气焊操作间、木工间、汽车库等。

（一）一旦发生火灾，局部受损会影响全局的部位

单位内部与火灾扑救密切相关的部位。如变配电所（室）、生产总控制室、消防控制室、信息数据中心、燃气（油）器设备间等。

（三）物资集中场所

物资集中场所是指储存各种物资的场所。

或存放先进技术设备的实验室、精密仪器室、室等。

（四）人员密集场所

人员聚集的厅、室，弱势群体聚集的区域，一旦发生火灾，人疏散不利的场所。如礼堂（俱乐部、文化宫、歌舞厅）、托儿所、幼儿园、养老院、医院病房等。

二、消防安全重点部位的管理措施

各单位要根据自身的具体情况，将具备上述特征的部位确定为消防安全的重点部位，并采取严格的措施加强管理，确保重点部位的消防安全。

（一）建立消防安全重点部位档案

单位领导要组织安全保卫部门及有关技术人员，共同研究和确定单位的消防安全重点部位，填写重点部位情况登记表，存入消防档案，并报上级主管部门备案。

（二）落实重点部位防火责任制

重点部位应有防火责任人，并有明确的职责。建立必要的消防安全规章制度，任用责任心强、业务技术熟练、懂得消防安全知识的人员负责消防安全工作。

（三）设置"消防安全重点部位"的标志

消防安全重点部位应当设置"消防安全重点部位"的标志，根据需要设置"禁烟""禁火"的标志，在醒目位置设置消防安全管理责任标牌，明确消防安全管理的责任部门和责任人。

（四）加强对重点部位工作人员的培训

定期对重点部位的工作人员进行消防安全知识的"应知应会"教育和防火安全技术培训。对重点部位的重点工种人员，应加强岗位操作技能及火灾事故应急处理的培训。

（五）设置必要的消防设施并定期维护

对消防安全重点部位的管理，要做到定点、定人、定措施，根据场所的危险程度，采用自动报警、自动灭火、自动监控等消防技术设施，并确定专人进行维护和管理。

（六）加强对重点部位的防火巡查

单位消防安全管理部门在工作期间应加强对重点部位的防火巡查，做好巡查记录，并及时归档。

（七）及时调整和补充重点部位，防止失控漏管

随着企业的改革与技术革新和工艺条件、原料、产品的变更等客观情况的变化，重点部位的火灾危险程度和对全局的影响也会因之发生变化，所以，对重点部位也应及时进行调整和补充，防止失控漏管。

第三节　消防安全重点工种管理

消防安全重点工种是指若生产操作不当，就可能造成严重火灾危害的生产工种。一般是指电工、电焊工、气焊工、油漆工、热处理工、熬炼工等。这些工种的操作人员工作中如果麻痹大意或缺乏必要的消防安全知识，特别是在生产、储存操作中使用燃烧性能不同的物质和产生可导致火灾的各种着火源等，一旦违反了安全操作规程或不掌握安全防火防事故的措施，就可能导致火灾事故的发生。所以，加强对此类岗位操作人员的消防安全管理培训，是防止和减少火灾的重要措施。

一、消防安全重点工种的分类和火灾危险性特点

（一）消防安全重点工种的分类

根据不同岗位的火灾危险性程度和岗位的火灾危险特点，消防安全重点工种可大致分为以下三级。

1. A级工种

A级工种是指引起火灾的危险性极大，在操作中稍有不慎或违反操作规程极易引起火灾事故的岗位。如：可燃气体、液体设备的焊接、切割，超过液体自燃点的熬炼，使用易燃溶剂的机件清洗、油漆喷涂，液化石油气、乙炔气的灌藏，高温、高压、真空等易燃易爆设备的操作人员等。

2. B级工种

B级工种是指引起火灾的危险性较大，在操作过程中不慎或违反操作规程容易引起火灾事故的岗位。如：从事烘烤、熬炼、热处理，氧气、压缩空气等乙类危险品仓库保管等岗位的操作人员等。

3. C级工种

C级工种是指在操作过程中不慎或违反操作规程有可能造成火灾事故的岗位操作人员。如：电工、木工、丙类仓库保管等岗位的操作人员。

（二）消防安全重点工种的火灾危险性特点

消防安全重点工种的火灾危险性主要有以下特点。

1. 所使用的原料或产品具有较大的火灾危险性

消防安全中点工种在生产中所使用的原料或产品具有较大的火灾危险性，安全技术复杂，操作规程要求严格，一旦出现事故，将会造成不堪设想的后果。如乙炔、氢气生产，盐酸的合成，硝酸的氧化制取，乙烯、氯乙烯、丙烯的聚合等。

2. 工作岗位分散，流动性大，时间不规律，不便管理

一些工种，如电工、焊工、切割工、木工等都属于操作时间、地点不固定、灵活性较大的工种。他们的工作时间和地点都是根据需要而定的，这种灵活性给管理工作带来了难度。

3. 生产、工作的环境和条件较差，技术比较复杂，安全工作难度大

对 A 级和 B 级工种来说，这种特点尤其明显。如在沥青的熬炼和稀释过程中，温度超过允许的温度、沥青中含水过多或加料过多过快以及稀释过程违反操作规程，都有发生火灾的危险。

4. 操作实践岗位人员少，发生火灾时不利于迅速扑救

有些岗位分散、流动性大的工种，如电工、电焊工、气焊工，在操作过程中一般人员都很少，有时甚至只有一个人进行操作，一旦发生火灾，可能会因扑救缓慢而贻误扑救时机。

二、消防安全重点工种的管理

由于重点工种岗位具有较大的火灾危险性，重点工种人员的工作态度、防火意识、操作技能和应急处理能力是决定其岗位消防安全的重要因素。因此，重点工种人员既是消防安全管理的重点对象，也是消防安全工作的依靠力量，对其管理应侧重以下几个方面。

（一）制定和落实岗位消防安全责任制度

建立重点工种岗位责任制是企业消防安全管理的一项重要内容，也是企业责任制度的重要组成部分。建立岗位责任制的目的是使每个重点工种岗位的人员都有明确的职责，做到各司其事，各负其责。建立起合理、有效、文明、安全的生产和工作秩序，消除无人负责的现象。重点工种岗位责任制要同经济责任制相结合，并与奖惩制度挂钩，有奖有惩，赏罚分明，以使重点工种人员更加自觉地担负起岗位消防安全的责任。

（二）严格持证上岗制度，无证人员严禁上岗

严格持证上岗制度，是做好重点工种管理的重要措施，重点工种人员上岗前，要对其进行专业培训，使其全面地熟悉岗位操作规程，系统地掌握消防安全知识，通晓岗位消防安全的"应知应会"内容。对操作复杂、技术要求高、火灾危险性大的岗位作业人员，企业生产和技术部门应组织他们实习和进行技术培训，经考试合格后方能上岗。电气焊工、炉工、热处理等工种，要经考试合格取得操作合格证后

第五章 消防安全重点管理

才能上岗。平时对重点工种人员要进行定期考核、抽查或复试,对持证上岗的人员可建立发证与吊销证件相结合的制度。

(三)建立重点工种人员工作档案

为加强重点工种队伍的建设,提高重点工种人员的安全作业水平,应建立重点工种人员的工作档案,对重点工种人员的人事概况、培训经历以及工作情况进行记录,工作情况主要对重点工种人员的作业时间、作业地点、工作完成情况、作业过程是否安全、有无违章现象等情况进行详细的记录。这种档案有助于对重点工种的评价、选用和有针对性地再培训,有利于不断提高他们的业务素质。所以,要充分发挥档案的作用,将档案作为考察、评价、选用、撤换重点工种人员的基本依据;档案记载的内容,必须有严格手续。安全管理人员可通过档案分析和研究重点工种人员的状况,为改进管理工作提供依据。

(四)抓好重点工种人员的日常管理

要制订切实可行的学习、训练和考核计划,定期组织重点工种人员进行技术培训和消防知识学习;研究和掌握重点工种人员的心理状态和不良行为,帮助他们克服吸烟、酗酒、上班串岗、闲聊等不良习惯,养成良好的工作习惯;不断改善重点工种人员的工作环境和条件,做好重点工种人员的劳动保护工作;合理安排其工作时间和劳动强度。

三、常见重点工种岗位防火要求

重点工种岗位都必须制定严格的岗位操作规程或防火要求,操作人员必须严格按照操作规程进行操作,以下简单介绍几种常见重点工种的防火要求。

(一)电焊工

(1)电焊工须经专业知识和技能培训,考核合格,持证上岗,无操作证,不能进行焊接和焊割作业。

(2)电焊工在禁火区进行电、气焊操作,必须按动火审批制度的规定办理动火许可证。

(3)各种焊机应在规定的电压下使用,电焊前应检查焊机的电源线的绝缘是否良好,焊机应放置在干燥处,避开雨雪和潮湿的环境。

(4)焊机、导线、焊钳等接点应采用螺栓或螺母拧接牢固;焊机二次线路及外壳须接地良好,接地电阻不小于1

(5)开启电开关时要一次推到位,然后开启电焊机;停机时先关焊机再关电源;移动焊机时应先停机断电。焊接中突然停电,应立即关好电焊机;焊条头不得乱扔,应放在指定的安全地点。

(6)电弧切割或焊接有色金属及表面涂有油品等物件时,作业区环境应良好,人要在上风处。

（7）作业中注意检查电焊机及调节器，温度超过60℃时应冷却。发现故障，如电线破损、熔丝烧断等现象应停机维修，电焊时的二次电压不得偏离60～80V。

（8）盛装过易燃液体或气体的设备，未经彻底清洗和分析，不得动焊；有压的管道、气瓶（罐、槽）不得带压进行焊接作业；焊接管道和设备时，必须采取防火安全措施。

（9）对靠近天棚、木板墙、木地板以及通过板条抹灰墙时的管道等金属构件，不得在没有采取防火安全措施的情况下进行焊割和焊接作业。

（10）电气焊作业现场周围的可燃物以及高空作业时地面上的可燃物必须清理干净；或者施行防火保护；在有火灾危险的场所进行焊接作业时，现场应有专人监护，并配备一定数量的应急灭火器材。

（11）需要焊接输送汽油、原油等易燃液体的管道时，通常必须拆卸下来，经过清洗处理后才可进行作业；没有绝对安全措施，不得带液焊接。

（12）焊接作业完毕，应检查现场，确认没有遗留火种后，方可离开。

（二）电工

电工是指从事电气、防雷、防静电设施的设计、安装、施工、维护、测试等人员。电气从业人员素质的高低与电气火灾密切相关，故该工种人员必须是经过消防安全培训合格后持证上岗的正式人员，无证不得上岗操作。工作中必须严格按照电气操作规程进行操作。

（1）定期和不定期地对电源部分、线路部分、用电部分及防雷和防静电情况等进行检查，发现问题及时处理，防止各种电气火源的形成。

（2）增设电气设备、架设临时线路时，必须经有关部门批准；各种电气设备和线路不许超过安全负荷，发现异常应及时处理。

（3）敷设线路时，不准用钉子代替绝缘子，通过木质房梁、木柱或铁架子时要用磁套管，通过地下或砖墙时要用铁管保护，改装或移装工程时要彻底拆除线路。

（4）电开关箱要用铁皮包镶，其周围及箱内要保持清洁，附近和下面不准堆放可燃物品。

（5）保险装置要根据电气设备容量大小选用，不得使用不合格的保险装置或保险丝（片）。

（6）要经常检查变配电所（室）和电源线路，做好设备运行记录，变电室内不得堆放可燃杂物。

（7）电气线路和设备着火时，应先切断电源，然后用干粉或二氧化碳等不导电的灭火器扑救。

（8）工作时间不准脱离岗位，不准从事与本岗位无关的工作，并严格交接班记录。

（三）气焊工

（1）气焊作业前，应将施焊场地周围的可燃物清理干净，或进行覆盖隔离；气焊工人应穿戴好防护用品，检查乙炔、氧气瓶、橡胶软管接头、阀门等可能泄漏的部位是否良好,焊炬上有无油垢,焊(割)炬的射吸能力如何。

(2)乙炔发生器不得放置在电线的正下方,与氧气瓶不得同放一处,距易燃易爆物品和明火的距离不得少于10m,氧气瓶、乙炔气瓶应分开放置,间距不得少于5m。作业点宜备清水,以备及时冷却焊嘴。

(3)使用的胶管应为经耐压实验合格的产品,不得使用代用品、变质、老化、脆裂、漏气和沾有油污的胶管,发生回火倒燃应更换胶管,可燃气体和氧气胶管不得混用。

(4)焊(割)炬点火前,应用氧气吹风,检查有无风压及堵塞、漏气现象,检验是否漏气要用肥皂水,严禁用明火。

(5)作业中当乙炔管发生脱落、破裂、着火时,应先将焊机或割炬的火焰熄灭,然后停止供气。

(6)当气焊(割)炬由于高温发生炸鸣时,必须立即关闭乙炔供气阀,将焊(割)炬放入水中冷却,同时也应关闭氧气阀。

(7)对于射吸式焊割炬,点火时应先微开焊炬上的氧气阀,再开启乙炔气阀,然后点燃调节火焰。

(8)使用乙炔切割机时,应先开乙炔气,再开氧气;使用氢气切割机时,应先开氢气,后开氧气,此顺序不可颠倒。

(9)当氧气管着火时,应立即关闭氧气瓶阀,停止供氧。禁止用弯折的方法断气灭火。

(10)当发生回火,胶管或回火防止器上喷火,应迅速关闭焊炬或割炬上的氧气阀和乙炔气阀,再关上一级氧气阀和乙炔气阀门,然后采取灭火措施。

(11)进入容器内焊割时,点火和熄灭均应在容器外进行。

(12)熄灭火焰、焊炬,应先关乙炔气阀,再关氧气阀;割炬应先关氧气阀、再关乙炔及氧气阀门。

(13)橡胶软管应和高热管道、高热体及电源线隔离,不得重压。气管和电焊用的电源导线不得敷设、缠绕在一起。

(14)工作完毕,应将氧气瓶气阀关好,拧上安全罩。乙炔浮桶提出时,头部应避开浮桶上升方向,拔出后要卧放,禁止扣放在地上,检查操作场地,确认无着火危险方可离开。

(四)仓库保管员

(1)仓库保管员要牢记《仓库防火安全管理规则》,坚守岗位,尽职尽责,严格遵守仓库的入库、保管、出库、交接班等各项制度,不得在库房内吸烟和使用明火。

(2)对外来人员要严格监督,防止将火种和易燃品带入库内;提醒进入储存易燃易爆危险品库房的人员不得穿钉鞋和化纤衣服,搬动物品时要防止摩擦和碰撞,不得使用能产生火星的工具。

(3)应熟悉和掌握所存物品的性质,并根据物资的性质进行储存和操作;不准超量储存;堆垛应留有主要通道和检查堆垛的通道,垛与垛和垛与墙、柱、屋架之间的距离应符合消防救援机构《仓库防火安全管理规定》中所要求的防火间距。

（4）易燃易爆危险品要按类、项标准和特性分类存放，贵重物品要与其他材料隔离存放，遇水或受潮能发生化学反应的物品，不得露天存放或存放在低洼易受潮的地方；遇热易分解自燃的物品，应储存在阴凉通风的库房内。

（5）对爆炸品、剧毒品的管理，要严格落实双人保管、双本账册、双把门锁、双人领发、双人使用的"五双"制度。

（6）经常检查物品堆垛、包装，发现洒漏、包装损坏等情况时应及时处理，并按时打开门窗或通风设备进行通风。

（7）掌握仓库内灭火器材、设施的使用方法，并注意维护保养，使其完整好用。

（8）仓库保管员在每日下班之前，应对经管的库房巡查一遍，确认无火灾隐患后，拉闸断电，关好门窗，上好门锁。

（五）消防控制室操作人员

1. 值班要求

消防控制室的日常管理应符合《建筑消防设施的维护管理》的有关要求，确保火灾自动报警系统和灭火系统处于正常工作状态。消防控制室必须实行每日24h专人值班制度，每班不应少于2人。

2. 知识和技能要求

熟知本单位火灾自动报警和联动灭火系统的工作原理，各主要部件、设备的性能、参数及各种控制设备的组成和功能；熟知各种报警信号的作用，熟悉各主要设备的位置，能够熟练操作消防控制设备，遇有火情能正确使用火灾自动报警及灭火联动系统。

3. 认真执行交接班制度

当班人员交班时，应向接班人员讲明当班时的各种情况，对存在的问题要认真向接班人员交代并及时处置，难以处理的问题要及时报告领导。接班人员每次接班都要对各系统进行巡检，看有无故障或问题存在，并及时排除；值班期间必须坚守岗位，不得擅离职守，不准饮酒，不准睡觉。

4. 确保消防设施、系统完好有效

应确保火灾自动报警系统和灭火系统处于正常工作状态，确保高位消防水箱、消防水池、气压水罐等消防储水设施水量充足；确保消防泵出水管阀门、自喷水灭火系统管道上的阀门常开；确保消防水泵、防排烟风机、防火卷帘等消防用电设备的配电柜开关处于自动（接通）位置。

5. 火警处置

接到火灾警报后，必须立即以最快方式确认。火灾确认后，必须立即将火灾报警联动控制开关转入自动状态（处于自动状态的除外），同时拨打"119"火警电话报警。并立即启动单位内部灭火和应急疏散预案，并应同时报告单位负责人。

第四节　火源及重大危险源的管理

一、重大危险源的概念及其分类

（一）重大危险源的概念

重大危险源，是指生产、储存、运输、使用危险品或者处置废弃危险品，且危险品的数量等于或者超过临界量的单元（包括场所和设施）。临界量是指国家标准规定的某种或某类危险品在生产场所或储存区内不允许达到或超过的最高限量。单元是指一个（套）生产装置、设施或场所，或同属一个工厂的边缘距离小于500m的几个（套）生产装置、设施或场所。

（二）重大危险源的分类

重大危险源按照工艺条件情况分为生产区重大危险源和储存区重大危险源两种。其中，由于储存区重大危险源工艺条件较为稳定，所以临界量的数值相对较大。

二、重大危险源的安全管理措施

重大危险源的管理是企业安全管理的重点，在对重大危险源进行辨识和评价后，应针对每一个重大危险源制定出一套严格的安全管理制度，通过技术措施和组织措施对重大危险源进行严格控制和管理。

（1）实行重大危险源登记制度。通过登记，政府部门能够更清楚地从宏观了解我国重大危险源的分布状况及安全水平，便于从宏观上进行管理与控制。登记的内容包括企业概况、重大危险源的概况、安全技术措施、安全管理措施、以往发生事故的情况等。

（2）建立健全重大危险源安全监控组织机构。

（3）严格控制各类危险源的临界量。

（4）设置重大危险源监控预警系统。

（5）建立健全重大危险源安全技术规范和管理制度。

（6）建立完善的灾难性应急计划，一旦紧急事态出现，确保应急救援工作顺利进行。

（7）与重要保护场所必须保持规定的安全距离。

重大危险源也是重大能量源，为了预防重大危险源发生事故，必须对重大危险源进行有效的控制。所以，对于危险品的生产装置和储存数量构成重大危险源的储存设施，除运输工具、加油站、加气站外，与下列场所、区域的距离必须符合国家标准或者国家有关规定。

①居民区、商业中心、公园等人口密集区域；

②学校、医院、影剧院、体育场（馆）等公共场所；

③供水水源、水厂及水源保护区；

④车站、码头（按照国家规定，经批准，专门从事危险品装卸作业的除外）、机场以及公路、铁路、水路交通干线、地铁风亭及出入口；

⑤基本农田保护区、畜牧区、渔业水域和种子、种畜、水产苗种生产基地；

⑥河流、湖泊、风景名胜区和自然保护区；

⑦军事禁区、军事管理区；

⑧法律、行政法规规定予以保护的其他区域。

（8）不符合规定的改正措施。

不符合规定的重大危险源的储存设施，应当由所在地区的市级人民政府负责危险品安全监督综合管理工作的部门监督其在规定期限内进行整顿；需要转产、停产、搬迁、关闭的，应当报本级人民政府批准后实施。

第五节 易燃易爆物品防火管理

这里所指易燃易爆物品主要是易燃易爆设备和危险化学品。所谓易燃易爆设备，是指生产、储存、输送诸如煤气、液化气、石油气、天燃气等各种燃气设备和其他用于生产、贮存和输送易燃易爆物质的设备。所谓危险化学品，是指有爆炸、易燃、毒害、感染、腐蚀、放射性等危险特性，在运输、储存、生产、经营、使用和处置中，容易造成人身伤亡、财产损毁或环境污染而需要特别防护的物品。随着企业机械化和自动化水平的不断提高，易燃易爆设备和危险化学品对企业消防安全的影响越来越大。因此，加强易燃易爆设备和危险化学品的管理是企业消防安全管理的一个重点。

一、易燃易爆设备的管理

易燃易爆设备的管理，主要包括设备的选购、进厂验收、安装调试、使用维护、改造更新等，其基本要求是合理地选择、正确地使用、安全地操作、经常维护保养、及时维修和更新，通过设备管理制度和技术、经济、组织等措施的落实，达到经济合理和安全生产的目的。

（一）易燃易爆设备的分类

易燃易爆设备按其使用性能分为以下四类。

（1）化工反应设备。如反应釜、反应罐、反应塔及其管线等。

（2）可燃、氧化性气体的储罐、钢瓶及其管线。如氢气罐、氧气罐、液化石油气储罐及其钢瓶、乙炔瓶、氧气瓶、煤气柜等。

(3) 可燃的、强氧化性的液体储罐及其管线。如油罐、酒精罐、苯罐、二硫化碳罐、过氧化氢罐、硝酸罐、过氧化二苯甲酰罐等。

(4) 易燃易爆物料的化工单元设备。如易燃易爆物料的输送、蒸馏、加热、干燥、冷却、冷凝、粉碎、混合、熔融、筛分、过滤、热处理设备等。

(二) 易燃易爆设备的火灾危险特点

1. 生产装置、设备日趋大型化

为获得更好的经济效益，工业企业的生产装置、设备正朝着大型化的方向发展。如生产聚乙烯的聚合釜已由普遍采用的 $7\sim13.5m^3$／台发展到了 $100m^3$／台；而且已经制造出了直径 12m 以上的精馏塔和直径 15m 的填料吸收塔，塔高达 100 余米；生产设备的处理量增大也使储存设备的规模相应加大。由于这些设备所加工储存的都是易燃易爆的物料，所以大规模的设备使火灾危险性大大增加。

2. 生产和储存过程中承受高温高压

为了提高设备的单机效率和产品回收率，获得更佳的经济效益，许多生产工艺过程都采用了高温、高压、高真空等手段，使设备的质量及操作要求更为严格、困难，增大了火灾危险性。如以石脑油为原料的乙烯装置，其高温稀释蒸气裂解法的蒸汽温度高达 1000℃，加氢裂化的温度也在 800℃ 以上；以轻油为原料的大型合成氨装置，其一段、二段转化炉的管壁温度在 900℃ 以上；普通的氨合成塔的压力有 32MPa，合成酒精、尿素的压力都在 10MPa 以上，高压聚乙烯装置的反应压力达 275MPa 等。生产工艺过程中的高温高压，使物料的自燃点降低，爆炸范围变宽，且对设备的强度提出了更高的要求，操作过程中稍有失误，就可能对全厂造成毁灭性破坏。

3. 生产和储存过程中易产生跑冒滴漏

由于易燃易爆设备在生产和储存过程中承受高温、高压，很容易造成设备疲劳、强度降低，加之多与管线连接，连接处很容易发生跑冒滴漏；而且由于有些操作温度超过了物料的自燃点，一旦跑漏便会着火；还由于有的物料具有腐蚀性，设备易被腐蚀而使强度降低，造成跑冒滴漏，这些又增加了设备的火灾危险性。

(三) 易燃易爆设备使用的消防安全要求

1. 合理配备设备，把好质量关

要根据企业生产的特点、工艺过程和消防安全要求，选配安全性能符合规定要求的设备，设备的材质、耐腐蚀性、焊接工艺及其强度等，应能保证其整体强度，设备的消防安全附件，如压力表、温度计、安全阀、阻火器、紧急切断阀、过流阀等应齐全合格。

2. 严格试车程序，把好试车关

易燃易爆设备启动时，要严格试车程序，详细观察设备运行情况并记录各项试车数据，保证各项安全性能达到规定指标。试车启用过程要有安全技术和消防管理部门的人员共同参加。

3. 加强操作人员的教育培训，提高其安全意识和操作技能

对易燃易爆设备应安排具有一定专业技能的人员操作。操作人员在上岗前要进行严格的消防安全教育和操作技能训练，经考试合格才能独立操作。并应做到"三好、四会"，即管好设备、用好设备，修好设备和会保养、会检查、会排除故障、会应急灭火和逃生。

4. 涂以明显的颜色标记，给人以醒目的警示

易燃易爆设备应当有明显的颜色标记，给人以醒目的警示。并在适当的位置粘贴醒目的易燃易爆设备等级标签，悬挂易燃易爆设备管理责任标牌，明确管理责任人和管理职责，以便于检查管理。

5. 为设备创造良好的工作环境

易燃易爆设备的工作环境，对其能否安全工作有较大的影响。如环境温度较高，会影响设备内气、液物料的蒸气压；如环境潮湿，会加快设备的腐蚀，甚至影响设备的机械强度。因此，对使用易燃易爆设备的场所，要严格控制温度、湿度、灰尘、震动、腐蚀等条件。

6. 严格操作规程，确保正确使用

严格操作规程，是易燃易爆设备消防安全管理的一个重要环节。在工业生产中，如果不按照设备操作规程进行操作，如颠倒了投料次序，错开了一个开关或阀门，都可能酿成大事故。所以，操作人员必须严格按照操作规程进行操作，严格把握投料和开关程序，每一阀门和开关都应有醒目的标记、编号和高压、中压或低压的说明。

7. 保证双路供电，备有手动操作机构

对易燃易爆设备，要有保证其安全运行的双路供电措施。对自动化程度较高的设备，还应备有手动操作机构。设备上的各种安全仪表，都必须反应灵敏、动作准确无误。

8. 严格交接班制度

为保证设备安全使用，操作人员下班时要把当班的设备运转情况全面、准确地向接班人员交代清楚，并认真填写交接班记录。接班的人员要做上岗前的全面检查，并认真填写检查记录，以使在班的操作人员对设备的运行情况有比较清楚的了解，对设备状况做到心中有数。

9. 切实落实设备维护保养与检查维修制度

设备操作人员每天要对设备进行维护保养，其主要内容包括：班前、班后检查，设备各个部位的擦拭，班中认真观察听诊设备运转情况，及时排除故障等，定期对设备进行安全检查，对检查出的故障设备及时维修，不得使设备带病运行。

10. 建立设备档案

加强对易燃易爆设备的管理，建立设备档案，及时掌握设备的运行情况。易燃易爆设备档案的内容主要包括：性能、生产厂家、使用范围、使用时间、事故记录、

维修记录、维护人、操作人、操作要求、应急方法等。

（四）易燃易爆设备的安全检查、维修与更新

1. 易燃易爆设备的安全检查

易燃易爆设备的安全检查，是指对设备的运行情况、密封情况、受压情况、仪表灵敏度、各零部件的磨损情况和开关、阀门的完好情况等进行检查。该检查可针对单位生产的具体情况确定检查的频次，按时间可以分为日检查、周检查、月检查、年检查等几种；从技术上来讲，还可以分为机能性检查和规程性检查两种。

（1）日检查是指操作人员在交接班时进行的检查。此种检查一般都由操作人员自己进行。

（2）周检查和月检查是指班组或车间、工段的负责人按周或月的安排进行的检查。

（3）年检查是指由厂部组织的对全厂或全公司的易燃易爆设备进行的检查。年检查应成立由设备、技术、安全保卫部门联合组成的检查小组，时间一般安排在本厂、公司生产或经营的淡季。在年检时，要编制检查标准书，确定检查项目。

2. 易燃易爆设备的检修

易燃易爆设备在使用一定时间后，会因物料的腐蚀性和膨胀性而使设备出现裂纹、变形或焊缝、受压元件、安全附件等出现泄漏现象，如果不及时检查修复，就有可能发生着火或引起爆炸事故。所以，对易燃易爆设备要定期进行检修，及时发现和消除事故隐患。设备检修按每次检修内容的多少和时间的长短，分为小修、中修和大修三种。

（1）小修

小修是指只对设备的外观表面进行的检修。一般设备的小修一年进行一次。检修的主要内容包括：设备的外表面有无裂纹、变形、局部过热等现象，防腐层、保温层及设备的铭牌是否完好，设备的焊缝、连接管、受压元件等有无泄漏，紧固螺栓是否完好，基础有无下沉、倾斜等异常现象和设备的各种安全附件是否齐全、灵敏、可靠等。

（2）中修

中修是指设备的中、外部检修。中修一般三年进行一次，但对使用期已达15年的设备应每隔2年中修一次，对使用期超过20年的设备应该每隔一年中修一次。中修的内容除外部检修的全部内容外，还应对设备的外表面、开孔接管处有无介质腐蚀或冲刷磨损等现象和对设备的所有焊缝、封头过渡区和其他应力集中的部位有无断裂或裂纹等进行检查。

（3）大修

大修是指对设备的内外进行全面的检修。大修应由技术总负责人批准，并报上级主管部门备案。大修的周期至少6年进行一次。大修的内容，除进行中修的全部内容外，还应对设备的主要焊缝（或壳体）进行无损探伤抽查。抽查长度为设备（或壳体面积）焊缝总长的20%。易燃易爆设备大修合格后，应严格进行水压试验和气密性试验。在正式投入使用之前，还应进行惰性气体置换或抽真空处理。

3. 易燃易爆设备的更新

衡量易燃易爆设备是否需要更新，主要看两个性能：一是机械性能；二是安全可靠性能。机械性能和安全可靠性能是不可分割的，安全性能的高低依赖于机械性能。易燃易爆设备的机械性能和安全可靠性能低于消防安全规定的要求时，应立即更新。如当易燃易爆设备的壁厚小于最小允许壁厚，强度核算不能满足最高允许压力时，就应考虑设备的更新问题。更新设备应考虑两个问题，一是经济性，就是在保证消防安全的基础上花最少的钱；二是先进性，就是替换的新设备防火防爆安全性能应当先进、可靠。

二、易燃易爆危险品的消防安全管理

易燃易爆危险品是指具有强还原性，参与空气或其他氧化剂遇火源能够发生着火或爆炸；或具有强氧化性，遇可燃物可着火或爆炸的危险品。如易燃气体、氧化性气体、易燃液体、易燃固体、自燃物品、遇湿易燃物品、氧化剂和有机过氧化物等。

（一）危险化学品的分类

危险化学品品种繁多，根据国家标准《化学品分类及危险性公示通则》危险化学品分为以下十六类。

爆炸物、易燃气体、易燃气溶胶、氧化性气体、压力下气体、易燃液体、易燃固体、自反应物质或混合物、自燃液体、自燃固体、自热物质和混合物、遇水放出易燃气体的物质或混合物、氧化性液体、氧化性固体、有机过氧化物、金属腐蚀剂。

（二）危险化学品安全管理职责和要求

1. 政府部门对危险品安全管理的职责

根据国家对危险品安全管理的社会分工和《危险化学品安全管理条例》的规定，政府有关部门负责对危险品的生产、经销、储存、运输、使用和对废弃危险品处置实施安全监督管理，具体职责如下。

（1）国务院和省、自治区、直辖市人民政府安全生产监督管理部门，负责危险品安全监督的综合管理。包括危险品生产、储存企业的设立及其改建、扩建的审查，危险品包装物、容器专业生产企业的定点和审查，危险品经营许可证的发放，国内危险品的登记，危险品事故应急救援的组织和协调以及前述事项的监督检查。市县级危险品安全监督综合管理部门的职责由该级人民政府归定。

（2）消防救援机构负责危险品的公共安全管理，剧毒品购买凭证和准购证的发放、审查，核发剧毒品公路运输通行证，对危险品道路运输安全实施监督以及前述事项的监督检查。消防救援机构负责对易燃易爆危险品的生产、储存、运输、销售、使用和销毁进行消防监督管理。公众上交的危险品，由消防救援机构接收。

（3）质检部门负责易燃易爆危险品及其包装物生产许可证的发放，对易燃易爆危险品包装物或容器的产品质量实施监督检查。质检部门应当将颁发易燃易爆危险品生产许可证的情况通报国务院经济贸易综合管理部门、环境保护部门和消防救援机构。

（4）环境保护部门负责废弃易燃易爆危险品处置的监督管理，重大易燃易爆危险品污染事故和生态破坏事件的调查，毒害性易燃易爆危险品事故现场的应急监测和进口易燃易爆危险品的登记，并负责前述事项的监督检查。

（5）铁路、民航部门负责易燃易爆危险品的铁路、航空运输和易燃易爆危险品铁路、民航运输单位及其运输工具的管理和监督检查。交通部门负责易燃易爆危险品公路、水路运输单位及其运输工具的管理和监督检查，负责易燃易爆危险品公路、水路运输单位、驾驶人员、船员、装卸员和押运员的资质认定。

（6）卫生行政部门负责易燃易爆危险品的毒性鉴定和易燃易爆危险品事故伤亡人员的医疗救护工作。

（7）工商行政管理部门依据有关部门批准、许可文件，核发易燃易爆危险品生产、经销、储存、运输单位的营业执照，并监督管理易燃易爆危险品市场经营活动。

（8）邮政部门负责邮寄易燃易爆危险品的监督检查。

2. 政府部门危险品监督检查的权限和要求

为保证对易燃易爆危险品的监督检查工作能够正常、有序、顺利进行，政府有关部门在进行监督检查时，应当根据法律法规授权的范围和国家对易燃易爆危险品安全管理的职责分工，依法行使下列职权。

（1）进入易燃易爆危险品作业场所进行现场检查，向有关人员了解情况，调取相关资料，给易燃易爆危险品单位提出整改措施和建议。

（2）发现易燃易爆危险品事故存在隐患时，责令立即或限期排除。

（3）对不符合有关法律法规规定和国家标准要求的设施、设备、器材和运输工具，责令立即停止使用。

（4）发现违法行为，当场予以纠正或者责令限期改正。

有关部门工作人员依法进行监督检查时，应出示证件。易燃易爆危险品单位应当接受有关部门依法实施的监督检查，不得拒绝或阻挠。

3. 易燃易爆危险品单位的安全管理要求

易燃易爆危险品单位应当具备有关法律、行政法规和国家标准或行业标准规定的安全生产条件，不具备条件的，不得从事易燃易爆危险品的生产经营活动。

单位应当设置安全管理机构，确定安全管理主要负责人，配备专职的安全管理人员并按照以下管理要求对本单位进行安全管理。

（1）单位安全管理主要负责人和安全管理人员必须具备与本单位所从事的生产经营活动相应的安全生产知识和管理能力，并由有关主管部门对其安全生产知识和管理能力进行考核，考核合格后方可任职。

（2）单位安全管理主要负责人应当以国家有关法律法规为依据，建立健全本单位安全责任制；制定单位安全规章制度和重点岗位安全操作规程；定期督促检查单位的安全工作，及时消除隐患；组织制定并实施本单位的事故应急救援预案；发生安全事故应及时、如实向上级报告。

（3）单位安全管理机构应当对易燃易爆危险品从业人员进行安全教育和培训，保证从业人员具备必要的安全知识，熟悉有关规章制度和安全操作规程，掌握本岗位的安全操作技能。

（4）从事生产、储存、运输、销售、使用或者处置废弃易燃易爆危险品工作的人员，应当接受有关法律、法规、规章和安全知识、专业技术、人体健康防护和应急救援等知识和技能的培训，并经考核合格才能上岗作业。对特种作业操作人员，应按照国家有关规定经专门的特种作业安全培训，取得特种作业操作资格证书后才能上岗作业。

（5）易燃易爆危险品单位应当具备安全生产条件和所必需的资金投入，生产经营单位的决策机构、主要负责人或者个人经营的投资人应对资金投入予以保证，并对由于安全生产所必需的资金投入不足导致的后果承担责任。

（三）易燃易爆危险品生产、储存、使用的消防安全管理

由于易燃易爆危险品在生产和使用过程中都是零散地存在于生产工艺设备、装置和管线之中，处于运动状态，跑、冒、滴、漏的机会很多，加之生产、使用中的危险因素也很多，因而危险性很大；而易燃易爆危险品在储存过程中，量大而集中，是重要的危险源，一旦发生事故，后果不堪设想，因此加强对易燃易爆危险品生产、储存和使用的安全管理是非常重要的。

1. **易燃易爆危险品生产、储存企业应当具备的消防安全条件**

国家对易燃易爆危险品的生产和储存实行统一规划、合理布局和严格控制的原则，并实行审批制度。在编制总体规划时，设区的城市人民政府应当根据当地经济发展的实际需要，按照确保安全的原则，规划出专门用于易燃易爆危险品生产和储存的适当区域，生产、储存易燃易爆危险品时应当满足下列条件。

（1）生产工艺、设备或设施、存储方式符合国家相关标准；

（2）企业周边的防护距离符合国家标准或者国家有关规定；

（3）生产、使用易燃易爆危险品的建筑和场所必须符合建筑设计防火规范和有关专业防火规范；

（4）生产、使用易燃易爆危险品的场所必须按照有关规范安装防雷保护设施；

（5）生产、使用易燃易爆危险品场所的电气设备，必须符合国家电气防爆标准；

（6）生产设备与装置必须按国家有关规定设置消防安全设施，定期保养、校验；

（7）易产生静电的生产设备与装置，必须按规定设置静电导除设施，并定期进行检查；

（8）从事生产易燃易爆危险品的人员必须经主管部门进行消防安全培训，经考试取得合格证，方准上岗；

（9）消防安全管理制度健全；

（10）符合国家法律法规规定和国家标准要求的其他条件。

2. 易燃易爆危险品生产、储存企业设立的申报和审批要求

为了严格管理，易燃易爆危险品生产、储存企业在设立时，应当向设区的市级人民政府安全监督综合管理部门提出申请；剧毒性易燃易爆危险品还应当向省、自治区、直辖市人民政府经济贸易管理部门提出申请，但无论哪一级申请，都应当提交下列文件：

（1）企业设立的可行性研究报告；
（2）原料、中间产品、最终产品或者储存易燃易爆危险品的自燃点、闪点、爆炸极限、氧化性、毒害性等自身性能指标；
（3）包装、储存、运输的技术要求；
（4）安全评价报告；
（5）事故应急救援措施；
（6）符合易燃易爆危险品生产、储存企业必须具备条件的证明文件。

省、自治区、直辖市人民政府经济贸易管理部门以及市级人民政府安全监督综合管理部门，在收到申请和提交的文件后，应当组织有关专家进行审查，提出审查意见，并报本级人民政府批准。本级人民政府予以批准的，由省、自治区、直辖市人民政府经济贸易管理部门或市级人民政府安全监督综合管理部门颁发批准书，申请人凭批准书向工商行政管理部门办理登记注册手续；不予批准的，应当书面通知申请人。

3. 易燃易爆危险品包装的消防安全管理要求

易燃易爆危险品包装是否符合要求，对保证易燃易爆危险品的安全非常重要，如果不能满足运输储存的要求，就有可能在运输、储存和使用过程中发生事故。因此，易燃易爆危险品在包装上应符合下列安全要求。

（1）易燃易爆危险品的包装应符合国家法律、法规、规章的规定和国家标准的要求。包装的材质、形式、规格、方法和单件质量（重量），应当与所包装易燃易爆危险品的性质和用途相适应，并便于装卸、运输和储存。

（2）易燃易爆危险品的包装物、容器，应当由省级人民政府经济贸易管理部门审查合格的专业生产企业定点生产，并经国务院质检部门的专业检测、检验机构检测、检验合格，方可使用。

（3）重复使用的易燃易爆危险品包装物（含容器）在使用前，应当进行检查，并做记录；检查记录至少应保存两年。质监部门应当对易燃易爆危险品的包装物（含容器）的产品质量进行定期或不定期的检查。

4. 易燃易爆危险品储存的消防安全管理要求

由于储存易燃易爆危险品仓库通常都是重大危险源，一旦发生事故往往带来重大损失和危害，所以对易燃易爆危险品的储存管理应更加严格。易燃易爆化学物品的储存应当遵守《仓库防火安全管理规则》，同时还应当符合下列条件：

（1）易燃易爆危险品必须储存在专用仓库或储存室。储存方式、方法、数量必须符合国家标准。并由专人管理，出入库应当进行核查登记。

（2）易燃易爆危险品应当分类、分项储存，性质相互抵触，灭火方法不同的易燃易爆危险品不得混存，垛与垛、垛与墙、垛与柱、垛与顶以及垛与灯之间的距离应符合要求，要定期对仓库进行检查、保养，注意防热和通风散潮。

（3）剧毒品、爆炸品以及储存数量构成重大危险源的其他易燃易爆危险品必须在专用仓库内单独存放，实行双人收发、双人保管制度。储存单位应当将剧毒品以及构成重大危险源的易燃易爆危险品的数量、地点以及管理人员的情况报当地消防救援机构和负责易燃易爆危险品安全监督综合管理工作部门备案。

（4）易燃易爆危险品专用仓库，应当符合国家标准中对安全、消防的要求，设置明显标志。应当定期对易燃易爆危险品专用仓库的储存设备和安全设施进行检查。

（5）对废弃易燃易爆危险品处置时，应当严格按照固体废物污染环境防治法和国家有关规定进行。

（四）易燃易爆危险品经销的消防安全管理

易燃易爆危险品在采购、调拨和销售等经销活动中，受外界因素的影响最多，因而事故隐患也最多，所以应加强易燃易爆危险品经销的安全管理。

1. 经销易燃易爆危险品必须具备的条件

国家对易燃易爆危险品的经销实行许可制度。未经许可，任何单位和个人都不能经销易燃易爆危险品。经销易燃易爆危险品的企业必须具备下列条件。

（1）经销场所和储存设施符合国家标准；

（2）主管人员和业务人员经过专业培训，并取得上岗资格；

（3）有健全的安全管理制度；

（4）符合法律、法规规定和国家标准要求的其他条件。

2. 易燃易爆危险品经销许可证的申办

（1）经销剧毒性易燃易爆危险品的企业，应当分别向省、自治区、直辖市人民政府的经济贸易管理部门或者设区的市级人民政府的负责易燃易爆危险品安全监督综合管理工作的部门提出申请，并附送易燃易爆危险品经销企业条件的相关证明材料。

（2）省、自治区、直辖市人民政府的经济贸易管理部门或者设区的市级人民政府的负责易燃易爆危险品安全监督综合管理工作的部门接到申请后，应当依照规定对申请人提交的证明材料和经销场所进行审查。

（3）经审查，符合条件的，颁发危险品经销（营）许可证，并将颁发危险品经销（营）许可证的情况通报给同级消防救援机构和环境保护部门，申请人凭危险品经销（营）许可证向工商行政管理部门办理登记注册手续。不符合条件的，书面通知申请人并说明理由。

3. 易燃易爆危险品经销的消防安全管理要求

（1）企业在采购易燃易爆危险品时，不得从未取得易燃易爆危险品生产或经销许可证的企业采购；生产易燃易爆危险品的企业也不得向未取得易燃易爆危险品经销许可证的单位或个人销售易燃易爆危险品。

（2）经销易燃易爆危险品的企业不得经销国家明令禁止的易燃易爆危险品；也不得经销没有安全技术说明书和安全标签的易燃易爆危险品。

（3）经销易燃易爆危险品的企业储存易燃易爆危险品时，应遵守国家易燃易爆危险品储存的有关规定。经销商店内只能存放民用小包装的易燃易爆危险品，其总量不得超过国家规定的限量。

（五）易燃易爆危险品运输的消防安全管理

国家对易燃易爆危险品的运输实施资质认定制度，未经资质认定，不得运输易燃易爆危险品。易燃易爆危险品的运输必须符合相关管理要求。

1. 易燃易爆危险品运输消防安全管理的基本要求

（1）运输、装卸易燃易爆危险品，应当依照有关法律、法规、规章的规定和国家标准的要求，按照易燃易爆危险品的危险特性，采取必要的安全防护措施。

（2）用于易燃易爆危险品运输的槽、罐及其他容器，应当由符合规定条件的专业生产企业定点生产，并经检测、检验合格方可使用。质检部门对定点生产的槽、罐及其他容器的产品质量进行定期或不定期检查。

（3）易燃易爆危险品运输企业，应当对其驾驶员、船员、装卸管理员、押运员进行有关安全知识培训，使其掌握易燃易爆危险品运输的安全知识并经所在地设区的市级人民政府交通部门（船员经海事管理机构）考核合格，取得上岗资格证方可上岗作业。

（4）运输易燃易爆危险品的驾驶员、船员、装卸管理员、押运员应当了解所运载易燃易爆危险品的性质、危险、危害特性，包装容器的使用特性和发生意外时的应急措施。在运输易燃易爆危险品时，应当配备必要的应急处理器材和防护用品。

（5）托运易燃易爆危险品时，托运人应当向承运人说明所托运易燃易爆危险品的品名、数量、危害、应急措施等情况。所托运的易燃易爆危险品需要添加抑制剂或稳定剂的，托运人交付托运时应当将抑制剂或稳定剂添加充足，并告知承运人。托运人不得在托运的普通货物中夹带易燃易爆危险品，也不得将易燃易爆危险品匿报或谎报为普通货物托运。

（6）运输易燃易爆危险品的槽罐以及其他容器必须封口严密，能够承受正常运输条件下产生的内部压力和外部压力，保证易燃易爆危险品在运输中不因温度、湿度或压力的变化而发生任何渗漏。

（7）任何单位和个人不得邮寄或者在邮件内夹带易燃易爆危险品，也不得将易燃易爆危险品匿报或者谎报为普通物品邮寄。

（8）通过铁路、航空运输易燃易爆危险品的，应符合国务院铁路、民航部门的有关专门规定。

2. 易燃易爆危险品公路运输的消防安全管理要求

易燃易爆危险品公路运输时，由于受驾驶技术、道路状况、车辆状况、天气情况的影响很大，因而所带来的危险因素也很多，且一旦发生事故救援难度较大，往往会造成重大经济损失和人员伤亡,所以,应当严格要求管理。

(1)通过公路运输易燃易爆危险品时,必须配备押运人员,并且所运输的易燃易爆危险品随时处于押运人员的监管之下。不得超装、超载,不得进入易燃易爆危险品运输车辆禁止通行的区域;确需进入禁止通行区域的,应当事先向当地消防救援机构报告,并由消防救援机构为其指定行车时间和路线,且运输车辆必须遵守消防救援机构为其指定的行车时间和路线。

(2)通过公路运输易燃易爆危险品的,托运人只能委托有易燃易爆危险品运输资质的运输企业承运。

(3)剧毒性易燃易爆危险品在公路运输途中发生被盗、丢失、流散、泄漏等情况时,承运人及押运人员应当立即向当地消防救援机构报告,并采取一切可能的警示措施。消防救援机构接到报告后,应当立即向其他有关部门通报情况;有关部门应当采取必要的安全措施。

(4)易燃易爆危险品运输车辆禁止通行的区域,该地区的市级人民政府消防救援机构划定,并设置明显的标志。运输烈性易燃易爆危险品途中需要停车住宿或者遇有无法正常运输的情况时,应当向当地消防救援机构报告。

3. 易燃易爆危险品水路运输的消防安全管理要求

易燃易爆危险品在水上运输时,一旦发生事故往往会造成水道的阻塞或对水域形成污染,给人民的生命财产带来更大的危害,且往往扑救比较困难。故水上运输易燃易爆危险品时应当有比陆地更加严格的要求。

(1)禁止利用内河以及其他封闭水域等航运渠道运输剧毒性易燃易爆危险品。

(2)利用内河以及其他封闭水域等航运渠道运输禁运以外的易燃易爆危险品时,只能委托有易燃易爆危险品运输资质的水运企业承运,并按照国务院交通部门的规定办理手续,接受有关交通港口部门、海事管理机构的监督管理。

(3)运输易燃易爆危险品的船舶及其配载的容器应当按照国家关于船舶检验的规范进行生产,并经海事管理机构认可的船舶检验机构检验合格,方可投入使用。

(六)易燃易爆危险品销毁的消防安全管理

易燃易爆危险品如因质量不合格,或因失效、变态废弃时,要及时进行销毁处理,以防止管理不善而引发火灾、中毒等灾害事故的发生。为了保证安全,禁止随便弃置堆放和排入地面、地下及任何水系。

1. 销毁易燃易爆危险品应具备的消防安全条件

由于废弃的易燃易爆危险品稳定性差,危险性大,故销毁处理时必须要有可靠的安全措施,并须经当地消防救援机构和环保部门同意才可进行销毁,其基本条件如下。

(1)销毁场地的四周和防护措施,均应符合安全要求;

(2)销毁方法选择正确,适合所要销毁物品的特性,安全、易操作、不会污染环境;

（3）销毁方案无误，防范措施周密、落实；
（4）销毁人员经过安全培训合格，有法定许可的证件。

2. 易燃易爆危险品销毁的基本要求

易燃易爆危险品的销毁，要严格遵守国家有关安全管理的规定，严格遵守安全操作规程，防止着火、爆炸或其他事故的发生。

（1）正确选择销毁场地

销毁场地的安全要求因销毁方法的不同而不同。当采取爆炸法或者燃烧法销毁时，销毁场地应选择在远离居住区、生产区、人员聚集场所和交通要道的地方，最好选择在有天然屏障或较隐蔽的地区。销毁场地边缘与场外建筑物的距离不应小于200m，与公路、铁路等交通要道的距离不应小于150m。当四周没有天然屏障时，应设有高度不小于3m的土堤防护。

销毁爆炸品时，销毁场地最好是无石块、瓦块的泥土或沙地。专业性的销毁场地，四周应砌筑围墙，围墙距作业场地边沿不应小于50m；临时性销毁场地四周应设警戒或者铁丝网。销毁场地内应设人身掩体和点火引爆掩体。掩体的位置应在常年主导风向的上风方向，掩体之间的距离不应小于30m，掩体的出入口应背向销毁场地，且距作业场地边沿的距离不应小于50m。

（2）严格培训作业人员

执行销毁操作的作业人员，要经严格的操作技术和安全培训，并经考试合格才能执行销毁的操作任务。执行销毁操作的作业人员应具备以下条件。

①身体强壮，智能健全。
②具有一定的专业知识。
③工作认真负责，责任心强。
④经安全培训合格。

（3）严格消防安全管理

消防救援机关应当加强对易燃易爆危险品的监督管理。销毁易燃易爆危险品的单位应当严格遵守有关消防安全的规定，认真落实具体的消防安全措施，当大量销毁时应当认真研究，作出具体方案（包括一旦引发火灾时的应急灭火预案）。并向消防救援机构申报，经审查并经现场检查合格方可进行，必要时，消防救援机构应当派出消防队现场执勤保护，确保销毁安全。

（七）易燃易爆危险品的登记与事故紧急救援管理

1. 易燃易爆危险品的登记管理

为了进一步加强对易燃易爆危险品的管理，国家对易燃易爆危险品实行登记制度，并为易燃易爆危险品安全管理、事故预防和应急救援提供技术、信息支持。

（1）易燃易爆危险品生产、储存企业以及使用的数量构成重大危险源的其他易燃易爆危险品使用单位，应当向国务院经济贸易综合管理部门负责易燃易爆危险品登记的机构办理易燃易爆危险品登记。易燃易爆危险品登记的具体办法应按照国务院经济贸易综合管理部门的有关要求进行。

（2）负责易燃易爆危险品登记的机构应当向环境保护、消防救援机构、质检、卫生等有关部门提供易燃易爆危险品登记的资料。

2. 易燃易爆危险品事故的紧急救援管理

易燃易爆危险品一旦发生事故往往会造成重大的人员伤亡和经济损失。为了最大限度地减少人员伤亡和经济损失，必须采取积极的救援措施。

（1）易燃易爆危险品事故紧急救援管理的基本要求：

①县级以上地方各级人民政府，应当在本辖区域内配备、训练具有一定专业技术水平的紧急抢险救援队伍，并保证这支队伍的人员、设备和训练的经费。

②县级以上地方各级人民政府负责易燃易爆危险品安全监督综合管理的部门，应当会同同级其他有关部门制定易燃易爆危险品事故应急救援预案，报经本级人民政府批准。

③易燃易爆危险品单位应当制定本单位的事故应急救援预案，配备应急救援人员和必要的应急救援器材、设备，并定期组织演练。

④易燃易爆危险品事故应急救援预案应当报该地区的市级人民政府负责易燃易爆危险品安全监督综合管理的部门备案。

⑤发生易燃易爆危险品事故，事故单位主要负责人应当按照本单位制定的应急救援预案，立即组织救援，并立即报告当地负责易燃易爆危险品安全监督综合管理的部门和消防救援机构、环境保护、质检部门。

（2）易燃易爆危险品事故紧急救援的实施。发生易燃易爆危险品事故，有关地方人民政府应当做好指挥、领导工作。负责易燃易爆危险品的安全监督综合管理的部门和环境保护、消防救援机构、卫生等有关部门，应当按照当地应急救援预案组织实施救援，不得拖延、推诿。有关地方人民政府及其有关部门应当按照下列要求，采取必要措施，减少事故损失，防止事故蔓延、扩大。

①立即组织营救受害人员，组织撤离或者采取其他措施保护危害区域内的其他人员；

②迅速控制危害源，并对易燃易爆危险品造成的危害进行检验、监测，测定事故的危害区域、易燃易爆危险品性质及危害程度；

③针对事故对人体、动植物、土壤、水源、空气造成的现实危害和可能产生的危害，迅速采取封闭、隔离、洗消等措施；

④对易燃易爆危险品事故造成的危害进行监测、处置，直至符合国家环境保护标准；

⑤易燃易爆危险品生产企业必须为易燃易爆危险品事故应急救援提供技术指导和必要的协助；

⑥易燃易爆危险品事故造成环境污染的信息，由环境保护部门统一公布。

第六章 消防管理存在的问题研究及对策

第一节 我国消防管理体系概述

一、消防管理主体

我国的消防工作由国务院领导,由消防救援机构具体负责;地方由各省、市、县人民政府负责,相应的消防救援机构负责本行政区域内的消防管理工作,并由各级消防救援机构具体负责实施,这在《消防法》中有明确地体现。实际上,我国消防管理工作的主体就是消防救援机构,由消防救援机构和专职消防队和文职人员组成。消防救援机构为主体力量。消防救援机构是在消防救援机构领导下同火灾作斗争的一支实行军事化管理的消防救援机构,为现役体制,纳入武警序列,在省、自治区、直辖市设消防总队,下辖司、政、后、防4个部门;在地、市、州一级设立消防支队,支队下设消防大队、中队。

二、消防机构工作职能

当前,消防救援机构消防机构的工作职能主要体现在两个方面,一方面是消防监督执法职能,另外一方面则是灭火应急救援职能,即俗称的防火和灭火。首先是消防监督执法。根据《消防法》和消防救援机构119、120、121号令等法律法规,县、市两级消防机构防火部门在日常消防监督执法过程中主要负责以下工作：对社会单位履行法定消防安全职责情况要按照相关规定定期进行监督抽查；对公民举报投诉的消防安全违法行为进行核查；一些大型群众性活动举办前也要进行消防安全检查，及时消除一些火灾隐患；对建设单位在建设工程施工现场的消防安全进行监督检查；消防产品质量监督、火灾事故调查以及公众聚集场所的消防安全检查和建设工程消防设计审核、验收与备案抽查等方面，这些都是基于消防管理中"预防"的理念。接下来则是灭火和应急职能。火灾的发生有其必然性，但是也有偶然性，有些火灾甚至灾害事故发生后，也必须得到强有力的控制，这就是消防机构另一个灭火和应急救援任务。消防中队负责火灾扑救任务，还要负责道路交通事故、危险化学品泄漏、地震及其次生灾害、建筑坍塌、和群众遇险事件的救援工作。此外，在发生水旱、森林、草原火灾等自然灾害时，消防救援机构也会积极参与配合，同时，虽然针对矿山、水上事故，重大环境污染、核与辐射事故等有专门的部门负责处置，但有时也需要消防救援机构的协助参与。

三、其他消防组织

目前，在我国除了消防救援机构这一消防管理的主体部门外，也有其他一些社会消防组织积极参与到社会消防管理工作中。比如说中国消防协会以及各省、市、县级消防协会，属于学术性、非营利性的社会团体。各级消防协会在法律法规允许的框架下积极参与开展国家的各项消防管理活动，在消防技术创新、职业技能鉴定、全民消防宣传等方面发挥着重要的作用。此外，在机关、团体、企事业单位内部也自发地成立相应的消防管理组织，根据需要成立义务消防队或者专职消防队，负责本单位内部消防管理工作的开展。社会消防组织在国家消防管理过程中发挥着一定地作用，但是受到运行机制、社会环境以及经济基础等条件的制约，难以发挥出真正的作用。

第二节　构建科学合理的现代消防管理体系

一、完善充实消防法律法规体系

消防法律法规体系是国家法律体系的重要组成部分，门类齐全、结构严密和内在协调是国家、社会和民众期许消防法律体系最理想化的状态。门类齐全首先强调消防法律法规应当齐全完备，考虑到消防管理对象的复杂性，消防法律法规应当既包含社会规范的内容，又有技术规范的内容，应当涵盖社会的每一个领域，不能脱离人民群众的生产生活。那么如何确保众多的消防法律法规能够不受掣肘发挥出应有的作用，这就需要在消防法律体系内部要构建一个严谨的组织结构，要形成以消防法律为核心的配套系列法规、细则、规范和标准。内在协调是指消防法律体系中的一切法规都不能违背宪法，不能脱离《消防法》，做到普通法与根本法不冲突，程序法与实体法相协调。当前，面临新形势新环境，现行的消防法律法规体系仍需进一步完善充实以适应社会发展的需要。

（一）修改完善《中华人民共和国消防法》

《中华人民共和国消防法》是我国第一部有关消防工作的专门性基本法律，在推动我国消防法治建设、社会化消防管理、公共消防设施建设等方面发挥了重要作用，为有效预防和减少火灾危害以及保障人身财产安全提供了保障。随着我国经济社会的发展和政府职能的转变，面对社会和广大人民群众对消防安全的新需求和新期待，《消防法》的一些规定应经难以适应新时期消防工作的需要。虽然《消防法》在不断修改、完善，但是《消防法》仅仅原则性地规定国务院和地方政府对消防工作负有领导责任，具体如何领导开展消防工作则没有明确的标准；此外，在消防机构设置形式、工作职责和人员编制以及相关管理制度等制方面并没有明确，造成目前的消防管理体制混乱，严重影响消防工作的开展。要从修改完善《消防法》开始，明确消防机构的设置，对于表述不清容易引发争义的条款应当及时修改，确保表达清楚明白，尽量避免空洞的词汇出现在规定中，以免影响法律条款在现实工作中的可操作性；特别是针对一些不适合当前国情的规定，要通过实地调研加以修改完善，增强《消防法》的权威性与可操作性。

（二）构建行业消防法律法规体系

消防工作涉及各行各业，历来是各行业主管部门对本行业系统实施行政管理的重要内容之一，也是其重要的部门职责。《消防法》及部分地方性法规、规章，从不同层面对行业主管部门消防管理职责作了规定，但规定过于原则，难以适应行业依法管理的需求。在实际工作中，多数地方主要通过规范性文件或签订责任状形式来对行业主管部门消防管理职责进行原则划分，没有有效地制约机制，年终考核验收时往往流于形式，没有解决行业主管部门"管什么、怎么管、管不好会怎样"的问题。因此，必须制定相关的行业消防法律法规，明确行业主管部门的消防管理工作，明确相关责任，制定规范行业消防工作运行机制、行业消防议事机制、行业消防安全分析评估制度、行业定期督导制度、行业消防安全检查机制等，完善行业消防工作考核、行业消防工作约谈机制、行业消防工作问责等。只有构建完善合理的行业消防法律法规体系，推动行业主管部门消防管理工作有序开展、顺利开展，才能充分发挥行业主管部门的监管优势，营造良好的行业消防监管氛围。

（三）梳理完善其他相关法规规章

要结合各地实际情况，在确保法制统一的前提下，加快梳理完善与《消防法》相关的法规、规章和规范性文件。依照公开透明原则，对各地部门消防规章、地方性消防法规、地方政府规章和所有规范性文件要进行全面、系统地分析清理，凡与《消防法》等国家法律、行政法规有抵触或冲突的部分，应当废止或修改。在此之前，可以收集整理对于《消防法》与地方社会发展不适应的意见以供国家相关部门修改完善《消防法》。

二、立足实际加快公共消防设施建设

（一）全面修订编制城乡消防规划

地方各级人民政府和相关规划等部门要牢固树立规划先行的理念，正确处理城镇建设与公共消防安全布局的关系，在不违反经济社会发展规律和新型城镇化建设需求这一总体目标的前提下，结合城乡规划的编制修改进程，及时组织专业人员编制完善城乡消防规划，确保消防规划纳入城镇总体规划。要在源头上重点把控，在提升城镇火灾防控能力上下功夫，坚决避免发生火灾后亡羊补牢的情况发生，要借鉴西方发达国家的先进消防规划理念，结合中国国情定期组织城镇规划、市政和交通以及消防救援等部门充分调研，认真研究，修订、编制适合城镇发展的消防专项规划。消防规划是长期性的任务，每年都要制定公共消防设施以及消防装备建设的年度计划，并且根据不同时间节点分解落实相关建设任务，更要通过规范的评估考评机制对消防规划落实情况进行监督，确保每一项消防规划真正落到实处。

（二）按照标准加快落实消防站建设

消防站是城市火灾防控体系中最重要的一环，应当得到各地发展改革、规划、住建、财政等相关部门的大力支持，消防救援部门也要定期对城市消防站情况进行全面摸查，了解城市发展和经济增长对消防站建设的新需求，并应当及时将相关情况汇报当地政府并函告规划、财政等部门，各相关部门要根据建成区面积、城市常驻人口和灭火救援任务实际需求，按照《城市消防站建设标准》建设消防站，配备人员、装备及相关设施。在消防规划指导下通过、原址改扩建、整体置换迁移等方式建设消防站，逐步调整完善现有消防站布局，使城镇消防站辖区覆盖面积趋于合理。一些城市正处于片区、旧城改造阶段，要抓住这一有利时机，彻底解决个别消防站力量薄弱的问题，使其达到普通站建设标准，满足灭火战斗需要。针对一些老旧城区和文物古建筑保护区，如果增加普通消防站确有困难，可以参照国外做法因地制宜地增建微型消防站，确保城区全覆盖、无死角，当然前提是必须进行科学合理的火灾风险评估。此外，积极争取政府资金保障、配备现代化消防装备器材，满足灭火救援战斗和抢险救援的需要。

（三）加强市政消防供水设施建设

在城镇规划区域内，合理布置消火栓和消防水鹤，科学选择给水管道和计量设施，保持消防供水设施正常供水，是有效扑救火灾和遏制重特大火灾的重要保证，是规划、水务以及消防救援等相关部门的共同职责，应当纳入市政给水系统同步规划、设计、建设之中。要因地制宜发展多种形式的消防供水设施，比如说有的城镇内有天然湖泊或者护城河等天然水源，相关部门可以通过实际调研选择适当位置设立消防车取水平台，可以对市政消防供水系统起到有力补充。城市综合体或者大型商业区等人员密集，火灾负荷大，一旦发生火灾对消防供水有着很高的要求，要本着自给自足的原则，设置完善的消防给水系统，坚决杜绝先天性隐患，全力保障本区域内的消防用水安全。新建城镇道路要同步设计安装消火栓、消防水鹤，改建扩建老旧道路要抓住时机。政府各相关职能部门应当密切配合，坚决杜绝互相推诿不作为现象，对法律、法规规定的各项职责要认真落实到位，确保区域内的消防供水安全

（四）保证消防车通道畅通

相关部门要在入口密集区域按照相关规定设置专用消防车道，特别是在一些人流密集的综合商业区，私家车随意停放占用消防车道的现象较为普遍，一旦发生火灾消防车很难及时到达，因此应当结合当地道路交通实际情况和消防站分布制定应急引流方案等，确保发生火灾等突发灾害时消防力量能够快速到达实施有效控制。各地政府要组织住建、城管、工商、消防救援机构、消防、交警、电力等相关部门联合行动，对违法违章私搭乱建问题进行集中整治，针对苗头性问题要严厉打击，确保将问题消除在萌芽状态，实际上一些老旧小区违章私搭乱建占用消防车的问题之所以迟迟不能解决，就是因为在前期没有得到有效控制，老百姓盲目跟风造成个别问题扩大成普遍问题，众多利益纠缠在一起造成执法困难。政府和相关部门不能将目光完全停留在地方经济发展上，应当给予消防工作足够的重视，采取有力措施打击违法占用消防车道问题，合理规划老城区以及城中村消防车道，确保生命通道畅通。规划等部门要合理规划公共车位和停车场，满足人们停车需求。交警部门要加大执法力度，严查私家车占用消防车道行为。社区和居委会要组织人员不间断开展排查整治，将情况及时函告相关主管部门。只有政府和各个职能部门真抓实干形成监管合力，才能最大程度地确保消防车通道畅通。

三、改革创新消防监督执法模式

（一）准确定位消防部门职责

消防部门是消防工作的主管部门，但是消防工作不是消防部门一个部门的工作，而是政府各相关职能部门的共同工作，是全社会的工作。消防部门必须明确自己的角色，准确定位自己的职责。要从解决根本性问题入手，重新进行社会消防管理的顶层设计，进一步明确各级政府、基层组织以及行业主管部门的责任，强化社会单位和公民的主体责任意识，清醒估量消防部门"该干什么""能干好什么"，分析其在社会消防管理中的作用、影响、效能和相互制约关系，在现有警力下准确定位消防部门的权力、义务和责任。尤其是针对消防部门"小马拉大车"，权责不对等，不堪重负的现状，应逐步把消防部门履行的部分职能向政府或是其他相关职能部门转移，管住管好我们必须管的事，坚决放手放开我们能力不及的事，真正发挥行政资源在行政管理中的效能，不揽权、不越权，从而避免和减少渎职、失职、滥用职权的尴尬。作为执法监督管理者，消防部门的工作重心应从繁杂的包办一切的"保姆"

消防监督检查研究

事务中解放出来,要着重提升消防监督执法水平,规范指导服务行为。要在政府的领导下定期督导行业主管部门和社会单位消防工作开展情况,确保各项消防管理工作落到实处,真正实现消防部门工作由"整改型"向"管理型"转变。

(二)全面落实单位主体责任

单位消防安全责任是主体,这不仅仅是指单位是自身消防安全的责任主体,更是指其负有主要的责任,还应包括单位应主导其自身消防安全工作落实。消防部门应以务实的思路和方法,把单位引导到消防工作的正轨上来。要改变现在以罚代管为主要手段的负激励监管方式,采用履职报告、安全承诺、技术监控等正激励管理模式,激发社会单位在"自我管理""自我完善"方面的主动性、积极性。要借鉴美国、日本等国家的做法,组织相关部门研究起草社会单位自我管理工作考核标准,制定基本安全目标、基本管理标准、基本评价机制等,引导社会单位开展"可持续"的、系统的消防安全管理。针对社会单位对待消防工作"想干不会干"的问题,在消防部门统一集中培训授课的基础上,要充分借助消防中介服务组织,以务实的理念开展多层次、多渠道的分级分类教育培训和宣传:对单位责任人或管理人,应重在教育他们主动抓好消防工作的意识并提高其组织、协调、开展、落实消防工作的能力,使其知晓本单位做好消防工作需要做什么、怎样才能做好;对单位安全部门负责人、消防控制室值班人员等专业人员,应重在培训其履行好岗位职责需要掌握的消防安全知识、能力,通过消防职业技能鉴定制度提升其专业技能;对一般员工,应重在立足其岗位特点,宣传、普及好消防安全常识和紧急情况下应急疏散和自防自救能力。最后,要从责任追究上确保社会单位落实主体责任,对不依法履行主体责任而导致发生火灾的,除依法赔偿给其他社会单位和个人造成的损失以外,要坚决追究责任单位和个人的相关责任。

(三)深化改革监督执法机制

《消防法》出台后,消防监督管理模式发生了许多变化,部分建设工程的消防审核验收实行了备案抽查机制。但是为了保证消防审核的质量,很多省市将备案抽查率规定在90%以上,不敢放手、害怕放手,这在客观上依旧延续了老的监督模式,消防审核验收的任务并没有减少,建设、设计、施工和监理单位依然依赖于消防监督部门,对自身消防安全责任的认识并没有增强。此外,建设工程需要办理消防设计审核验收手续的一些前置条件在当前条件下存在诸多难以解决的问题,比如说一些建设工程需要取得建设部门施工许可才能办理消防手续,但是实际情况是大量的建设工程由于未办理施工许可而无法办理消防手续,却已经开工投入建设中,等消防部门发现时已经存在先天设计缺陷。因此,现行消防监督模式必须进行更大的改革,要将消防设计审核验收工作彻底剥离出去,实行消防审核、验收、监督三权分立、互相监督。建筑消防设计审核由中介机构负责,验收由建筑质量管理部门负责,监督由消防部门负责。消防部门在建设、设计、施工和监理单位对建筑工程质量验收合格的前提下实施监督抽查,不承担导致火灾扩大的违反消防安全标准的管理责任,仅对单位的日常管理进行监督检查，查处直接致灾的火灾隐患。要建立消防安全评价体系，根据火灾危险性、消防设施建设和日常安全管理情况综合评定安全等级，出台解决历史遗留隐患的办法，正视现实、客观解决矛盾和问题。

（四）净化透明监督执法行为

消防部门要加强对自身的管理，严格执法、热情服务，在日常监督执法中要做到公平公正、公开透明，营造风清气正、人民满意的执法环境。要借助各种形式的网络媒体公布相关消防法规，公布消防办事流程，设立举报投诉窗口，建立一个完善的监督机制。在执法过程中，要减少行政干预。各级领导干部要带头执行消防法规，要鼓励支持消防部门放开手脚严格执法，坚决杜绝以保护地方经济的名义阻挠消防执法。各地的人大、政协也要加强监督，督促消防部门执法走上规范化、制度化的轨道。监督执法干部要认真学习《建筑设计防火规范》《高层民用建筑设计防火规范》《自动喷水灭火系统设计规范》等法律、法规，努力提升自己的业务理论和专业技术水平，以便更好地履行监督执法职责。

四、健康有序发展消防中介服务组织

（一）依靠法律支撑规范经营行为

消防中介服务组织的健康有序发展离不开法律法规的指导和规范。目前，消防中介服务组织质量参差不齐，管理较为混乱，服务项目单一、服务水平低下，最根本的原因就是其成立、运行和管理缺乏法律依据。对于在经营活动中违法违规以及弄虚作假的，根据相关条款的规定，可以依法追究责任，通过降低或者取消相关资质进行震慑。针对消防设施检测和维修保养过程中责任不明确的问题，可以在法规的实施细则中进一步明确，比如说可以通过设定技术服务结果有效期、提供现场检测的数据和录像等手段加以约束，坚决杜绝中介服务组织出具虚假、失实文件的现象发生。此外，应当借鉴《社会消防技术服务管理规定》，抓紧组织起草、修订其他类型中介组织的规范性法规，以满足诸如火灾风险评估、消防教育培训等消防中介服务机构市场需要的多种形式。

（二）鼓励技术创新推动研究发展

目前，我国开展消防科学技术研究主要依靠消防部门的力量，如天津、上海等四个消防研究所承担着消防装备器材开发应用、建筑防火材料分析、灭火扑救理论等诸多科研任务，研究成果也仅仅局限于满足消防部门的发展需求，社会化参与程度不高，造成许多科研成果应用较为单一，不能满足市场多样化的实际需要，造成服务公共消防管理的作用有限。实际上，我们应当借鉴西方国家中介组织的职能模式，鼓励消防中介组织参与消防技术创新，要积极引导消防中介服务组织将技术服务能力和水平作为参与市场的竞争力。消防技术服务市场全面引入市场竞争机制，技术服务机构为提高自身效益，会自觉地研发先进消防技术，或者购买新兴技术成果，用以提升自身的市场竞争力。只有立足于解决实际问题，更符合市场的发展方向，消防中介服务组织才能不断获得科技创新的动力而得到长远的发展。要不断拓宽消防中介服务组织的服务范围，力争实现消防技术咨询服务、消防法律咨询服务、消防安全评估、消防纠纷调解与仲裁、人才信息服务、科技成果鉴定转让和信息服务以及制定消防法规、技术标准、行规公约范本等多种服务模式，为社会化消防管理工作提供多视角全方位服务模式。

（三）优化管理模式发挥行业功能

在对消防中介服务组织的管理方面，消防部门要优化管理模式，要敢于放手，避免过度干预，要引入市场竞争机制，依靠市场进行优胜劣汰。消防部门只需要在宏观层面完善市场自我运行机制，通过科学配置社会消防资源，及时调节市场供求关系，才能逐步摆脱现在的管理现状，实现消防中介服务市场的快速有序发展。消防部门作为政府消防公共事业的职能办事机构，要对消防中介服务组织加强领导与沟通，要对中介组织（行会）实施监督，但不是从属关系，要依靠完善的规章制度规范其行为，督促中介服务组织担负起社会赋予它的消防工作职责，成为一支维护社会消防安全的有生力量。行业协会的运行不能背离社会公共利益目标，不能为追求狭隘的行业利益，偏离行业公益性目标，消防部门应在这一目标的前提下对消防中介服务组织的发展加以约束引导和鼓励扶持。消防部门可以依托行业协会，搭建公共服务平台，将消防企业基本情况、消防产品和消防工程等相关信息汇总整理后面向大众公布。此外，可以大胆尝试将服务机构的执业行为纳入社会信用网络体系，以此建立中介服务组织行为失信制裁机制，要让中介服务组织明白一旦失信将造成严重的损失，将遭到市场经济手段的制裁，只有这样才能推动中介服务行业有序发展。

五、建立健全消防宣传教育培训体系

（一）广泛开展多种形式的消防宣传

地方各级政府、各职能部门和社会团体以及消防部门要广泛开展多种形式的消防宣传教育活动，紧密结合"全民消防、生命至上"这一主题，按照《全民消防安全宣传教育纲要》的要求，深入农村、社区、企业、家庭等开展多种多样的消防宣传活动。要善于利用各种新闻媒体进行消防宣传，农村社区墙上开辟黑板报，书写宣传标语；城市充分利用报纸、广播和电视等媒体，开辟消防专栏，定时宣传消防知识。制作消防公益短片，利用室外大屏幕、交通工具移动视频播放终端等循环播放，增加警示性宣传的频率。借助微博、微信等手段将消防知识送到每一位公民身边。定期开放消防站，组织社区居民、学生、企业职工进站参观学习，通过实地参与消防技能表演、疏散逃生演练等形式增强消防知识的直观性。要进一步强化"119"消防宣传日的作用，抓住这一有利时机，不间断地进行全方位的宣传教育，要结合各地实际情况因地制宜开展独具特色的宣传活动，把消防知识同各地民族文化紧密结合，增强消防宣传的深度。一些有条件的城市可以建立消防减灾教育馆或者消防博物馆，通过展示历史、陈述灾难、演示火灾等多种手段宣传消防知识，特别是重点培育青少年的消防安全意识。社会单位要加强消防责任主体意识，高度重视消防宣传教育工作，落实全员培训和定期演练制度。要在全社会形成人人参与消防、人人懂消防知识的浓厚消防氛围。

（二）认真落实消防宣传主体职责

《消防法》明确规定消防工作遵循"政府统一领导、部门依法监管、单位全面负责、公民积极参与"的原则，其中，消防宣传教育和机关、团体、企业、事业单位的共同职责。各级政府应当加强领导，全面负责本行政区域内的消防宣传工作。机关、团体、企事业单位应当定期组织内部人员开展消防知识讲座、应急疏散演练等宣传教育工作。消防救援机构在消防法律、法规的框架内，积极提供相关数据资料，指导协助相关单位顺利开展各项消防宣传教育工作。教育部门要利用自身优势加大对学校消防宣传教育工作的督导，要把消防知识教育纳入学生的教学计划，真正做到教育一个学生带动一个家庭。新闻、广播、电视等单位，应当结合节目播出情况适当安排消防专栏、消防公益广告等，积极开展消防宣传教育。村民委员会、居民委员会应当发挥贴近群众的优势，采用群众喜闻乐见的形式，开展消防宣传教育。以街道社区为例，街道办事处应高度重视消防宣传教育工作，在"文明社区""五好文明家庭"等评选活动中添加消防素质考核。要积极引导城镇居民家庭配备必要的报警、灭火、照明、逃生自救等消防器材，并掌握正确的使用方法。社区居民委员会应在社区、住宅小区因地制宜设置消防宣传牌、橱窗等。小区户外显示屏、广播等应经常播放消防安全知识。居民委员会应发挥教育作用，建立健全消防宣传教育制度，发布居民防火公约，定期组织居民参加消防科普教育活动。

（三）大力发展专业消防教育机构

目前，我国的专业消防教育机构数量明显不足，普通高等院校开设的消防专业相关课程数量也非常少量。以日本为例，每个都、道、府、县都严格按照法律要求设立一所消防学校，学校教育的大力普及为培养消防员过硬的消防业务素质提供了重要保证。我国应当借鉴国外先进教育经验，大力发展专业消防教育，对已有的消防高等教育资源要梳理整合，对消防学科建设要加大扶持力度，科学合理设置课程，适当增加管理类课程，积极培养消防管理人才；要扩大消防专业的社会影响力，加大宣传普及力度，鼓励高校开设消防专业课程，适当增加硕士、博士等专业消防人才的招收比例，吸引更多的优秀生源，不断提升消防专业的普及性及社会认可度。此外，作为消防高等教育体系的重要补充，要制定扶持政策鼓励职业消防教育机构的发展，在学科教育、岗位培训等方面大胆尝试，为社会培养结构合理、素质过硬的消防专业人才。要走出国门放远眼光，借鉴国外的先进经验，在消防技术、人才、装备、科研等方面不断加强同发达国家消防教育机构的国际交流合作，学习先进的消防技术、管理经验，为我国消防事业的发展培养更多高素质的人才。

第七章 建筑火灾与灭火原理

火灾是指在时间或空间上失去控制的燃烧所造成的灾害。当今，火灾是世界各国面临的一个共同的灾难性问题。火灾是当今世界上多发性灾害中发生频率较高的一种灾害，必须加以严格防控。

火灾可分为建筑火灾、石油化工火灾、交通工具火灾、矿山火灾、森林草原火灾等。其中建筑火灾发生的起数和造成的损失、危害居于首位。建筑火灾具有空间上的广泛性、时间上的突发性、成因上的复杂性、防治上的局限性等特点，其发生也是在人类生产生活活动中，由自然因素、人为因素、社会因素的综合效应而造成的非纯自然的灾害事故。随着经济社会的发展，科学技术的进步，建筑呈现向高层、地下发展的趋势，建筑功能日趋综合化，建筑规模日趋大型化，建筑材料日趋多样化，一旦发生火灾容易造成严重危害。新疆克拉玛依友谊馆、辽宁阜新艺苑歌舞厅、河南洛阳东都商厦、吉林市中百商厦、湖南常德桥南市场等特大火灾，损失惨重，教训深刻。为避免、减少建筑火灾发生，我们就必须研究它的发生、发展规律，总结火灾教训，采取消防措施，防患于未然。

第一节　建筑火灾的成因及危害

建筑火灾是指烧毁（损）建筑物及其容纳物品，造成生命财产损失的灾害。为了避免、减少建筑火灾的发生，必须了解建筑火灾的成因、危害性及特点，研究其发生、发展的规律，总结火灾教训，这样才能更好地进行防火设计，采取防火技术防患于未然，并指导消防救援人员更好地开展灭火救援，保障生命和财产安全。

随着我国经济的不断发展，工业化、城市化、市场化进程不断加快，各种致灾因素增多，使得建筑物火灾的危险性和复杂性增加，预防和扑救难度加大，造成的危害加重。各类超大规模的工业建筑和特殊的民用建筑大量涌现，特别是超高层建筑、地下大型建筑和石油化工易燃易爆场所迅速增多。这些建筑规模巨大、结构复杂，含有的可燃物品种类多、数量大，而且人员十分密集，极易发生大面积立体火灾；一旦发生火灾，扑救十分困难，很容易蔓延发展成群死群伤火灾并造成重大财产损失。同时，随着科学技术的发展，各种新材料、新能源、新工艺、新技术投入使用，又带来了许多新的火灾问题。

要从根本上防止和减少建筑火灾的发生，分析建筑火灾发生的原因就变得尤为重要，它是研究建筑防火的基础。

一、建筑火灾成因

事故都有起因，火灾也是如此。分析起火原因，了解火灾发生的特点，是为了更有针对性地运用技术措施，有效控火，防止和减少火灾危害。

（一）电气

电气火灾原因复杂，既涉及电气设备的设计、制造及安装，也与产品投入使用后的维护管理、安全防范相关。由于电气设备故障、电气设备设置或使用不妥、电气线路敷设不当及老化等造成的设备过负荷、线路接头接触不良、线路短路等是引起电气火灾的直接原因。例如，一些电子设备长期处于工作或通电状态，因散热不力，最终可能因过热导致内部故障而引发火灾。

（二）吸烟

点燃的香烟和未熄灭的火柴梗的温度可达到800℃，能引起许多可燃物质燃烧，在起火原因中，占有相当的比重。例如，将没有熄灭的烟头和火柴杆扔在可燃物中引起火灾；躺在床上，特别是醉酒后躺在床上吸烟，烟头掉在被褥上引起火灾；在禁止火种的火灾高危场所，因违章吸烟引起火灾。

（三）生活用火不慎

城乡居民家庭由于生活用火不慎可能引发火灾。如炊事用火中炊事器具设置不当，安装不符合要求，在炉灶的使用中违反安全技术要求等引起火灾；家中烧香祭祀过程中无人看管，造成香灰散落引发火灾等。

（四）生产作业不慎

生产作业不慎主要是指违反生产安全制度引起火灾。例如，在易燃易爆的车间内动用明火，引起爆炸起火；将容易起反应的物品混存在一起，引起燃烧爆炸；在用电焊焊接或切割时，因未采取有效的防火措施，飞溅出的大量火星熔渣引燃周围可燃物；在机器运转过程中，不按时加油润滑，或者没有清除附在机器轴承上面的杂质、废物，使机器由于摩擦发热，引起附着物起火；化工生产设备失修，出现可燃气体，以及易燃、可燃液体跑、冒、滴、漏，遇到明火燃烧或爆炸等。

（五）玩火

未成年人因缺乏看管，玩火取乐，也是造成火灾发生常见的原因之一。此外，燃放烟花爆竹也属于"玩火"的范畴。被点燃的烟花爆竹本身即是火源，稍有不慎，就会引发火灾，还会造成人员伤亡。我国每年春节期间火灾频繁，其中有70%～80%是由燃放烟花爆竹引起的。

（六）放火

放火主要是指由人为放火引起的火灾。一般是当事人以放火为手段达到某种目的。这类火灾为当事人故意为之，通常经过一定的策划准备，因而往往缺乏初期救助；火灾发展迅速，后果严重。

（七）雷击

雷电导致的火灾原因大体上有三种：一是雷电直接击在建筑物上发生热效应、机械效应等；二是雷电产生静电感应作用和电磁感应作用；三是高电位雷电波沿着电气线路或金属管道系统侵入建筑物内部。在雷击较多的地区，建筑物上如果没有设置可靠的防雷保护设施，便有可能发生雷击起火。

（八）不明火灾原因或其他

因建筑火灾成因上的复杂性，部分火灾原因在勘查条件被破坏、认定证据不充分、现有技术条件下无法认定，这种情况下的火灾可归为不明原因火灾。

二、建筑火灾的危害性

随着城市日益扩大，各种建筑越来越多，建筑布局及功能日益复杂，用火、用电、用气和化学物品的应用日益广泛，建筑火灾的危险性和危害性大大增加。

（一）危害生命安全

建筑物火灾会对人的生命安全构成严重威胁。一场大火，有时会吞噬几十人甚至几百人的生命。建筑火灾对生命的威胁主要来自以下几个方面。首先，建筑采用的许多可燃性材料或高分子材料，在起火燃烧时，会释放出一氧化碳、氰化物等有毒烟气，当人们吸入此类烟气后，将产生呼吸困难、头痛、恶心、神经系统紊乱等症状，严重时甚至威胁生命安全；其次，建筑火灾所产生的高温高热对人的肌体造成严重伤害，甚至致人休克、死亡。同时，火灾产生的浓烟将阻挡人的视线，进而对建筑内人员疏散和消防队员扑救带来严重影响，这也是导致火灾时人员死亡的重要因素。此外，因火灾造成的肉体损伤和精神伤害将导致受害人长期处在痛苦之中。再次，建筑物经燃烧，达到甚至超过了承重构件的耐火极限，导致建筑整体或部分构件坍塌，造成人员伤亡。

（二）造成经济损失

据统计，在各类场所火灾造成的经济损失中，建筑火灾造成的经济损失居首位。建筑火灾造成经济损失的原因主要有以下几个方面。首先，建筑火灾使财产化为灰烬，甚至因火势蔓延而烧毁整幢建筑内的财物；其次，建筑火灾产生的高温高热，将造成建筑结构的破坏，甚至引起建筑物整体倒塌；第三，建筑火灾产生的流动烟气，将使远离火焰的物品特别是精密仪器、纺织物等受到损坏，甚至无法再使用；第四，扑救建筑火灾所用的水、干粉、泡沫等灭火剂，不仅本身是一种资源损耗，而且会使建筑内的财物因遭受水渍、污染等产生损失。第五，建筑火灾发生后，建筑修复重建、人员善后安置、生产经营停业等，又会造成巨大的间接经济损失。

（三）破坏文明成果

历史保护建筑、文化遗址一旦发生火灾，除了会造成人员伤亡和财产损失外，还会损坏大量文物、典籍、古建筑等诸多的稀世瑰宝，对人类文明成果造成无法挽回的损失。

（四）影响社会稳定

事实证明，当学校、医院、宾馆、办公楼等人员密集场所发生群死群伤恶性火灾，或涉及粮食、能源、资源等有关国计民生的重要工业建筑发生大火时，极可能在民众中造成心理恐慌，进而影响社会的稳定。家庭是社会细胞，普通家庭生活遭受火灾的危害，也将在一定范围内造成负面影响，损害群众的安全感，影响社会的稳定。

（五）破坏生态环境

火灾的危害不仅表现为毁坏财物、残害人类生命，而且还会破坏生态环境。如，森林火灾的发生，会使大量的动物和植物灭绝，环境恶化，气候异常，干旱少雨，风暴增多，水土流失，导致生态平衡被破坏，引发饥荒和疾病的流行，严重威胁人类的生存和发展。

第二节　建筑火灾的发展及蔓延

建筑火灾的发展与其他事物一样具有一定的规律及特点。研究不同建筑火灾的发展规律及蔓延特点，进而有针对性地采取一系列建筑防火对策，最大限度地降低建筑火灾损失和人员伤亡，是建筑防火的重要措施。

一、建筑火灾的发展过程、特点及相应防火措施

建筑火灾与其他类型火灾一样，在通常情况下，都有一个由小到大、由发展到熄灭的过程。与可燃液体和可燃气体火灾相比，建筑火灾阶段区别更明显，特点更

突出。

建筑火灾最初都发生在室内的某个房间或某个部位，然后由此蔓延到相邻的房间或区域，以及整个楼层，最后蔓延到整个建筑物。根据室内火灾温度随时间的变化特点，可以将建筑火灾发展过程分为三个阶段，它们分别是初期增长阶段、充分发展阶段、衰减阶段。火灾发展三个阶段各自持续时间的长短，温度变化的快慢，都是由当时的燃烧条件所决定，是千差万别的，但每一阶段都有其自身的规律及特点。

（一）建筑火灾的初期增长阶段及防火措施

1. 火灾初期增长阶段的发展过程及特点

室内发生火灾后，最初只是起火点周围的可燃物着火燃烧，这时燃烧就好比在敞开的空间里进行一样，起火点处局部温度较高，燃烧面积不大，室内各点的温度极不平衡，燃烧大多比较缓慢。由于受到室内可燃物的燃烧性能、分布以及建筑通风、散热等条件的影响，初期增长阶段的燃烧有可能形成灾害，也有可能中途自行熄灭，一般会出现下列三种情况之一：

（1）最初着火的可燃物质烧完，而未涉及其他的可燃物质，燃烧自动终止，这种情况多半出现在初始着火的可燃物处于隔离的情况下。

（2）如果通风不足，则火灾可能由于缺氧而自行熄灭，或受到通风供氧条件的支配，以很慢的燃烧速度继续燃烧。

（3）如果存在足够的可燃物质，而且具有良好的通风条件，则火灾迅速发展到整个房间，使房间中所有可燃物（家具、衣服、可燃装修等）卷入燃烧之中，从而使室内火灾进入充分发展的猛烈燃烧阶段。

概括起来，火灾初期增长阶段的特点主要是燃烧范围不大，火灾仅限于初始起火点附近；室内温度差别大，平均温度低，在燃烧区域及其附近温度较高，其他部位温度低；火灾发展速度较慢，火势不稳定；火灾持续时间因起火原因、可燃物质的性质和分布、建筑物通风条件等的影响而长短有别。

2. 相应建筑防火措施

（1）严控建筑材料关

在火灾初期增长阶段，起火点的燃烧是否能发展成为灾害，与可燃物的燃烧性能、数量及分布有着极大的关系。因此在选择建筑材料时，应严格把关，尽可能选择不燃或难燃的建筑材料，少采用可燃或易燃的建筑材料。当选择了少量可燃或易燃性建筑材料时，应采取相应的防火处理措施，变可燃、易燃材料为难燃建筑材料。对于建筑室内的可燃或易燃物品，要采取一定的防火隔离措施，控制火灾燃烧范围。

（2）适当设置建筑消防设施

由火灾初期增长阶段的特点可见，该阶段是灭火的最有利时机。如果能在火灾初期增长阶段及时发现并控制火灾，火灾损失就会大大降低。为此，应在一些建筑物内设置火灾自动报警系统，保证及时发现火灾；另外，还应根据建筑物的火灾危险性及重要性程度，适当在建筑物内设置相应的灭火设施，如消防水喉、灭火器、室内外消火栓、自动灭火设施等，使火灾在初期增长阶段就得到控制或扑灭。

（3）完善建筑疏散设施

火灾初期增长阶段，燃烧范围小，火灾产生的温度不高，烟雾也较少，所以此阶段也是人员疏散的最有利时机。如果火灾时人员在初期增长阶段不能及时疏散，那么生命就会受到火势威胁，安全难以得到保障。为使人员在火灾发生时能安全迅速地撤离火灾现场，到达安全区域，建筑应有较完善的疏散设施。

（二）建筑火灾的充分发展阶段

1. 火灾充分发展阶段的发展过程及特点

建筑室内火灾持续燃烧一定时间后，燃烧范围不断扩大，温度升高，室内的可燃物在高温的作用下，不断分解释放出可燃气体，当房间内温度达到400～600℃时，室内绝大部分可燃物起火燃烧，这种在限定空间内可燃物的表面全部卷入燃烧的瞬变状态，即为轰燃。轰燃的出现是燃烧释放的热量在室内逐渐累积与对外散热共同作用、燃烧速率急剧增大的结果。影响轰燃发生的最重要的两个因素是辐射和对流情况，即建筑室内上层烟气的热量得失。通常，轰燃的发生标志着室内火灾进入充分发展阶段。

轰燃发生后，室内可燃物出现全面燃烧，可燃物热释放速率很大，室温急剧上升，并出现持续高温，温度可达800～1000℃。然后，火焰和高温烟气在火风压的作用下，会从房间的门窗、孔洞等处大量涌出并向上蔓延。轰燃的发生标志了房间火势的失控，同时，产生的高温会对建筑物的材料及结构造成严重影响。但不是每个火场都会出现轰燃，大空间建筑、比较潮湿的场所就不易发生。

火灾充分发展阶段的特点为：

（1）轰燃现象出现，温度接近直线上升，并达到最高值

轰燃现象发生后，房间内所有可燃物都在猛烈燃烧，放热速度加快，因而房间内温度升高很快，火场温度接近直线上升，并达到最高点，最高温度可达1100℃。

（2）燃烧稳定，可燃物燃烧速度接近不变

可燃物燃烧速度指的是单位时间内烧掉的可燃物数量（重量减少量）。在我国，城镇建筑绝大多数都为钢筋混凝土结构建筑，耐火程度都比较高。房间起火后，由于其四周墙壁、楼板、地面等建筑构件坚固，耐火极限较高，一般不会被烧穿，因而发生火灾时房间通风开口面积大小并没有多大变化。火灾充分发展阶段的燃烧速度主要是由门窗洞口等开口面积的大小来决定，通风开口面积变化不大，单位时间内从室外补充进来的空气量接近不变，所以此阶段室内火灾燃烧稳定，可燃物燃烧速度（单位时间内重量减少量）接近不变。

（3）持续时间长短与起火原因无关

火灾充分发展阶段持续时间长短主要由可燃物的数量、燃烧速度决定，由建筑通风情况控制，而与起火原因无关。在可燃物数量一定的情况下，如果建筑开口面积较大，通风良好，可燃物燃烧速度较快，火灾持续时间就短；反之，火灾持续时间就长。在火灾充分发展阶段，由于燃烧猛烈，可燃物燃烧速度都比其他两个阶段快，

所以此阶段烧掉的可燃物数量所占比例很大，约占整个火灾烧掉总数的 80% 以上。

2. 相应建筑防火措施

为了减少火灾损失，针对火灾充分发展阶段的特点，在建筑防火设计中应采取的主要措施是：在建筑物内设置具有一定耐火性能的防火分隔物（如防火墙、防火卷帘、消防水幕等），划分防火分区，把火灾控制在一定的范围之内，防止火灾大面积蔓延；选用耐火程度较高的建筑结构作为建筑物的承重体系，确保建筑物发生火灾时不倒塌，为火灾时人员疏散、消防队扑救火灾、火灾后建筑物修复继续使用创造条件，使火灾损失降低到最低限度。

（三）建筑火灾的衰减阶段

1. 火灾衰减阶段的发展过程及特点

在火灾充分发展阶段后期，随着室内可供燃烧的可燃物数量不断减少，火灾燃烧速度缓慢递减，温度逐渐下降，当火场平均温度下降到最高温度的 80% 时，标志着火灾发展进入了衰减阶段。随后，房间温度下降明显，当房间内全部可燃物被烧光，室内与室外温度达到相同时，宣告火灾结束。

虽然火灾衰减阶段燃烧没有发展阶段那样猛烈，但从火灾发展的整个过程来看，火场仍存有大量未熄灭的灰烬，使得火场在一定时间内依然保持着高温状态，热辐射也强，同样存在着建筑物遭受坍塌破坏和火灾向其他部位蔓延的危险。

火灾衰减阶段温度下降速度与前两个阶段的火灾持续时间有关。前两个阶段火灾持续时间长，温度下降速度慢；反之，温度下降速度快。根据火灾试验表明，持续时间在 1h 以下的，火灾温度下降速度大约是每分钟 12℃；持续时间在 1h 以上的，火灾温度下降速度大约是每分钟 8℃。

火灾充分发展阶段和衰减阶段是通风良好情况下室内火灾的自然发展过程。实际上，一旦室内发生火灾，常常伴有人为的灭火行动或自动灭火设施的启动，因此会改变火灾的发展过程。不少火灾尚未发展就被扑灭，这样室内就不会出现破坏性的高温。如果灭火过程中，可燃材料中的挥发成分并未完全析出，可燃物周围的温度在短时间内仍然较高，易造成可燃挥发成分再度析出，一旦条件合适，可能会出现死灰复燃的情况，这种情况不容忽视。

2. 衰减阶段灭火时应注意的事项

衰减阶段前期，燃烧仍十分猛烈，火灾温度依然很高。因此，灭火时，强调注意以下两个方面：

（1）防止建筑构件因长时间受高温作用和灭火射水的冷却作用而使建筑构件出现裂缝、下沉、倾斜甚至倒塌破坏，这些破坏会威胁消防人员的人身安全。

（2）全面清除火场余火，防止死灰复燃，防止向相邻建筑蔓延。

（四）影响建筑火灾严重性的因素

建筑火灾严重性是指在建筑中发生火灾的大小及危害程度。火灾严重性取决于火灾达到的最高温度和在最高温度下燃烧持续的时间，它表明了火灾对建筑结构或建筑造成损坏和对建筑中人员、财产造成危害的程度。

火灾严重性与建筑的可燃物或可燃材料的数量、材料的燃烧性能以及建筑的类型、构造等有关。影响火灾严重性的因素大致有以下6个方面：

（1）可燃材料的燃烧性能。
（2）可燃材料的数量。
（3）可燃材料的分布。
（4）房间开口的面积和形状。
（5）着火房间的大小和形状。
（6）着火房间的热性能。

前三个因素主要与建筑及容纳物品的可燃材料有关，而后三个因素主要涉及建筑的布局。影响建筑火灾严重性的各种因素是相互联系、相互影响的。从建筑结构耐火性而言，减小火灾严重性就是要限制火灾发生、发展和蔓延成大火的因素，根据各种影响因素合理选用材料、布局、结构设计及构造措施，达到限制发生重大火灾的目的。

二、建筑火灾蔓延的形式及途径

火灾蔓延的实质是热的传播。建筑火灾蔓延的形式和途径都比较复杂。

（一）建筑火灾蔓延的形式

热量传递有三种基本方式，即热传导、热对流和热辐射。建筑火灾中，燃烧物质所放出的热量通常是以上述三种方式来传播，并影响火势蔓延和扩大的。热量传播的形式与起火点、建筑材料、物质的燃烧性能和可燃物的数量等因素有关。

1. 热传导

热传导又称为导热，属于接触传热，是连续介质就地传递热量而又没有各部分之间相对的宏观位移的一种传热方式。从微观角度讲，之所以发生导热现象，是由于微观粒子（分子、原子或它们的组成部分）的碰撞、转动和振动等热运动而引起能量从高温部分传向低温部分。在固体内部，只能依靠导热的方式传热；在流体中，尽管也有导热现象发生，但通常被对流运动掩盖。不同物质的导热能力各异，通常用热导率，即单位温度梯度时的热通量来表示物质的导热能力。同种物质的热导率也会因材料的结构、密度、湿度、温度等因素的变化而变化。

对于起火的场所，热导率大的材料，由于受到高温作用能迅速加热，又会很快地把热能传导出去，在这种情况下，就可能引起没有直接受到火焰作用的可燃物质发生燃烧，利于火势传播和蔓延。建筑中各种物质的导热性能不同，一般金属都是热的良导体，玻璃、木材、棉毛制品、羽毛、毛皮以及液体和气体都是热的不良导体，石棉的导热性能极差，常作为绝热材料。建筑中间隔墙一侧着火，钢筋混凝土楼板下面着火或通过管道及其他金属容器内部的高热，会将热量由墙、楼板、管壁等的一侧表面传到另一侧表面，使靠近墙、管壁或堆放在楼板上的可燃物升温自燃，造成火灾蔓延。

2. 热对流

热对流是液体或气体中较热部分和较冷部分之间通过循环流动使温度趋于相同的过程。对流是液体和气体中热传递的特有方式，气体的对流现象比液体明显。对流可分为自然对流和强迫对流两种。自然对流往往自然发生，是由于温度不均匀而引起的。强迫对流是由于外界的影响对流体搅拌而形成的。加大液体或气体的流动速度，能加快对流传热。火灾条件下，室内的热烟气与室外空气密度不同，热烟气轻，室外空气重，形成压力差，产生一种浮力，热烟气向上升腾，由窗口上部流出室外，室外空气则由窗口下部补充进室内，新鲜空气经燃烧、受热膨胀后，又向上升腾，这样不断循环，形成热对流现象。热对流会引起热烟气所经路线上的可燃物着火。

建筑发生火灾过程中，一般来说，通风孔洞面积越大，热对流的速度越快；通风孔洞所处位置越高，对流速度越快。热对流对初期火灾的发展起重要作用。

3. 热辐射

物体因自身的温度而具有向外发射能量的本领，这种热传递的方式称为热辐射。热辐射虽然也是热传递的一种方式，但它与热传导、热对流不同，它能不依靠媒介质把热量直接从一个系统传给另一系统。热辐射以电磁辐射的形式发出能量，温度越高，辐射越强。辐射的波长分布情况也随温度而变：在温度较低时，主要以不可见的红外光进行辐射；在500℃甚至更高的温度时，则顺次发射可见光以至紫外光辐射。热辐射是远距离传热的主要方式。建筑中室内着火点附近的可燃物，虽然没有与火焰直接接触，也没有中间导热体作媒介，但通过热辐射也能着火燃烧。

火场上的火焰、烟雾都能辐射热能，辐射热能的强弱取决于燃烧物质的热值和火焰温度。物质热值越大，火焰温度越高，热辐射也越强。辐射热作用于附近的物体上，能否引起可燃物质着火，要看热源的温度、距离和角度。

（二）建筑火灾蔓延的途径

建筑物内某一房间发生火灾，刚开始往往只是局部燃烧，随着火势增大，发展到轰燃以后，火灾就会通过建筑物的薄弱环节突破该房间的限制向其他空间蔓延，甚至蔓延到整个楼层。如果建筑物之间间距较小，火灾还会由一幢建筑物蔓延到其他相邻建筑物，形成大面积火灾。

建筑物内发生火灾，会因未设防火分区、洞口分隔不完善或通过可燃的隔墙、顶棚等使热烟气流沿水平方向蔓延，或通过楼梯间、管道竖井、外墙窗口进行竖向蔓延，也可能通过空调系统管道蔓延。

大量火灾实例表明，火灾从起火部位向其他部位蔓延的途径主要有以下几个方面。

1. 内墙门

着火的房间，开始时往往只有一个，而火最后蔓延到整个楼层，甚至整幢建筑物，其原因大多是因为内墙的门没有能把火挡住，火烧穿内墙门，蹿到走廊，再通过相邻房间的门进入邻间引起燃烧。通常走廊内即使没有可燃物，高温热气流和未完全燃烧产物的扩散，仍能把火灾蔓延到相距较远的房间。

2. 房间隔墙

房间隔墙如果采用可燃材料建造，或者虽然采用了不燃、难燃材料建造，但耐火性能较差，火灾时易被烧穿或无法隔火，相邻房间靠墙的可燃物，可能会因为火焰接触燃烧或墙的导热及辐射而自燃着火，使火势蔓延到相邻房间。

3. 楼板孔洞

由于使用功能的需要，建筑物中设有许多竖向管井和开口部位，如楼梯井、电梯井、管道井、电缆井、垃圾井、通风和排烟井等。这些竖井管道和开口部位贯穿若干楼层，甚至整幢大楼。建筑物发生火灾时，会产生烟囱效应，据测定，高温烟气在竖向管井中向上蔓延的速度可达 3~5m/s，造成火势在短时间内迅速向上层蔓延，甚至引起立体燃烧。

4. 穿越楼板、墙壁的管道和缝隙

室内发生火灾，物质燃烧后形成的正压，会促使火焰和热气流通过该室内的任何孔洞缝隙，如玻璃幕墙缝隙，各类管道穿越楼板、墙壁的缝隙等，将火势蔓延出去。此外，穿过房间的干式金属管道在火灾高温作用下，有时也会因热传导而将热量传到相邻或上层房间的一侧，引起相邻或上层房间着火。

5. 闷顶

建筑闷顶内着火，或火势通过闷顶的人孔、住人闷顶的楼梯等开口部位进入闷顶内部时，由于闷顶内往往没有防火分隔，空间较大，很容易使火势沿水平方向蔓延，并通过闷顶内的孔洞向四周及下部的房间蔓延，且在蔓延的过程中不易被发现。

6. 外墙窗口

室内火灾进入到充分发展阶段，会有大量的高温烟气和火焰喷出窗口，能将上层窗口烧穿或直接通过打开的上层窗口引燃室内可燃物，造成火势向上层蔓延。外墙窗口喷出的高温烟气、火焰除了造成建筑物层间蔓延之外，高温火焰的热辐射还对相邻建筑物及其他可燃物构成威胁。

（三）烟气流动的驱动力

建筑发生火灾时，烟气流动的方向通常是火势蔓延的一个主要方向。一般500℃以上热烟所到之处，遇到的可燃物都有可能被引燃起火。

烟气流动的驱动力包括室内外温差引起的烟囱效应、外界风的作用、通风空调系统的影响等。

1. 烟囱效应

当建筑物内外的温度不同时，室内外空气的密度随之出现差别，这将引发浮力驱动的流动。如果室内空气温度高于室外，则室内空气将发生向上运动，建筑物越高，这种流动越强。竖井是发生这种现象的主要场合，在竖井中，由于浮力作用产生的气体运动十分显著，通常称这种现象为烟囱效应。在火灾过程中，烟囱效应是造成烟气向上蔓延的主要因素。

2. 火风压

火风压是指建筑物内发生火灾时，在起火房间内，由于温度上升，气体迅速膨胀，对楼板和四壁形成的压力。火风压的影响主要在起火房间，如果火风压大于进风口的压力，则大量的烟火将通过外墙窗口，由室外向上蔓延；若火风压等于或小于进风口的压力，则烟火便全部向内部蔓延，当烟火进入楼梯间、电梯井、管道井、电缆井等竖向孔道以后，会大大加强烟囱效应。

烟囱效应和火风压不同，它能影响全楼。多数情况下，建筑物内的温度大于室外温度，所以室内气流总的方向是由下而上的，即正烟囱效应。起火层的位置越低，影响的层数越多。在正烟囱效应下，若火灾发生在中性面（室内压力等于室外压力的一个理论分界面）以下的楼层，火灾产生的烟气进入竖井后会沿竖井上升，一旦升到中性面以上，烟气不但可由竖井上部的开口流出来，也可进入建筑物上部与竖井相连的楼层；若中性面以上的楼层起火，当火势较弱时，由烟囱效应产生的空气流动可限制烟气流进竖井，如果着火层的燃烧强烈，则热烟气的浮力足以克服竖井内的烟囱效应，仍可进入竖井而继续向上蔓延。因此，对高层建筑中的楼梯间、电梯井、管道井、天井、电缆井、排气道、中庭等竖向孔道，如果防火处理不当，就形同一座高耸的烟囱，强大的抽拔力将使火沿着竖向孔道迅速蔓延。

3. 外界风的作用

风的存在可在建筑物的周围产生压力分布，而这种压力分布能够影响建筑物内的烟气流动。建筑物外部的压力分布受到多种因素的影响，其中包括风的速度和方向、建筑物的高度和几何形状等。风的影响往往可以超过其他驱动烟气运动的力（自然和人工）。一般来说，风朝着建筑物吹过来会在建筑物的迎风侧产生较强的阻止压力，这可增强建筑物内的烟气向下风方向的流动。

三、各类型建筑的火灾蔓延特点

（一）不同用途建筑的火灾蔓延特点

建筑物按用途的不同可分为民用建筑和工业建筑两大类。

民用建筑室内存放的物品一般多为生活物品、办公物品与装修、装饰物品，绝大多数都是有机可燃物品，其燃烧时表现出来的高温性能基本相似。因此，民用建筑发生火灾时一般都会明显地经历火灾初期增长阶段、充分发展阶段和衰减阶段，表现出单一性的火灾特点。

工业建筑主要包括厂房和库房（仓库）两大类。厂房的火灾特点主要取决于生产过程中所使用的原材料、生产加工的产品种类的火灾危险性大小以及其生产工艺流程。如石油化工生产，大多是在高温高压状态下进行的各种理化反应，一旦发生火灾，通常是先爆炸后着火，有时则是先着火后爆炸，甚至发生多次爆炸。库房的火灾特点主要取决于库房内储存物资的数量和性质。当库房内存放的是难燃或不燃物资时，其火灾危险性就比较小，一般不易起火，或是即使起火了也比较容易控制；当库房内存放的是可燃物资时，其火灾特点与民用建筑基本相似，一般都要经历火灾的三个阶段，只是可燃物数量大时火灾蔓延速度快、燃烧猛烈、火场温度高、建筑会被烧得严重变形而倒塌；当库房内存放的是易燃易爆化学危险物品时，其火灾则表现出燃烧伴随爆炸、爆炸伴随燃烧的特点，这种火灾一般比较难控制，扑救难度大，火灾产生的破坏力极强，建筑往往会遭受到毁灭性的破坏，火灾损失极大。从以上分析可以看出，相比较民用建筑而言，工业建筑火灾表现出了多样性的特点。

（二）不同形式建筑的火灾蔓延特点

1. 高层建筑的火灾蔓延特点

高层建筑火灾除具有一般建筑火灾的典型特征外，还具有其突出特点，主要表现为以下三点：

（1）火势发展过程特征明显，易形成立体火灾

高层建筑火灾的发展和蔓延特点突出，一般具有火灾初期增长、充分发展和衰减三个阶段，而且由于火势蔓延途径多，影响火势蔓延的因素复杂，如在初期增长阶段火势得不到有效控制，极易形成立体火灾。随着燃烧时间的持续，高层建筑房间的室温不断升高，当其室内上层气温达到400～600℃时，会发生轰燃，使火灾进入充分发展阶段。在这一阶段，室内可燃物全部着火，房间或防火分区内充满浓烟、高温和火焰。在火风的作用下，浓烟、高温和火焰从开口处喷出，沿走道迅速向水平方向蔓延扩散；同时，由于烟囱效应的作用，火势通过电梯井、共享空间、玻璃幕墙缝隙等途径迅速向着火层的上层蔓延，甚至出现跳跃式燃烧。另外，火势还会突破外窗向上层延烧。

（2）影响火灾蔓延因素复杂，火灾持续时间长

影响高层建筑火灾发展蔓延的因素有火风压、烟囱效应、热对流、热辐射、轰燃、风力等。这些因素的存在使高层建筑火灾发展蔓延迅速，且火势难以控制。同时，高层建筑，尤其是超高层建筑，一般都处于城市的黄金地段，是城市的标志性建筑。这样的建筑装修考究，室内大量采用了可燃、易燃装修材料，燃烧物质较多，一旦发生火灾持续时间较长。

（3）人员疏散和火灾扑救困难

因为高层建筑楼层多、垂直距离大，被困人员疏散距离长，所用的疏散时间长，而高层建筑的火灾蔓延又比较迅速，火灾初期增长阶段一般较短，所以高层建筑发生火灾时人员疏散困难；同样因为高层建筑楼层多、垂直距离大，凭我国现有的灭火技术装备很难做到有效地控制火灾，火灾扑救工作难度大，特别是当火灾发生在上部楼层时，这一问题就变得更为突出。

2. 地下建筑的火灾蔓延特点

地下建筑处于室外地面以下，仅通过通道和出入口与地面连接，通风条件差，火灾时烟雾很快充满地下空间并难以排出，表现出难排烟、难排热的特点。因为难

排烟，大量烟雾就会遮挡人的视线，并使人中毒；因为排热难，高温会使人的生理机能下降，行动缓慢，所以地下建筑火灾易造成大量人员伤亡。地下建筑出入口的布置形式和数量、内部空间的大小、通过设施的完善状况等因素决定着地下建筑内风的流动状态和火势发展蔓延的快慢。上述因素也造成地下建筑火势发展蔓延情况复杂，发生火灾时人员疏散、火灾扑救异常困难。

3. 大跨度建筑的火灾蔓延特点

大跨度建筑，如影剧院、礼堂、体育馆、大型工业厂房等，一般都采用钢结构作为承重结构。钢材虽为不燃性建筑材料，但其强度会随着温度的升高而迅速降低。试验证明，当温度达到400℃时，钢材的强度会下降至原来的一半；而当温度达到800℃时，其强度就会完全消失。一般情况下，火灾现场的温度一般都在800℃甚至1000℃以上，在这样高的温度下钢结构的承载能力会迅速下降，致使钢结构产生过大变形而坍塌破坏，并且这种坍塌往往没有任何预兆。故大跨度钢结构建筑在火灾时表现出了突发性坍塌破坏的特点。

四、火灾中建筑结构的倒塌与破坏

（一）建筑结构倒塌破坏的原因

1. 高温作用

在火灾情况下，木质结构表面炭化，削弱了承载截面；钢结构因受热产生塑性变形；硅酸盐砌块因内部热分解而松散；预应力钢筋混凝土结构因受热失去预加应力；钢筋混凝土因受热造成抗拉、抗压强度下降，特别是保护层因受热发生剥落，甚至出现钢筋与混凝土剥离现象等；这些情况都会导致构件的承载力降低。

2. 爆炸作用

火灾时，建筑物内发生爆炸，其产生的冲击波、压力波和震动会破坏建筑物的主要承重构件和结构的稳定性，导致建筑物发生局部破坏和整体倒塌。

3. 附加荷载

上部结构局部倒塌后重压在下部楼板上；灭火时用水过量，楼层内大量积水未能及时排除；室内储存物品，如棉花、纸张等，大量吸收灭火用水；进入着火建筑物内的人员过多等；这些情况都能导致建筑物活荷载加大，当超过建筑物构件的承载能力时，建筑结构便会发生倒塌。

4. 冷热骤变

处于高温状态下的建筑结构材料，在消防射流的作用下，会造成结构表面收缩开裂或变形，特别是钢结构构件局部过热遇水骤冷时会发生较大变形，使钢结构失去静态平衡稳定性，导致结构整体倒塌失效。

5. 外力冲击

火场上使用大口径水枪（炮）对承重构件进行直接冲击，或使用大型机械设施疏散重要物资和清理现场时，若意外冲（撞）击了承重柱或承重墙，则可能会导致建筑结构局部或整体倒塌。

（二）建筑结构倒塌破坏的规律

根据对火灾情况下建筑结构倒塌破坏的大量调查研究和分析，建筑结构倒塌破坏有其自身的规律。

（1）建筑结构倒塌破坏的次序一般是先顶棚，后屋顶，最后是墙柱。

（2）木结构和钢结构建筑都易于发生倒塌破坏，而且破坏来得早，来得突然。

（3）木结构屋顶一般很少发生整体坍塌，大多是局部破坏；钢结构屋顶易发生整体坍塌或大部分破坏。

（4）在结构形式中，简支结构件、悬梁构件等静定结构比连续梁等超静定结构易于发生倒塌破坏；三铰薄壳结构屋顶的坍塌破坏大多是整片的；桁架结构在火灾条件下不仅破坏发生得早，而且往往是大面积破坏。

（5）预制楼板、砖墙的混合结构，装配式钢筋混凝土结构，现浇混凝土无梁的板柱结构，以及单跨单层的砌体且缺乏横墙的结构等，易发生连续倒塌。

（三）建筑结构倒塌破坏的征兆

建筑结构倒塌除了由于爆炸所引起、发生的瞬间外，一般都要经过一定的燃烧时间，室内也必然存在着较高的温度。因此，建筑结构坍塌破坏前会出现一些征兆。

1. 结构变形

建筑结构变形，表明建筑物正在逐步失去原有的承载能力和稳定性。如建筑结构部分或整体倾斜、承重钢构件大幅度弯曲、承重墙墙面外鼓或出现较大裂缝、楼板下沉、墙体或楼板变形造成玻璃幕墙成片破碎等，这些都是建筑物发生倒塌破坏前的重要征兆。

2. 异常声响

建筑结构倒塌破坏前，一般会发出咔嚓咔嚓或叽叽嘎嘎的声响，且声音由小到大，直到倒塌破坏发生。

火场上，一旦发生上述异常情况，要及时采取有力措施，包括采取紧急撤退行动等，以避免人员伤亡。

第三节　建筑火灾的基本消防对策

在研究建筑火灾的发生、发展、扩大蔓延规律的基础上，采取相应的防控技术措施，阻止火势蔓延，把火灾控制在最小范围内，最大限度地减少人员伤亡和火灾损失，是当前设计、施工单位以及监督部门亟待研究和解决的新课题。

一、建筑防火措施技术的分类

建筑防火是一门研究如何预防、控制建筑火灾危害的课题，是人类在长期与火灾的斗争中，在建筑设计时采用的防火技术措施的总结。这些防火技术措施总体可归纳为防火技术、避火（逃生、疏散）技术、控火技术、耐火技术。在设计过程中依靠建筑设计、结构设计、采暖通风设计和电气设计等相关专业人员共同完成。

（一）防火技术

防止火灾发生的技术，如建造中采用非燃性建筑材料，易燃易爆场所设置防爆电气、防火地面，电气线路的连接和电气设备的安全要求，各种热流装置的控制要求等。

（二）避火技术

在火灾发生时，人员安全脱离火场的技术，例如，火灾的探测，合理设置疏散通道、疏散设施和安全出口，设置声光警报等。避火技术为火灾时人员逃生创造安全条件。

（三）控火技术

一是把火灾控制在初期增长阶段，如安装火灾自动报警器、自动灭火系统，进行初期有效的扑救；二是把火灾控制在较小范围，如在建筑物平面和竖向设置防火分隔，划分防火分区，在建筑物之间留有一定防火间距，切断火灾蔓延的途径，减少成灾面积。

（四）耐火技术

即加强建筑构件的耐火稳定性，使其在火灾中不致失效，尤其是不能发生整体倒塌。

随着建筑火灾的发展，要采取相应的防火措施加以控制。

二、建筑消防措施

（一）被动防火措施

1. 按要求设置防火间距

防火间距是指两幢建（构）筑物之间，保持适应火灾扑救、人员安全疏散和降低火灾时热辐射等的必要间距。为了防止建筑物间的火势蔓延，各幢建筑物之间留出一定的距离是非常必要的。这样能减少辐射热的影响，避免相邻建筑物被烤燃，并可为疏散人员和灭火提供必要场地。影响防火间距的主要因素有：①热辐射；②热对流；③建筑物外墙开口面积；④建筑物内可燃物的性质、数量和种类；⑤风速；⑥相邻建筑物的高度；⑦建筑物内消防设施的水平；⑧灭火时间。

2. 满足耐火等级要求

为了保证建筑物的安全，应使建筑具有一定的耐火性，即使发生火灾，也不至于造成太大的损失。通常用耐火等级来表示建筑物所具有的耐火性。一幢建筑物的耐火等级不是由一两个构件的耐火性决定的,而是由组成建筑物的所有构件的耐火性决定的,即由组成建筑物的墙、柱、梁、楼板等主要构件的燃烧性能和耐火极限决定的。

3. 设置防火分区

防火分区是指采用防火分隔措施划分出的、能在一定时间内防止火灾向同一建筑的其余部分蔓延的局部区域(空间单元),主要通过建筑面积确定。通过划分防火分区这一措施,一旦建筑物发生火灾,可以有效地把火势控制在一定的范围内,减少火灾损失,同时可以为人员安全疏散、消防扑救提供有利条件。防火分区主要是通过在一定时间内阻止火势蔓延,且把建筑物的内部空间分隔成若干较小防火空间的防火分隔设施来实现的。常用的防火分隔设施有防火墙、防火门、防火卷帘等。

4. 确保消防扑救条件

建筑的消防扑救条件可根据消防通道和消防扑救面的实际情况进行衡量。消防通道的衡量标准包括有无穿越建筑的消防通道、环形消防车道以及消防电梯等。消防通道的畅通及完备可以保证火灾时消防车辆能够顺利到达火场,使消防员能迅速开展灭火,及时扑灭火灾,最大限度地减少人员伤亡和火灾损失。在实际建筑中,消防车道一般可与交通道路、桥梁等综合布置。消防扑救面是指登高消防车能靠近主体建筑,便于消防车辆作业和消防员进入建筑进行抢救人员和扑灭火灾的建筑立面。

5. 设置防火分隔设施

常用的防火分隔设施有防火墙、防火门、防火卷帘等。在通过消防设计审核和验收之后,防火墙基本上就不会发生变化。而防火门和防火卷帘即使在消防设计审核和验收之后,在实际运行时也有可能出现一些问题。包括:常闭防火门未关闭或关闭不严,防火门损坏;防火卷帘下方堆放物品,或维护保养不及时致使滑轨锈蚀,造成防火卷帘无法达到预定位置;常开防火门由于控制系统损坏或出现故障,紧急情况下无法关闭。如果出现上述问题,防火分区将不能达到预定的消防设计要求,也就无法达到发生火灾时防止火灾蔓延的目的。

(二)主动防火措施

1. 设置灭火器材

灭火器材在很大程度上相当于一线卫士,担负着扑灭或控制初期火灾的重任。灭火器材的配置是否符合要求,是否及时维护以保持其完好可用,都将决定着潜在火势的发展状况。根据《建筑灭火器配置设计规范》,民用建筑灭火器配置场所的危险等级,根据其使用性质、火灾危险性、可燃物数量、火灾蔓延速度以及扑救难易程度等因素,划分为以下三级:

(1)严重危险级

功能复杂、用电用火多、设备贵重、火灾危险性大、可燃物多、起火后蔓延迅速或容易造成重大火灾损失的场所。

（2）中危险级

用电用火较多、火灾危险性较大、可燃物较多、起火后蔓延迅速的场所。

（3）轻危险级

用电用火较少、火灾危险性较小、可燃物较少、起火后蔓延较慢的场所。

2. 设置消防给水系统

消防给水系统完善与否，直接影响火灾扑救的效果。许多大火失去控制，造成严重后果的情况，都与消防给水系统不完善、火场缺水有密切关系。

3. 设置火灾自动报警系统

火灾自动报警系统是一套不需要人工操作的智能化系统。一旦建筑物内某个部位发生火灾，火灾探测器就可以检测到现场的火焰、烟雾、高温和特有气体等信号，并转换成电信号，经过与正常状态阈值比较后，给出火灾的报警信号，并通过自动报警控制器上的报警显示器显示出来，告知值班人员哪个部位失火，同时通过自动报警控制器启动报警装置报警。火灾探测器是火灾自动报警系统的重要组成部分，它分为感烟火灾探测器、感温火灾探测器、气体火灾探测器、感光火灾探测器四种。在实际应用中，根据火灾的特点、安装场所的环境特征、房间高度等因素选择合适的探测器，以达到及时、准确报警的目的。

4. 设置防烟排烟系统

防烟、排烟的目的是及时排除火灾产生的大量烟气，阻止烟气向防烟分区外扩散，确保建筑物内人员的顺利疏散和安全避难，并为消防救援创造有利条件。建筑物内的防烟、排烟系统是保证建筑物内人员安全疏散的必要条件。排烟方式主要有机械排烟和自然排烟两种；防烟方式主要有固体防烟、加压送风防烟和空气流防烟三种。在进行排烟的同时还必须进行补风，因为排烟过程是烟气与空气对流转换的过程。补风口的面积必须足够大，且应分布合理，否则还容易造成烟气与空气的掺混，达不到预定的排烟效率。另外，如果补风口过于靠近火源，还可能造成燃烧强度的增大。

5. 设置自动灭火系统

此处的自动灭火系统主要是指水自动灭火系统，是以水为主要灭火介质的灭火系统。它具体包括自动喷水灭火系统、水喷雾灭火系统、细水雾灭火系统和水炮灭火系统。同样，随着建筑领域的巨大变化，相应灭火系统的选择也更加多样化，设计者必须根据建筑物的功能、布局、结构特点，选择高效、经济、合理的灭火系统，才能有效地扑灭火灾。

6. 设置疏散设施

疏散设施的目的主要是使人员能从发生事故的建筑物中迅速撤离到安全部位（室外或室内避难层、避难间等），及时转移室内重要的物资和财产，同时，尽可能地减少火灾造成的人员伤亡与财产损失，并为消防人员提供有利的灭火救援条件等。因此，保证安全疏散是十分必要的。建筑物中的安全疏散设施，如楼梯、疏散走道和门等，是依据建筑物的用途、人员的数量、建筑物面积的大小以及人们在火灾时的心理状态等因素综合考虑设计的。因此,要确保这些疏散设施的完好有效,从而保障建筑物内的人员和物资安全疏散,减少火灾造成的人员伤亡与财产损失。根据建筑消防设计规范,公共建筑安全出口的数目通常不应少于两个。出口不少于两个的规定,是考虑到当其中一个疏散出口被烟火封堵时,人员可以通过另一个疏散出口逃生。设计规范对疏散的距离也做了相应的规定,根据建筑物的耐火等级不同,疏散距离也会有所变化。此外,应急照明和疏散指示标志的设置及是否合理,对人员安全疏散也具有重要作用。应在疏散门上方、走廊下方、楼梯前室以及走廊转弯处等重要部位设置疏散方向标志和照明灯具。停电时备用消防电源须能自动切换以保证照明,帮助疏散。

三、建筑消防对策

根据对建筑火灾成因及建筑火灾发生发展规律的分析,目前世界各国普遍采用的建筑消防基本对策主要有两种。一是积极防火对策,即防止建筑起火,即在起火后积极控制、消灭火灾的措施;二是消极防火对策,即控制建筑火灾损失的措施。

(一)积极防火对策

积极防火对策是指在建筑设计与使用过程中,最大限度地破坏火灾构成条件,阻止火灾发生;一旦发生火灾,积极采取主动有效措施发现火灾、消灭火灾,确保人员安全和财产安全的措施。以积极防火对策进行防火,可以减少火灾的发生次数,但却不能从根本上杜绝火灾发生。

积极防火对策在建筑使用过程中主要表现为对"人与物"的管理,积极排除人的不安全因素和物的不安全因素,尽可能破坏火灾构成条件。

1. 加强管理,预防人为因素引发火灾

加强人员培训、宣传教育,提高员工安全意识,教育人员遵守安全规定和操作规程。

2. 严格设施设备的设计要求,消除各种设施设备安全隐患,预防火灾发生

严格执行国家各项设计规程的要求,提高设备、设施的安全系数,降低各项设施、设备系统发生火灾的概率,加强对新工艺、新设备安全方面的研究,特别是用火、用电和易燃、易爆设备的安全问题。

3. 科学设计安全疏散系统

人为安全是消防安全工作的重中之重。首先要科学合理地设计疏散通道、疏散设施、安全出口、防排烟设施等,为受灾区域人员安全逃生创造条件。其次要加强安全疏散系统的管理,确保火灾时完整好用。

4. 合理设置火灾自动报警系统

在火灾的初期阶段,往往会有不少特殊现象或征兆,如发热、发光、散发出烟雾等。这些早期特征是物质燃烧过程中物质转换和能量转换的结果。这就为发现火灾苗头,

进行火灾探测提供了信息和依据。火灾自动报警系统是早期发现火灾控制火灾的重要技术手段，其往往与自动灭火系统联动，实现阻止火势扩大的目的，同时有利于人员疏散。

5. 合理设置自动灭火系统和消火栓系统

自动灭火系统是建筑火灾早期扑救的主要力量，是全天候的消防员，它的诞生使建筑火灾的控制得到质的飞跃。随着我国经济的发展，它得到了广泛的使用，有力地保障了建筑的安全。

6. 合理设置防排烟系统

烟气是导致建筑火灾人员伤亡的最主要原因。有效地控制火灾时烟气的流动，对于保证安全疏散以及火灾救援行动的开展起着重要的作用。

（二）消极防火对策

消极防火对策是指针对可预见的建筑火灾而采取的设法及时控制火灾与消灭火灾的一系列措施。从定义可以看出，消极防火对策主要体现在"控"字上。"控"就是要控制火灾的燃烧范围，防止火灾扩大蔓延而增加火灾损失。

1. 合理设定建筑的耐火等级，确保建筑具有良好的抗火能力

建筑的耐火等级主要涉及建筑结构构件的耐火性能。建筑结构负载着整个建筑荷载，也包含了人员的生命，一旦结构在火中出现垮塌，那么人员生命也将受到伤害，所以建筑结构的抗火能力就成了保护建筑安全和人员生命安全的最后一道屏障（防线）。因此，要根据不同建筑的特点（包括结构特点）、使用特点、火灾危险性，正确选择建筑的耐火等级，确保建筑的安全和人员生命的安全。

2. 合理确定建筑防火分区，有效控制火灾蔓延

在建筑物内实行防火分区和防火分隔，可有效地控制火势的蔓延，有利于人员疏散和火灾扑救，达到减少火灾损失的目的。

3. 合理确定建筑的防火间距，防止火灾在建筑之间蔓延

建筑物发生火灾后，往往会因热辐射等作用，而将火灾蔓延到相邻建筑，形成大面积燃烧。因此，要根据相邻建筑物的具体情况合理确定防火间距。

以上论述可以推出，消极防火措施是一种被动的保护措施，是建筑安全的最后一道屏障，通常单独使用一种措施的效果都不会太理想，既无法保障人员安全，经济上也不合算。只有综合使用积极防火对策和消极防火对策才能取得最佳效果。

第八章 建筑消防设计与应用

第一节 建筑火灾烟气及其扩散规律

一、烟气的产生与性质

(一) 烟气的产生

火灾烟气,是发生火灾过程中因热分解和燃烧作用而生成的一种产物。燃烧是可燃物与氧化剂产生的放热反应,通常伴有火焰、发光和发烟。热分解(也称热解)是由于温,度升高物质发生无氧化作用的不可逆化学分解反应。由热解作用所产生的悬浮在空气中的固体和液体微粒,称为烟或烟粒子,直径一般为 $0.01 \sim 10 \mu m$。含有烟粒子的气体称为烟气。凡可燃物质,无论是固态、液态或气态物质燃烧时,都会产生烟气。

(二) 烟气的性质

1. 烟气的组成

烟气的成分和性质首先取决于发生热解和燃烧的物质本身的化学组成,其次还与燃烧条件有关。所谓燃烧条件,是指环境的供热条件、环境的空间时间条件和供氧条件。由于火灾发生时参与燃烧的物质比较复杂,尤其是发生火灾的环境条件千差万别,所以火灾烟气的组成相当复杂,在外形和结构上也有很大差异。颜色从浅到深,浅色的是在阴燃和燃料热解时产生的微小液态颗粒;深色的是火焰燃烧时产生的烟和炭颗粒。

就总体而言,按相态和气体有害性分类,火灾烟气主要是由以下三部分组成:

(1)热解和燃烧所生成的气体

固体物质燃烧时物质本身发热,通常物质受热后将在燃烧物质的附近释放出挥发性可燃气体,这些可燃气体的燃烧在火焰上方形成了一个带有高温烟气的火柱。这是由于它的比重比四周的冷空气低,产生一个明显的上升流动,结果使四周的冷空气与它混合在一起形成上升的气流。

(2)未燃烧的分解物和凝固物

部分混合空气将供给燃烧物质时所需要的氧气。但是由于火舌卷流的温度并不是十分高,氧气在其中的混合不够充分,因而使物质燃烧不完全,产生弥散的固体微粒,这种形式的烟尘是烟的一个重要组成部分。这一部分主要包括游离碳、焦油类粒子和高沸点物质的凝缩液滴等。

(3)被火场加热并潜入正在上升的热气团中的大量空气

在火焰尖顶部上升的高温气体柱中总是含有可燃气体燃烧所需的更多的空气,这部分剩余空气温度相当高,并且和燃烧产生热烟充分混合,从而构成烟的一个不可分割的组成部分。

2. 火灾烟气的基本状态参数

气体常用的基本状态参数有压力、温度、密度。一般情况下,火灾烟气中的悬浮微粒的含量很少,因此可将烟气近似为理想混合气体,其常用基本状态参数有压力、温度、密度。

(1)压力

在建筑火灾发生、发展和熄灭三个不同阶段,着火房间内的烟气压力各不相同。一般火灾初期,压力很低;随着火灾的发展,着火房间内烟气逐渐增加,温度不断上升,压力也相应升高;火灾爆燃时,烟气压力骤然上升到峰值,冲出门窗孔洞,室内烟气压力迅速下降到接近此时的大气压。扩散出去的烟气压力则与其所处的环境气压相近。一般着火房间内烟气的平均相对压力为 10~15Pa;短时间内可达到的峰值为 35~40Pa。

(2)温度

在火灾发生、发展和熄灭三个不同阶段,着火房间内的烟气温度不断升高。火灾爆燃时,燃烧快速达到高峰,室内烟气温度相应地急剧上升,达到最高水平。由于建筑物结构形式不同,内部可燃物的种类数量不同,门窗孔洞的尺寸也不同,着火房间内最高温度也各不相同,最低可达 500~600℃,最高可达 800~1000℃。

烟气由着火房间溢出至走廊或其他房间时,迅速与周围冷空气混合,同时也受到围护结构的冷却,温度快速下降。

（3）密度

由于烟气中含有悬浮颗粒，其密度 ρ_s 要比同温同压下的空气密度大。一些实验数据表明，即使是非常浓的烟气，与同温同压下的空气密度 ρ_a 的相对差值也不超过 3%。因此，烟气的密度可以近似地认为与同温下的当地空气密度相等。若假设烟气密度沿高度方向不变，则 ρ_s 近似为绝对温度 $Ts(K)$ 的函数，则

$$\rho_s T_s \approx \rho_\infty T_\infty \approx 353$$

即

$$\rho_s = \frac{353}{T_s} \tag{8-1}$$

式中：ρ_s —— 烟气层密度，单位 kg/m³；

T_s —— 烟气温度，单位 ℃；

ρ_∞ —— 周围空气密度，单位 kg/m³；

T_∞ —— 周围空气温度，单位无；

3. 烟气的危害

火灾时产生的烟气能对建筑中人员的心理及生理产生重大影响。国内外大量火灾实例统计数字表明，因火灾而伤亡者中，大多数是烟害所致。火灾中受烟害直接致死的占 1/3~2/3，因火烧死的占 1/3~1/2，而且被火烧死的人中多数也是先受烟毒晕倒然后被烧死的。火灾烟气是建筑火灾人员伤亡的最主要原因，是夺取人的生命最凶恶的杀手。

（1）烟气对人体的危害

①烟气中毒

大部分可燃物质都属于有机物，它们主要由碳、氢、氧、硫、氮、磷等元素构成，燃烧时会产生大量有毒气体，如一氧化碳、氢化氰、二氧化硫、二氧化碳、二氧化氮、氨气等。这些气体达到一定浓度时，对人体均有不同程度的危害。一氧化碳通过肺泡进入血液，立即与血红蛋白结合形成碳氧血红蛋白（HBCO），取代正常情况下氧气与血红蛋白结合成的氧合血红蛋白，使血红蛋白失去输送氧气的功能，不能及时供给全身组织器官充分的氧气。当一氧化碳和血液中 50% 以上的血红蛋白结合时，便能造成脑和中枢神经严重缺氧，继而失去知觉，甚至死亡。吸入高浓度的一氧化碳可与还原型细胞色素氧化酶的二价铁结合，使细胞呼吸受抑制，对机体各组织均有毒性作用，尤其对大脑皮层损害更严重。即使未吸入致死量的一氧化碳，也会因缺氧而发生头痛、无力、呕吐等症状，最终可能导致不能及时逃离火灾现场而死亡。二氧化氮（NO2）对肺刺激性强，能引起即刻死亡以及滞后性伤害；氨气（NH3）有刺激性，有难以忍受的气味，对眼、鼻有强烈刺激作用；氯化氢（HC1）是呼吸

道刺激剂，吸附于颗粒上的 HCl 的潜在威胁性较之等量的 HCl 气体还要大。

在现代建筑装饰材料中，大量使用木材制品和聚氯乙烯物质，其燃烧产生的醛类和氢氯化合物都是刺激性很强的气体，甚至可以致命。例如烟中含有 5.5PPm 的丙烯醛时，便会对上呼吸道产生刺激症状；10ppm 以上就能引起肺部变化，数分钟内即可死亡。烟中丙烯醛的允许浓度为 0.1ppm，而木材燃烧的烟中丙烯醛含量已达 50ppm 左右，对人极为有害。聚氯乙烯物质燃烧，在温度达到 200～300℃时即有一半会分解放出氯化氢，而氯化氢在 50ppm 时就有剧烈的刺激性，在短时间内便能置人于死地。这是由于氯化氢通过刺激眼、上呼吸道黏膜而使上呼吸道破坏，形成机械窒息。如果燃烧的是泡沫塑料及化纤织物的原料、中间品、自燃（催化剂）和引发剂，还会产生光气、氯气、氰化氢等剧毒气体，吸入人体内会发生中毒、窒息等后果。另外，羊毛丝织品及含氮的塑料制品燃烧时会产生大量氰化氢。

②缺氧

着火区域的空气中充满了一氧化碳、二氧化碳及其他有毒气体，加之燃烧消耗了大量的氧气，因此此时火场空气中含氧量很低，甚至可低到 5% 以下，这对人体会产生强烈影响，导致死亡，其危害性不亚于一氧化碳。

③窒息

火场燃烧时会产生高温，人在温度超过体温的环境中，因出汗过多，会出现脱水、疲劳和心跳加快等现象。当空气温度达到 149℃时，由于人体吸收的热量超过身体表面散发的热量，体积超过正常状态，使血压下降，毛细血管被破坏，以致血液不能循环，特别是会导致脑神经中枢破坏而死亡。

另外，火灾时，人员可能因头部烧伤或吸入高温烟气而使口腔及喉头肿胀，以致引起呼吸道阻塞窒息。此时若不能得到及时抢救，就有可能被烧死或被烟气毒死。

（2）烟气对疏散的危害

在着火房间及疏散通道内，充满了含有大量一氧化碳及其他有毒气体的热烟，甚至远离火区的部位及其上部也可能烟雾弥漫，这对人员的疏散极为不利。

发生火灾时，特别是发生爆燃时，火焰和烟气冲出门窗孔洞，浓烟滚滚，烈火熊熊，会造成人们紧张的恐怖心理状态，使人们失去活动能力，甚至失去理智，这常常给疏散过程造成混乱局面。

另外，由于烟气集中在疏散通道的上部空间，使得人们行走时必须掩面弯腰摸索前行，减小了逃生速度。同时，火灾烟气导致人们辨认目标的能力大大降低，即使设置了事故照明和疏散标志，也会使其减弱。因此，人们在疏散时由于烟气作用可能看不清周围的环境，甚至达到辨不清疏散方向、找不到安全出口、影响人员安全的程度。

二、烟气的流动与蔓延

(一)烟气流动主要驱动力

建筑物内发生火灾时,烟气的流动特性主要取决于以下两个因素:

第一,烟气本身的流动性(或浮力),它是由于烟气中一般都含有比周围空气密度要小的热气所引起的。

第二,建筑物内部正常的空气流动。这些空气可能无助于火焰的燃烧,但是它能夹带着烟气顺着正压力的方向在建筑四周散布。

烟气流动的这两个因素作用的相对大小将取决于一个建筑物中各种不同的特殊情况。通常可以预计,在靠近火的地方,前者将处于支配地位;但当与火的距离增大(烟变冷)时,后者就将变得更为重要。

导致正常空气在建筑物中流动有三个独立的因素:

1. 烟囱效应

户内空气沿着有垂直坡度的空间方向上升或下降,造成空气加强对流的现象。它是由于建筑物内外空气不同的温度所形成的压力差造成的。它造成建筑内的空气是向上还是向下运动,取决于建筑内的空气比外界的空气热一些还是凉一些。

2. 风

对整个建筑物来说,或多或少有漏风的地方,通过这些漏风的地方潜入进来的空气将有助于室内空气的流动。

3. 建筑物内部所设的机械通风系统

现代建筑多设有通风空调系统,通风空调系统的气流组织会影响烟气的运动,即使在火灾期间,通风空调系统全部停止运行,排烟风机开启后,改变了建筑内的压力分布,也会成为烟气运动的主要推动力。

(二)烟气在建筑物内的蔓延规律

烟气在着火房间内向上升腾过程中,遇到顶棚后向四周水平扩散,并受到周围建筑围护体的阻挡和冷却,会有沿墙向下流动的趋势,烟气不断产生,上部烟层逐渐增厚,到达门窗开口以下时,通过开启的门窗洞口向室外和走廊扩散。如果门窗处于关闭状态,烟层将继续增厚,至室内温度升高到一定值(一般为200~300℃)时,门窗上的玻璃破裂,烟气从门窗的缺口处向室外和走廊扩散。

烟气在走廊内流动时,从房间内流向走廊内的烟气,开始附贴在天棚下流动,流动的速度一般为0.5~0.8m/s。研究表明,在火势旺盛阶段,烟气从室内流出后呈层流状态沿走廊的天棚流动,并且烟层厚度经过20~30m距离也不会变化。但在流动过程中,烟层如受到梁和其他凸出物的阻碍,以及受到室外空气进入或通风空调系统气流的干扰,其层流的距离将会缩短而形成紊流状态。

烟气沿楼梯间、电梯井、管道井等竖井流动时,当室内空气温度高于室外时,气流将通过建筑物中性面以下的各层外墙进入,由于室内外空气容重的不同而产生浮力。建筑物内上部压力大于室外压力，下部的压力小于室外压力。当外墙上有开口时，通过建筑物上部的开口，室内空气流向室外；通过下部的开口，室外空气流向室内。这种现象就是建筑物的烟囱效应。这一现象平时对建筑物内空气的流动起着重要的作用。在火灾时，由于燃烧放出的大量热量，室内温度快速升高，建筑物的烟囱效应更加显著，使火灾的蔓延更加迅速，垂直向上的速度为3～4m／s。

当建筑发生火灾时，烟气蔓延一般有三条路线：

（1）着火房间→走廊→楼梯间→上部各楼层→室外；

（2）着火房间→室外；

（3）着火房间→相邻上层房间→室外。

三、烟在建筑内流动的特点

烟在建筑内的流动，在不同燃烧阶段表现是不同的。火灾初期，热烟比重小，烟带着火舌向上升腾，遇到顶棚，即转为水平方向运动，其特点是呈层流状态流动。试验证明，这种层流状态可保持40～50m。烟在顶棚下向前运动时，如遇梁或挡烟垂壁，烟气受阻，此时烟会倒折回来，聚集在空间上空，直到烟的层流厚度超过梁高时，烟才会继续前进，填充另外的空间。此阶段，烟气扩散速度为0.3m／s。轰燃前，烟扩散速度为0.5～0.8m／s，烟占走廊高度约一半。轰燃时，烟被喷出的速度高达每秒数十米，烟气在失火房间几乎降到地面。

烟在垂直方向的流动也是很迅速的。试验表明，烟气上升速度比水平流动速度大得多，一般可达到3～5m／s。我国对内天井式建筑进行过大型火灾试验。通常状态下，天井因风力或温度差形成负压力而产生抽力。当天井内某房起火后，大量热烟因抽力作用进入天井，并向上排出。天井内温度随之升高，冷风则由天井向其他开启的窗户流入补充。试验证明，当天井高度越高和天井温度越高时，抽力就越大，烟的流动速度也由初期的1～2m／s增至3～4m／s，最盛时3～5m／s；轰燃时，可达9m／s。

烟气流动的基本规律是：由压力高处向压力低处流动。如果房间为负压，则烟火就会通过各种洞口进入。

烟气流动的驱动力包括室内温差引起的烟囱效应、燃气的浮力和膨胀力、风力影响、通风系统风机的影响、电梯的活塞效应等。

（一）烟囱效应

当室内的温度比室外温度高时，室内空气的密度比外界小，这样就产生了使室内气体向上运动的浮力。高层建筑往往有许多竖井，如楼梯井、电梯井、管道井和垃圾井等。在这些竖井内，气体上升运动十分显著，这就是烟囱效应。在建筑物发生火灾时，室内烟气温度很高，则竖井的烟囱效应更强。通常将内部气流上升的现象称为正烟囱效应。

（二）风力影响

风力可在建筑物的周围存在压力分布，影响建筑内的烟气流动。建筑物外部压力分布受到多种因素的影响，其中包括风的速度和方向、建筑物的高度和几何形状等。风力影响往往可以超过其他驱动烟气运动的力。一般来说，风朝着建筑物吹来，会在建筑物的迎风处产生较高的风压。它可增强建筑物内烟气向下风向的流动。

（三）机械通风系统以及电梯活塞效应

设有通风和空调系统的建筑，即使引风机不开动，系统管道也能起到通风网的作用。在上述几种驱动力（尤其是烟囱效应）的作用下，烟气将会沿管道流动，从而促进烟气在整个楼梯内蔓延。若系统处于工作状态，通风网的影响还会加强。

电梯在电梯井中运动时，能够使电梯井内出现瞬时压力变化，此现象称为电梯的活塞效应。这种活塞效应能够在较短的时间内影响电梯附近门厅和房间的烟气流动方向和速度。

（四）烟气控制的基本方式

1. 防烟分隔

在建筑物中，墙壁、隔板、楼板和其他阻挡物都可作为防烟分隔的构件。它们能使火源较远的空间不受或少受烟气的影响。这些分隔构件可以单独使用，也可与加压式配合使用。

2. 加压式送风方式

利用加压送风机对被保护区域（如防烟楼梯间和前室等）送风，使其保持一定的正压，以避免着火处的烟气借助各种动力（诸如烟囱效应、膨胀力等）向建筑物的被保护区域蔓延。加压送风采用的主要方式有两种：

（1）在关闭门的状态下，维持避难区域或疏散路线内的压力高于外部压力，避免烟气通过各种建筑缝隙侵入（如建筑结构缝隙、门缝等）；

（2）在开门状态下，保证在门断面形成一定风速，以阻止烟气侵入避难区域或疏散通道。

加压送风方式能够确保疏散通道的安全，免遭烟气侵害；可降低对建筑物某些部位的耐火要求，便于老式建筑物的防排烟技术的改造。但是送风压力控制不好，会导致防烟楼梯间内压过高，使楼梯间通向前室或走廊的门打不开，影响建筑物内人员的快速疏散。

在正压送风烟气控制系统设计中，应通过建筑物内的墙、地板、门等隔烟措施和机械风机产生的空气流和压差而阻止烟气的无序扩散。

四、烟气流动的计算机模拟模型

（一）概述

火灾过程的计算机模拟是在描述火灾过程的各种数学模型的基础之上进行的。

所谓计算机模拟，是通过对火灾发展过程基本规律的研究，建立描述火灾发展过程基本特征的火灾参数的数学模型，用计算机作为计算工具进行求解。各种计算机模拟模型的能力取决于描述实际火灾过程的数学模型和数值方法的合理性。针对火灾规律的双重性，即确定性和不确定性，计算机模拟的理论模型也包括确定性模型和不确定性模型。

不确定性模型有多种形式，如统计模型和随机模型。在讨论火灾发展过程时主要涉及随机模型。随机模型没有直接使用火灾的物理和化学原理，而是把火灾的发展过程看成一系列不连续的事件或状态，分析计算由一个事件或状态转换到另一个事件或状态的概率，得到某种状态结果的概率分布，从而计算和描述火灾的发展特性。由于需要大量的统计数据，目前这类模型的研究和应用较少。

确定模型运用以火灾过程中物理和化学现象作为基础的数学表达式和方程，如质量守恒、动量守恒和能量守恒等基本物理定律，可以相当准确地描述火灾过程中有关特征参数随时间变化的特性。与不确定性模型相比，其结果更能近似地反映火灾过程。确定模型可按照解决问题的方法分为经验模型、区域模型、场模型、网络模型、混合模型等。

在进行火灾危险分析时，应综合考虑火灾发展的确定性和随机性。单纯的某一种模型很难真实全面地反映火灾过程。

（二）经验模型

经验模型是以实验测定的数据和经验为基础建立的。多年来人们在与火灾做斗争的过程中，收集了很多实际火场的资料，也开展过大量火灾试验，通过分析整理这些实测数据得出了不少关于火灾分过程的经验公式。应用这些经验模型，可以较清楚地了解火灾的主要分过程。

FPETOOL（Fire Protection Engineering Tools）是典型的经验模型，是美国国家标准与技术研究院（NIST）建筑与火灾研究所开发的一种专家系统工具模型。该模型主要使用一些成熟的经验公式来描述建筑火灾的多个分过程，如起火室内羽流的温度、速度，顶棚射流的温度，火灾探测器与洒水喷头的响应时间等。其他国家也开发了一些经验模型，如在北欧有较大影响的丹麦火灾研究编制的ARGOS模型。这种模型方便易行，适用于火灾安全检查和火灾危险初步评估。但其缺陷是计算结果不准确。

（三）区域模型

区域模型是以受限空间中的火灾为研究对象的一种半物理模型。试验表明，在火灾发展及烟气蔓延的大部分时间内，室内烟气分层现象非常明显。区域模型的基本原理就是将计算区域划分成数量有限的控制体或者控制带。最常见的是分为2个（双区模型），即上部热烟气层和包含相对冷且被污染的下部冷气层区。也可分为3个区，即上述2个区再加上描述烟气羽流和顶棚射流的控制体，在计算过程中的每个时间步长内满足质量和能量守恒。

区域模型通过求解一系列常微分方程（包括质量、能量守恒方程，理想气体方程以及对密度、内能的关联式）来预测上、下层温度，烟层界面高度，烟气浓度，风口质量流量，热流量，壁面温度等参数随时间的变化情况，来分析评估每个区和着火房间内的火灾状态及其随时间变化的情况。国内外常用的区域模型如下：

1. CFAST1 和 HAZARD1 模型

CFAST 模型是由美国国家标准与技术研究院（NIST）开发的一个比较有名的火灾多室双区模型。CFAST 主要是由早期的 FAST 模型发展而来的，它还融合了 NIST 开发的另一个火灾模型 CCFM 中先进的数值计算方法，从而使程序运行得更加快速、稳定。CFAST 可以预测各个房间内上部烟气层和下部空气层的温度、烟气层界面位置以及气体浓度随时间的变化，同时，还可以计算墙壁表面的温度、通过壁面的传热以及通过开口的烟气质量流量，还能处理机械通风和存在多个火源的情况。用户在运算时需要输入建筑内各个房间的几何尺寸和连接各房间的门窗开孔情况、围护结构的热物性参数、火源的热释放速率或烧损率及燃烧产物的生成速率。其最大局限性在于它内部没有火灾增长模型，需要用户输入热释放速率或质量烧损率和物质燃烧热。它在处理辐射增强的缺氧燃烧和燃烧产物等方面还存在一定不足。

2. HAZARD-V 和 FIRST 模型

HAZARD-V 和 FIRST 模型也是区域模型。HAZARD-V 模型是由美国哈佛大学埃蒙斯（Howard Emmons）等开发的单室区域模型。在 HARVARD-V 的基础上，美国 NIST 开发出了 FIRST 模型。它可以预测用户设定引燃条件或设定火源条件下单室火灾的发展状况以及多达 3 个物体被火源加热和引燃的过程。使用模型时，用户需输入房间的几何尺寸、火灾和开口条件、壁面结构、房间内可燃物的热物性参数、炭黑和毒性气体成分的生成速率等参数。通过输入质量燃烧速率或燃料燃烧性能基础数据来设定火源。模型可以预测烟气层温度和厚度、烟气成分和浓度、壁面温度以及通过开口的烟气质量流率。

FIRST 模型与其他一些区域模型（包括 CFIRST）之间的主要区别在于：其他模型将燃烧速度作为输入参数，而它将其作为预测计算的输出结果，仅仅输入房间和可燃物的数据。其他模型偏重于烟气在建筑物中的流动形状预测，而 FIRST 模型则主要预测燃烧的发展。此外，FIRST 模型是单室区域模型。

（四）网络模型

网络模型最早在地下矿井巷道的火灾模拟中使用，后来慢慢推广至建筑火灾。该模型是将整个建筑物作为一个系统，而其中的每个特殊区域（房间）作为一个控制体（网络节点），各个网络节点之间通过各种空气流通路径相连接，利用质量、能量等守恒方程对整个建筑物内的空气流动、压力分布和烟气传播情况进行研究。

网络模型假设每个节点烟气的温度、浓度、代表组分的含量等参数具有相同的值，将其应用于整个建筑物火灾预测计算，结果显然比较粗糙，与火灾发生时的实际情况有一定差异。但网络模型可以用于考虑复杂格局建筑的多个房间，适用于远离火场且混合已基本均匀的区域的情况预测。

（五）场模型

火灾的场模型又称计算流体力学模型，其应用较广泛。场是指状态参数如速度、温度、烟气各组分的浓度等的空间分布。场模型将一个房间划分为几千甚至上万个小控制体，针对每个控制体利用计算机求解火灾过程中状态参数（如速度、温度、各组分浓度等）的空间分布及其随时间变化的模拟方式。由于场模型对空间的划分，因此可以给出室内各个局部有关参数的变化。场模型的理论基础是质量守恒（连续性方程）、动量守恒（Naves-Stoke方程）、能量守恒以及化学反应的定律等。

随着计算机技术的发展，20世纪80年代中期兴起的计算流体力学模拟软件CFD（Computational Fluid Dynamics）是一种用于分析流体流动性质的计算技术，包括对各种类型的流体在各种速度范围内的复杂流动在计算机上进行数值模拟计算。计算流体力学的基本特征是数值模拟和计算机实验，它从基本物理定理出发，在很大程度上替代了耗资巨大的流体动力学实验设备，在科学研究和工程技术中产生了巨大的影响。

火灾过程是湍流过程，烟气流动的湍流特性一般采用适当的湍流模型描述。湍流运动与换热的数值计算是目前计算流体动力学与计算传热学中困难最多、研究最活跃的领域。在湍流流动及换热的数值计算方面，已经采用的数值计算方法大致分为以下3类：

1. 完全模拟（直接模拟）

这是用非稳态Navier-Stokes方程（N-S方程）来对湍流进行直接计算的方法。这种方法必须采用很小的时间与空间步长，因而它对内存空间的要求很高，同时计算时间也很长，目前世界上只有少数能使用超级计算机的研究者才能对从层流到湍流的过渡区流动进行这种完全模拟的探索。

2. 湍流输运模型（Reynolds时均方程法）

湍流输运模型是基于简化湍流流动模型而产生的，由于它直接模拟动量、热量和浓度的输运，故称为湍流输运模型。这类模型将非稳态控制方程对时间做平均，在所得出的关于时均量物理量的控制方程中包含了脉动量乘积的时均值等未知量，于是所得方程的个数就小于未知量的个数，而且不可能依靠进一步的时均处理而使控制方程封闭，要使方程组封闭，必须做出假设，即建立简化的模型，如雷诺应力模型等。

3. 大涡旋模拟LES

大涡旋模拟把包括脉动在内的湍流瞬时运动通过某种滤波方法分解成大尺度涡运动和小尺度涡运动两部分，大尺度涡通过数值求解微分方程直接计算出来，小尺度涡运动对大尺度涡运动的影响通过建立亚格子模型来模拟，这样就大大简化了计算工作量和对计算机内存的需求。

总之，场模型都对计算机硬件设备要求高，场模拟通常需要花费大量计算时间。

适用于需要了解某些参数的详细分布的情况。区域模型更适用于描述建筑结构之间的流体传输过程，但对于几何形状复杂、有强火源或强通风的房间，其误差将会很大，致使其失去真实性。国外主要有 PHOENICS、FL0W3D、FLUENT、CFX 等大型流体计算商业软件以及 JASMINE，FDS 等专门的火灾场模拟计算软件。

JASMINE 模型是英国火灾研究站（Fire Research Station，FRS）在计算流体动力学模型 PHOENICS 的基础上开发出来的，专用于火灾过程场模拟计算。它采用了湍流双方程模型和简单的辐射模型。用户输入火源状况，边界的热物性参数、通风条件，通过求解关于质量、动量、能量和代表化学组分守恒的偏微分方程组，得到火灾环境中的温度、速度、压力和代表化学组分的空间和时间分布。

FDS（Fire Dynamics Simulator）主要针对火灾驱动下的流体流动进行计算模拟，是由美国国家标准局（NIST）的防火实验室（BFRL）开发的模型，并且未受到任何特定经济利益及与之关联的特定行业的影响及操纵。

FDS 采用数值方法求解一组描述热驱动的低速流动的 N-S 方程，重点计算火灾烟气流动和热传递过程。可用于烟气控制与水喷淋系统的设计计算和建筑火灾过程的再现研究。有相当多的关于该模型文献资料，而且该模型经过了大型及全尺寸火灾实验的验证。由于该软件开放了源代码，研究人员可以根据实际火灾情况进行程序修改，因此该软件已经得到了越来越多的使用。

FDS 分为两个部分：①求解微分方程的主程序（FDS），用户通过软件文本文件为它提供描述火灾场景的参数；②绘图程序（SMOKEVIEW），方便用户查看计算结果。它提供了两种数值模拟方法，即直接数值模拟和大涡模拟。一般情况下，在利用 FDS 进行火灾模拟时均采用大涡模拟。

其他流体计算商业软件还包括：PHONENICS 和 Fluent。

PHONENICS 软件是 CHAM 有限公司开发的世界上第一套计算流体与计算传热学商用软件，是模拟传热、流动、反应、燃烧过程的 CFD 软件。其最大特点是它的开放性。它最大限度地向用户开放程序，用户可以根据需要添加程序和用户模型。

Fluent 是处于世界领先地位的软件之一，广泛应用于模拟各种流体流动、传热、燃烧和污染物转移等问题。它的网格划分灵活，对各种建筑形式都适用。通过交互菜单界面，用户可以通过多窗口随时观察计算进程和计算结果。在模拟计算时，Fluent 要求用户定义求解的几何区域，选择物理模型、给出流体参数、给出边界条件和初始条件、产生体网格等。用户可以通过后处理程序对计算结果进行分析和可视化，这样可以直观地比较计算结果。目前该软件在我国具有广大的使用群体，各方面的介绍书籍也较多。

（六）混合模型

混合模型指的是可以将概率模型和确定模型结合起来的火灾模型，也可以是区域模型、场模型和网络模型中两种或两种以上的模型结合起来的一种火灾模型，可用于较大或较复杂场所的火灾场景模拟分析。例如，对于一座建筑，可采用场模型对起火房间中的火灾发展过程进行模拟，采用区域模型对与起火房间相邻的走廊及

消防监督检查研究

邻近房间的火灾烟气状态进行模拟，而采用网络模型对远离起火房间的建筑物内部空间的火灾蔓延及烟气扩散状态进行分析。

随着性能化防火设计技术的发展，许多建筑在进行消防设施的设计、参数选择时，都需要进行火灾烟气发展蔓延状况的分析计算，但由于火灾问题十分复杂，模型本身并不能完全准确地反映实际火灾现象，所以这些模拟方法还在不断完善之中。

第二节 建筑防火平面布置及防火分区

建筑物发生火灾后，火灾往往会因火焰的对流、辐射，而产生"飞火"向四周飞溅。为了防止火灾对相邻建筑物造成危害，使消防车辆及相关救助设施在火灾中能顺利地完成好救助工作，在建筑总平面设计中需要考虑建筑物使用性质，对建筑物进行合理布局，设置科学的防火间距、消防通道等。

在建筑物内部，如果空间面积过大，发生火灾时的燃烧面积大、蔓延快。为了能有效地控制火势蔓延，保证人员安全疏散和扑火救灾，宜在建筑物内实行防火分区。防火分区，是指采用具有一定耐火能力的分隔设施（如楼板、墙体），在一定时间内将火灾控制在一定范围内的单元空间。在建筑物内采用划分防火分区这一措施，可以在建筑物一旦发生火灾时，能有效地把火势控制在一定的范围内，减少火灾损失，也为人员安全疏散、消防扑救提供有利条件。

一、防火间距

（一）相邻建筑火灾蔓延过程

火灾在相邻建筑物间蔓延的主要途径为热辐射、热对流和飞火作用。它们有时单一地作用于建筑物，有时则是几种同时起作用。

通常情况下，起火建筑物的热气流和火焰从外墙门洞口喷射出时，其烟火的水平距离往往小于窗口的自身高度，因而能够直接引燃相邻建筑物的情形并不多见。同样，从烧穿的屋顶喷出的热气流和火焰，因向上扩散，对相邻建筑物的影响也不大。只有当两座建筑物相邻很近，且其外面又有可燃物时，其中一座起火对另一座才构成威胁。

火灾对相邻建筑物威胁最大的是热辐射，当热辐射与飞火结合时，影响更大。热辐射可以将相距一定距离的其他建筑物引燃。建筑物之间的防火间距也主要是为了避免热辐射对相邻建筑物的威胁，及消防扑救需要而规定的。

火灾时的热传递，多是以火灾生成的气体为介质。一般来说，气体的热辐射很大程度上取决于辐射线的波长。火灾生成的气体中夹杂着大量的碳粒子等固体颗粒，它会对气体的热辐射产生重要影响。此外，还有高温物体以及火焰放出的不同波长的强烈辐射热。热辐射在建筑物起火燃烧过程中始终存在，但最强的热辐射在燃烧最猛烈时才出现。通常砖混结构的建筑物起火后经窗口向外辐射的热量，是总发热量的1.8%左右。

当建筑材料表面受到建筑物的火灾热辐射时，若辐射的强度大，则建筑材料起火需要的时间就短，而与材料断面的大小关系不大。材料是否被点燃，主要取决于材料的性质（如燃点、含水率、密度等）、辐射的入射角和辐射的持续时间。材料在受到热辐射的作用时，表面温度升高，热流从材料的表面向内部传导。入射的强度越高，温度上升的速度就越快，起火的时间也就越短。

在起火建筑物上空，强烈的热气流常把正在燃烧的材料或带火的灰烬卷到空中形成飞火。由于这些飞火本身携带的热量不多，很难单独对其他建筑物造成危害，但在火灾时，对此不应掉以轻心。飞火是点火源，特别是在火猛风大的情况下，飞火常点燃已经受到较强热辐射的建筑物。过去的火灾现场情况表明，飞火在有风的条件下，可以影响到下风方向几十米、几百米甚至更远。在市区，因受城市的建筑物密集等条件的影响，飞火散落的范围多呈卵形；在郊区或空旷地，其散落范围多呈细长的扇形。

为了避免建筑间的火灾蔓延，同时也为消防救援提供场地，通常在建筑布局时设置一定的间距，这个间距过小，不能阻止火灾蔓延；过大，则不能有效地节约土地。防火间距就是一座建筑物着火后，火灾不致蔓延至相邻建筑的最小空间间隔。

（二）确定防火间距的基本原则

影响防火间距的因素很多，如热辐射、热对流、风向、风速、外墙材料的燃烧性能及其开口面积大小、室内堆放的可燃物种类及数量、相邻建筑物的高度、室内消防设施情况、着火时的气温及湿度、消防车到达的时间及扑救情况等，在实际工程中不可能全部考虑。通常根据以下原则确定建筑物的防火间距：

（1）考虑热辐射的作用。火灾实例表明，一、二级耐火等级的低层民用建筑，保持7～10m的防火间距，有消防队扑救的情况下，一般不会蔓延到相邻建筑物。

（2）考虑灭火作业的实际需要。建筑物的高度不同，救火使用的消防车也不同。对低层建筑，普通消防车即可；而对高层建筑，则要使用曲臂、云梯等登高消防车。防火间距应满足消防车的最大工作回转半径的需要。最小防火间距的宽度应能通过一辆消防车，一般宜为4m。

（3）有利于节约用地。以有消防队扑救的条件下，能够阻止火灾向相邻建筑物蔓延为原则。

（4）防火间距应按相邻建筑物外墙的最近距离计算。如外墙有凸出的可燃构件，从其凸出部分外缘算起；如为储罐或堆场，则应从储罐外壁或堆场的堆垛外缘算起。

（5）耐火等级低于四级的原有生产厂房和民用建筑，其防火间距可按四级确定。

（6）两座相邻建筑较高的一面外墙为防火墙时，其防火间距不限。

（7）两座建筑相邻两面的外墙为不燃烧体，如无外露的燃烧体屋檐，当每面外墙上的门窗洞口面积之和不超过该外墙面积的5%时，其防火间距可减少25%。但门窗洞口不应正对开设，以防止热辐射与热对流。

消防监督检查研究

（三）改善防火间距不足的常用措施

防火间距因场地等各种原因无法满足国家规范规定的要求时，可依具体情况采取一些相应的措施：

（1）改变建筑物内的生产或使用性质，尽量减少建筑物的火灾危险性；改变房屋部分的耐火性能，提高建筑物的耐火等级。

（2）调整生产厂房的部分工艺流程和库房储存物品的数量；调整部分构件的耐火性能和燃烧性能。

（3）将建筑物的普通外墙改造成有防火能力的墙，如开设的门窗应采用防火门窗等。

（4）拆除部分耐火等级低、占地面积小、使用价值低的影响新建建筑物安全的相邻的原有建筑物。

（5）设置独立的室外防火墙等。

二、消防车道

高层建筑的平面布置、空间造型和使用功能往往复杂多样，给消防扑救带来不便。如大多数高层建筑的底部建有相连的裙房等，设计中如果对消防车道考虑不细致，火灾时消防车无法靠近建筑主体，往往会延误灭火时机，造成重大损失。如某厂大楼，由于其背面未设消防车道，发生火灾时消防车无法靠近，延误了时机，致使大火燃烧了3个多小时，扩大了灾情。低层建筑的消防车道主要考虑生产厂房、仓库以及大型的公共建筑的消防车灭火需要。

（一）消防车道的设置条件

（1）工厂、仓库应设消防车道；

（2）易燃、可燃材料露天堆场区，液化石油气储罐区，甲、乙、丙类液体储罐区，可燃气体储罐区，应设有消防车道或可供消防车通行的且宽度不小于6m的平坦空地；

（3）高架仓库周围宜设环形消防车道；

（4）超过3000个座位的体育馆、超过2000个座位的会堂和占地面积超过3000m2的展览馆等公共建筑，宜设环形消防车道；

（5）高层民用建筑周围，应设环形消防车道；

（6）建筑物沿街部分长度超过150m或总长度超过220m时，均应设置穿过建筑物的消防车道；

（7）高层建筑的内院或天井较大时，应考虑消防车在火灾时进入内院进行扑救操作，当其短边长度超过24m时，宜设有进入内院或天井的消防车道；

（8）供消防车取水的消防水池和天然水源，应设消防车道。

（二）尺寸要求

消防车道的净宽度和净空高度均不应小于4.0m。供消防车停留的空地，其坡度不宜大于3%。

(三) 其他要求

(1) 由于考虑到室外消火栓的保护半径在 150m 左右，城市街区内道路，考虑消防车通行，其间距不应大于 160m；

(2) 环形消防车道至少两个地方与其他车道相连；

(3) 消防车道可利用交通道路；

(4) 消防车道应尽量避免与铁路交汇，如必须平交时，设备用车道的间距不宜小于一列火车长度；

(5) 消防车道下的管沟和暗沟应能承受大型消防车压力；

(6) 消防车道距建筑物外墙宜大于 5m，防止建筑物构件火灾时塌落影响消防车作业；

(7) 消防车道与高层建筑之间，不应设置妨碍登高消防车操作的树木、架空管线等。

三、水平防火分区及分隔设施

(一) 水平防火分区

水平防火分区，就是为阻止建筑物内部火灾向水平方向蔓延而实施的防火解决办法。水平防火分区是按照建筑面积划分的，又称面积防火分区，是指在同一水平面内，利用防火墙、防火卷帘、防火门、防火水幕等防耐火非燃烧分隔物将建筑平面分为若干防火分区或防火单元。

水平防火分区，无论是对住宅、公共建筑还是厂房、仓库等，都是很有必要的防火措施。尤其是高层建筑，一旦发生火灾，救助极为困难。

在实际的建筑设计与建设中，应自觉地按照规范规定的建筑面积设置，还应根据建筑物内部的不同使用功能区域，设置防火分区或防火单元。例如，饭店建筑的厨房部分与顾客使用部分，由于使用功能不同，而且厨房部分有明火作业，应该划为不同的防火分区，并采用耐火极限不低于 3.00h 的墙体做防火分隔。

在工业建筑中，水平防火分区要根据生产和储存物品的火灾危险性类别，是否散发有毒有害气体，是否有明火或高温生产工艺等来划分。

划分防火分区，除了考虑不同的火灾危险性外，还要按照使用灭火剂的种类而加以分隔。例如，对于配电房、自备柴油发电机房等，当采用二氧化碳灭火系统时，由于这些灭火剂毒性大，应该分隔为封闭单元，以便施放灭火剂后能够密闭起来，防止毒性气体扩散、伤人。此外，使用与储存不能用水灭火的化学物品的房间，应单独分隔起来。

对于设置贵重设备、储存贵重物品的房间，也要分隔成防火单元。

对于设在建筑内的自动灭火系统的设备室，应采用耐火极限不低于 2.00h 的隔墙、1.50h 的楼板和甲级防火门与其他部位隔开。这样，即使建筑物发生火灾，也必须保障灭火系统不受威胁，保障灭火工作顺利实施。

消防监督检查研究

（二）水平防火分区分隔设施

1. 防火墙

防火墙是水平防火分区的主要防火分隔物。防火墙是指用具有3h以上耐火极限的非燃烧材料砌筑在独立的基础（或框架结构的梁）上，用以形成防火分区，控制火灾范围的部件。它可以根据需要而专门设置，也可以把其他隔墙、围护墙按照防火墙的构造要求砌筑而成。

从建筑平面看，防火墙有纵横之分，与屋脊方向垂直的是横向防火墙，与屋脊方向一致的是纵向防火墙。按照防火墙设置位置分，防火墙可分为内墙防火墙、外墙防火墙和室外独立的防火墙等。把房屋划分成防火分区的内部分隔墙称为内墙防火墙；在两幢建筑物间因防火间距不够而设置无门窗（或设防火门、窗）的外墙称为外墙防火墙；当建筑物间的防火间距不足，又不便于使用外防火墙时单独修筑的墙体，称为室外独立的防火墙，用以防止两幢建筑之间的火灾蔓延。

由于防火墙是阻止火势蔓延的重要措施，防火墙上不宜开设门窗洞口，如必须设置，则应设置耐火等级不小于1.20h，能自动关闭的防火门窗。

防火墙应直接砌筑在建筑基础上或耐火等级符合设计规范的钢筋混凝土框架梁上，并且要保证防火墙的结构强度和稳定性。防火墙两侧的可燃构件不得穿过防火墙体，并且难燃烧体的屋顶结构也应截断，以免火从墙内延烧。为防止火由屋面越过防火墙，防火墙还

应高出非燃烧体屋面（如瓦、石棉瓦、铁皮等）40cm，高出燃烧体或难燃烧体屋面（如木板、油毡等）50cm以上，形成一堵横断屋顶的矮墙。建筑物外墙为难燃烧体时，防火墙应凸出难燃烧体墙外表面40cm。如不便凸出墙面，可设置防火带。

建筑天窗或燃烧体、难燃烧体的构筑物距防火墙小于4m时，为防止火势通过防火墙蔓延，防火墙必须砌至开口或构筑物上缘以上，并不小于50cm。当这个开口或构筑物距离防火墙外沿不小于4m时，可以认为是安全的，防火墙可不做特殊处理。

2. 防火门

防火门也是一种防火分隔物，是指在一定时间内能满足耐火稳定性、完整性和隔热性要求的门，通常用于建筑物的防火分区及重要防火部位。防火门除具有普通门的作用外，更具有阻止火势蔓延和使烟气扩散的特殊功能，可在一定时间内阻止和延缓火灾蔓延，以确保人员疏散。

（1）防火门分类

防火门按其材质，可分为钢质、木质和复合材料防火门三种。钢质防火门即非燃烧体防火门，一般采用薄型钢作为框架，薄钢板作为门面，填充以不同厚度的硅酸铝纤维、矿棉、玻璃棉、硅酸钙板等做成不同耐火等级的防火门。木质防火门即难燃烧体防火门，其构造不尽相同，如双层木板，两面铺石棉板，外包镀锌铁皮；双面木板，中间夹石棉板，外包镀锌铁皮。设计不同的总截面尺寸，可以达到不同的耐火等级。

防火门按耐火极限可以分为三种：甲级、乙级和丙级，耐火极限分别为1.2h, 0.9h,

0.6h。通常甲级防火门用于防火分区中，作为水平防火分区的分隔设施；乙级防火门用于疏散楼梯间的分隔；丙级防火门用于管道井、排烟道等的检修门上。

防火门还可按开启方式，分为平开防火门和推拉防火门；按门扇做法和构造，分为带亮窗和不带亮窗的防火门、镶玻璃和不镶玻璃的防火门等。

（2）防火门的要求

防火门是一种活动的防火阻隔物，建筑中设置的防火门，应保证其防火和防烟性能符合相应构件的耐火性以及疏散人员的需要。

正常情况下，防火门应处于敞开状态，不得用其他杂物挡住防火门，人员疏散后应及时关闭防火门。为尽量避免火灾时烟气或火势通过门洞窜入人员的疏散通道内，防火门应具有自闭功能，双扇防火门应具有按顺序关闭的功能，通常采用自动关门装置与火灾探测器联动、由防灾中心遥控操纵的自动关闭防火门。通常，由门把固定在墙上，门是敞开的。当火灾探测器发现火灾，将信息输送到防灾中心，再由防灾中心通过电路控制关门装置的磁力开关使门脱扣，防火门自动关闭。

设置防火门的部位，一般为疏散门或安全出口。防火门既是保持建筑防火分隔完整的主要物体之一，又常是人员疏散经过疏散出口或安全出口时需要开启的门。因此，防火门的开启方式、方向等均应满足紧急情况下人员迅速开启、快捷疏散的需要。设置在疏散通道的防火门，开启方向应与疏散方向一致。设置在防火墙上的防火门宜选用自动兼手动的平开门或推拉门，且关门后可以从门的任何一侧用手开启。

为保证防火分区间的相互独立性，设置在变形缝附近的防火门，开启后，其门扇不应跨越变形缝，并应设置在楼层较多的一侧。

为避免窜烟、窜火，防止火灾通过防火门蔓延，宜在门扇与框架缝隙处粘贴防火膨胀胶条。

3. 防火窗

防火窗是建筑物防火分隔的设施之一。防火窗，是指用木材或冷轧薄钢板做窗框、窗扇骨架，在窗扇骨架内填充不燃材料，并配以防火玻璃及五金件所组成的能满足耐火稳定性、完整性和隔热性的特种窗。防火窗通常用在防火墙上，能隔离或阻止火势蔓延。

防火窗按其材质，可分为钢质防火窗、木质防火窗、钢木复合防火窗三种；按其耐火极限，可分为甲级、乙级、丙级三种，耐火极限分别为1.20h、0.90h、0.60h；按其构造，可分为单层防火窗、双层防火窗，耐火极限分别为0.70h和1.20h；按照其安装方式，可分为固定式防火窗、活动式防火窗。

防火窗的选用与防火门相同，凡设置甲级防火门且有窗处，均选用甲级防火窗；设置乙级防火门且有窗处，均选用乙级防火窗。

4. 防火卷帘

防火卷帘门是现代建筑中不可缺少的防火设施。防火卷帘一般由钢板或铝合金等金属材料制成，也有以无机物组合而成的轻质防火卷帘。钢质卷帘一般不具备隔热性能，因此最好结合水幕或喷淋系统共同使用；轻质卷帘有些可隔热，耐火隔热性根据制作方式不同可达到 3.00h。

防火卷帘可以与报警系统联动形成自动控制。防火卷帘帘面通过传动装置和控制系统达到卷帘的升降，具有防火、隔烟、抑制火灾蔓延、保护人员疏散的特殊功能，产品外形平整美观、造型新颖，钢性强。防火卷帘广泛应用于高层建筑、大型商场等人员密集的场合，能有效地阻止火势蔓延，保障生命财产安全，是现代建筑中不可缺少的防火设施。

（1）防火卷帘的分类

防火卷帘按照其材质，可分为钢质防火卷帘、复合防火卷帘和无机防火卷帘三种；按照耐火时间，可分为普通型防火卷帘和复合性防火卷帘，前者耐火时间有 1.50h 和 2.00h 两种，后者耐火时间有 2.50h 和 3.00h 两种。

防火卷帘按照开启方式可分为上下开启式、横向开启式和水平开启式三种。其中上下开启式和横向开启式适用于门窗洞口和室内的防火分隔，水平开启式适合于楼板孔洞等的防火分隔。

防火卷帘按照其帘板构造，可分为普通型钢质防火卷帘（耐火极限有 1.50h，2.00h）和复合型钢质防火卷帘（耐火极限有 2.50h，3.00h）；按照帘板厚度不同，可分为轻型卷帘和重型卷帘，分别用厚度为 0.5～0.6mm，1.5～1.6mm 的钢板制成。

（2）防火卷帘的选择

防火卷帘主要用于大型超市（大卖场）、大型商场、大型专业材料市场、大型展馆、厂房、仓库等有消防要求的公共场所。在建筑物设置防火墙或防火门有困难时，要用防火卷帘门代替，同时需用水幕保护其两侧，以将大厅分隔成较小的防火分区。防火卷帘用于防火分区时耐火极限为 3.00h，防火墙上开口部位设置防火卷帘时耐火极限为 1.20h。

在穿堂式建筑内，可在房间之间的开口处设置防火卷帘，通常选用上下开启式或横向开启式。对于多跨的大厅，可将卷帘固定在梁底下，以柱为轴线，做成临时性防火分隔。

防火卷帘，应具有防烟性能，与楼板、梁和墙、柱之间的空隙应采用防火封堵材料封堵，以防止烟气和火势通过卷帘周围的空隙传播蔓延。防火卷帘还应预留足够的空间，以避免与建筑洞口处的通风管道、给排水管道及电缆电线管等发生干涉。

设在疏散走道上的防火卷帘应在两侧设自动、手动和机械控制的启闭装置。在停电的情况下，只能通过拉动铁钉将防火卷帘门放下。防火卷帘门配备的手动装置，只能单向放下，不能提升。

设在疏散走道和前室的防火卷帘，应具有在降落时暂时停滞功能。消防中央控制系统通过识别火灾信号后接通火警所在区域的防火卷帘门电源，使火灾区域的防火卷帘按一定的速度下行。当卷帘下行到离地面约 1.5 米位置时，停止下行，以利于人员的疏散和撤离。防火卷帘门在中间停留一段时间，人员全部撤离后，再继续下行，直至关闭。

四、垂直防火分区及分隔设施

（一）垂直防火分区

垂直防火分区也称竖向防火分区，是指为防止多层或高层建筑的层与层之间发生竖向火灾蔓延而采取的具有一定耐火极限的楼板和窗间墙在建筑物的垂直方向对每个楼层进行的防火分隔。由于竖向防火分区以每个楼层为基本防火单元，故也称为层间防火分区。

竖向防火分区用以防止层与层之间的火灾蔓延，用以分隔1级、2级耐火等级建筑楼层的楼板，其耐火极限依次不低于1.50h和1.00h。中庭、自动扶梯电梯井、楼梯间等竖井的分区也属于竖向防火分区。防火分区面积的大小是根据建筑物的类别、使用性质、耐火等级、层数及其消防设施等因素确定的。

（二）分隔设施

竖向分隔设施主要有楼板、避难层、防火挑檐、竖井的防火分隔、建筑物的功能转换层。耐火楼板、防烟楼梯间和封闭楼梯间均属于竖向防火分区的分隔物。

1. 耐火楼板

凡符合建筑设计防火规范要求的楼板，即为耐火楼板，一级耐火等级建筑物的楼板为不燃烧体，耐火极限在1.50h以上；二级耐火等级建筑物的楼板为不燃烧体，耐火极限在1.00h以上。

2. 封闭楼梯间

封闭楼梯间，是指用耐火建筑构件分隔，能防止烟和热气进入的楼梯间。封闭楼梯间的设置要求：

（1）楼梯间应靠外墙，并能直接天然采光和自然通风，当不能直接天然采光和自然通风时，应按防烟楼梯间规定设置。

（2）高层民用建筑和高层工业建筑中封闭楼梯间的门应为乙级防火门，并向疏散方向开启。

（3）楼梯间的首层紧接主要出口时，可将走道和门厅等包括在楼梯间内形成扩大的封闭楼梯间，但应采用乙级防火门等防火措施与其他走道和房间隔开。

3. 防烟楼梯间

防烟楼梯间，是指具有防烟前室和防排烟设施，并与建筑物内使用空间分隔的楼梯间。其形式一般有带封闭前室或合用前室的防烟楼梯间、用阳台作前室的防烟楼梯间、用凹廊作前室的防烟楼梯间等。防烟楼梯间的设置要求：

（1）楼梯间入口处应设前室、阳台或凹廊。

（2）前室的面积，对公共建筑不应小于$6m^2$，与消防电梯合用的前室不应小于$10m^2$；对于居住建筑不应小于$4.5m^2$，与消防电梯合用前室的面积不应小于$6m^2$；对于人防工程不应小于$10m^2$。

（3）前室和楼梯间的门均应为乙级防火门，并应向疏散方向开启。

（4）如无开窗，则须设管道井正压送风。一类高层建筑必须由管道正压送风。

4．防火挑檐、窗槛墙

除了采用耐火楼板进行层间分隔以外，防火挑檐、窗槛墙也是重要的竖向防火分区分隔措施。科学研究及火灾实例表明，火灾从外墙窗口向上蔓延也是现代高层建筑火灾蔓延的一个重要途径。火焰在着火层轰燃后喷出外窗，在浮力和风力作用下，火向上窜越，将上层窗口及其附近的可燃物烤着，进而引燃上层室内的可燃物，形成逐层甚至越层向上蔓延，致使整个建筑物起火。

增大上下楼层间窗间墙（窗槛墙）的高度，或者在窗口上方设置挑檐，是防止火灾从外窗向上蔓延的行之有效的方法。火灾实例说明，窗槛墙高度小于1m，很难起到防火作用。设防火挑檐的窗槛墙高度可减小，但其高度和挑檐宽度之和不应小于1.2m。防火挑檐可视具体情况灵活设置，其应采用不燃性材料制作，具有一定的耐火性能。

5．防火阀

高层及其他各类现代建筑大多设有通风、空调及防排烟系统，一旦发生火灾，这些系统中的管道将成为火焰、烟气蔓延的通道。安装防火阀，可以在一定时间内能满足耐火稳定性和耐火完整性的要求，起隔烟阻火作用。

防火阀，是指在一定时间内能满足耐火稳定性和耐火完整性要求，用于通风、空调管道内阻火的活动式封闭装置。防火阀通常安装在通风、空调系统的送、回风管路上，平时呈开启状态。火灾时，当管道内气体温度达到70℃时，易熔片熔断，阀门在扭簧力作用下自动关闭。防火阀可自动（与报警系统联动）、手动关闭，均需手动复位。

第三节　建筑材料耐火性能及防火保护

一、建筑构件的耐火极限与燃烧性能

（一）建筑构件的耐火极限

1．定义

对任一建筑构件，置于标准火灾环境下，按照时间－温度标准曲线进行耐火试验，从受火作用时起，到构件失去稳定性或完整性或绝热性时为止，这段抵抗火的作用时间，称为耐火极限，通常用小时（h）来表示。

2．耐火极限的判定条件

（1）失去稳定性

这一判定条件是指构件在火焰或高温作用下，由于构件材质性能的变化，构件失去支持能力或抗变形能力,使承载能力和刚度降低,承受不了原设计的荷载而破坏。例如,钢筋混凝土在受火作用后,梁失去支承能力,钢柱失稳破坏;非承重构件自身解体或垮塌等,均属失去支持能力。

(2)失去完整性

这一判定条件适用于分隔构件,如楼板、隔墙等。失去完整性的标志:出现穿透性裂缝或穿火的孔隙。例如,预应力钢筋混凝土楼板使钢筋失去预应力,发生爆裂,出现孔洞,使火苗窜到上一楼层。

(3)失去绝热性

失去绝热性,是指具有分隔作用的构件,背火面温度升高到足以引燃其附近的可燃物。适用于墙、楼板等。

失去绝热性的标志:下列两个条件之一:

试件背火面测温点平均温升达140℃;

试件背火面测温点任一点温升达180℃。

建筑构件耐火极限的三个判定条件,实际应用时,要具体问题具体分析:①分隔构件(隔墙、吊顶、门窗):失去完整性或绝热性;②承重构件(梁、柱、屋架):失去稳定性;③承重分隔构件(承重墙、楼板):失去稳定性、完整性或绝热性。

(二)建筑构件的燃烧性能

建筑构件按其燃烧性能分为三大类:

1. 不燃烧体

用不燃材料制成的构件。不燃材料指的是在空气中遇到火烧或高温作用时不起火、不微燃、不炭化的材料,如砖、石、钢材、混凝土等。

2. 难燃烧体

用难燃性材料做成的构件或用燃烧性材料做成而用不燃烧材料做保护层的构件。难燃性材料是指在空气中遇到火烧或高温作用时难起火、难微燃、难炭化,当火源移走后燃烧或微燃立即停止的材料。如经过阻燃处理的木材、沥青混凝土、水泥刨花板等。

3. 燃烧体

用燃烧材料做成的构件。燃烧性材料是指在空气中遇到火烧或高温作用时立即起火或微燃,且火源移走后仍继续燃烧或微燃的材料,如木材。

二、混凝土构件的耐火性能

混凝土是由水泥、水和骨料(如卵石、碎石、砂子)等原材料经搅拌后入模浇筑,经养护硬化后形成的人工石材。

（一）混凝土构件的力学性能

1. 混凝土在高温下的抗压强度

在低于300℃的情况下，混凝土抗压强度只是轻微降低，温度升高对抗压强度的影响不大；但是在高于300℃时，随温度升高强度快速降低，且降低速度随温度升高而加快；当温度为600℃时，强度已降低50%以上；当温度上升到1000℃时，强度值变为0。大量实验表明，混凝土在热作用下，抗压强度随温度的上升而大体上呈直线下降：

2. 混凝土的抗拉强度

在一般的结构设计中，强度计算起控制作用，而抗裂度和形变计算起辅助验算作用。抗拉强度是混凝土在正常使用阶段计算的重要物理指标之一。它的特征值高低直接影响构件的开裂、变形和钢筋锈蚀等性能。而在防火设计中，抗拉强度更为重要。这是因为构件过早地开裂会将钢筋直接暴露于火中，并由此产生过大的变形。

（二）高温时钢筋混凝土的破坏

钢筋与混凝土的粘结力，主要是由混凝土硬结时将钢筋紧紧握裹而产生的摩擦力、钢筋表面凹凸不平而产生的机械咬合力及钢筋与混凝土接触表面的相互胶结力所组成。

当钢筋混凝土受到高温时，钢筋与混凝土的粘结力要随温度的升高而降低。粘结力与钢筋表面的粗糙程度有关。试验表明，光面钢筋在100℃时，粘结力降低约25%；200℃时，降低约45%；250℃时，降低约60%；而在450℃时，粘结力几乎完全消失。但非光面钢筋在450℃时，粘结力才降低约25‰。其原因是，光面钢筋与混凝土之间的粘结力主要取决于其摩擦力和胶合力。在高温作用下，混凝土中水分排出，出现干缩的微裂缝，混凝土抗拉强度急剧降低，二者的摩擦力和胶合力迅速降低。而非光面钢筋与混凝土的粘结力，主要取决于钢筋表面螺纹与混凝土之间的咬合力。在250℃以下时，由于混凝土抗压强度的增加，二者之间的咬合力降低较小；随着温度的继续升高，混凝土被拉出裂缝，粘结力逐渐降低。

试验表明，钢筋混凝土受火情况不同，耐火时间也不同。对于一面受火的钢筋混凝土板来说，随着温度的升高，钢筋由荷载引起的徐变不断加大，在350Y以上时更加明显。徐变加大，使钢筋截面减小，构件中部挠度加大，受火面混凝土裂缝加宽，使受力主筋直接受火作用，承载能力降低。同时，混凝土在300～400℃时强度下降，最终导致钢筋混凝土完全失去承载能力而被破坏。

（三）钢筋混凝土在火灾作用下的爆裂

爆裂是钢筋混凝土构件和预应力钢筋混凝土构件在火灾中的常见现象。混凝土的突然爆裂，导致构件丧失原有的力学强度；或使钢筋暴露在火灾中；或使构件出现穿透裂缝或孔洞，失去隔火作用，并最终使结构丧失整体稳定或失去承载能力而倒塌破坏。

实验证明，构件承受的压应力是发生爆裂的主要因素之一，从理论上讲，爆裂可以认为是内力释放。这个内力由两部分组成：一是外部施加的荷载应力，二是混凝土内部所含水分在温度作用下所产生的热应力，这两项应力是导致混凝土爆裂的主要原因。当构件受热时，最初会发生膨胀，而后混凝土中的水泥砂浆会有一段体积缩小的过程，可是混凝土中的骨料却一直随温度的升高而膨胀。最后又出现水泥砂浆和骨料共同膨胀。这种不协调的膨胀与收缩必然在混凝土中产生内应力，与阻碍构件自由变形的外加荷载的共同作用，导致混凝土中的应力集中和内部出现裂缝，并最终产生混凝土的爆裂。

（四）保护层对钢筋混凝土构件耐火性能的影响

在火灾中，无论是水平构件还是垂直构件，最常见的是单面受火作用。如楼板就是受拉面单面受火的典型构件。为了使楼板具有规定的耐火性能，就必须保证钢筋不过早地改变其物理学性能。因而，必须掌握混凝土保护层厚度对构建耐火性能的影响，即混凝土中温度变化。

一般地说，预应力钢筋混凝土构件要比非预应力构件的耐火时间短。这主要是因为在同等配筋的情况下，预应力构件在使用阶段承受的荷载要大于非预应力构件。即在受火作用时，预应力是处于高应力状态，而高应力状态一定要导致高温下钢筋的徐变。

（五）提高混凝土耐火性能的措施

由于注意到火灾爆裂引起的后果之严重，建筑工程界一直在研究混凝土爆裂问题，寻找防止混凝土爆裂的手段。已经出现在各类文献上的方法主要有以下几种：

（1）在承载钢筋之上附加钢丝网，以防止钢丝网下的混凝土因爆裂而大量脱落。因为有试验表明，爆裂主要发生在钢丝网的表层，造成表面严重破坏。但还是发现个别区域的破坏深度甚至大于钢筋的埋置深度。试验用两根 28d 抗压强度等于 100MPa 的混凝土柱，结果是两个试件的钢丝网都不能使混凝土达到 90min 的耐火时间。

（2）在 60℃ 把混凝土构件预干 21d，以减少混凝土结构体内藏置的水分。设想中的情况是混凝土结构体内的水分在预干过程中可以被排出。但是实验结果表明，经过这样的预处理的试件在耐火试验时依然开裂。

（3）在构件表面覆盖保护层，以确保耐火性。迄今为止在此领域尚未见到有系统的研究，故不能做出最后的结论。

（4）加入钢纤维改善耐火性。由于钢纤维的应用与研究均有一定基础和积累，所以人们非常自然地想到掺入钢纤维以解决混凝土的高温爆裂问题。试验测试了不同钢纤维掺量的混凝土柱。观察表明，钢纤维不能改善混凝土的爆裂性能。无论是单纯加钢纤维，还是钢纤维与钢丝复合使用，都不能避免爆裂破坏。

（5）加熔点低的纤维。近年来有大量试验表明，在混凝土中掺入低熔点纤维，例如聚丙烯纤维，具有良好的耐火前景。这样的纤维混凝土柱经过标准耐火试验几乎观察不到破坏，这说明低熔点纤维能防止混凝土爆裂。

三、钢结构耐火性能

近年来,我国经济突飞猛进的发展,建筑业空前繁荣,一些大跨度、超高层建筑也相应出现,在建筑中运用的钢结构种类也越来越多,由于其本身具备自重轻、强度高、施工快等独特优点,因此对高层、大跨度,尤其是超高层、超大跨度,采取钢结构更是非常理想。钢结构产量不断增加和钢结构技术不断改进,使钢结构建筑在现代建筑中得到了越来越广泛的应用。但钢结构存在耐火性能低的缺点,所以提高钢结构的耐火性能,对于建筑的安全性至关重要。

(一)钢材的比热容和导热系数

材料的比热容是指单位体积内所能储存的热量。当其所吸收的热量一定时,比热容越高,材料的温度上升就越小。一般情况下,钢材的比热容约为520J/(kg·℃)。在钢材受热时,由于钢材内部结构材质的变化,比热容在较小的温度范围内有一个迅速升高又很快回落的变化过程。但这一变化在火灾中的影响很小,所以在整个温度范围内可将钢材的比热容近似看做常数。

(二)钢结构的耐火性能

当钢材受到高温时,其比热容、导热系数等热学特性迅速影响其强度、形变等力学特征。钢材的力学性能随温度的升高而变化,一般表现为弹性模量、屈服强度、极限强度随温度的升高而下降,塑性变形和蠕变随温度的升高而增加。

在 200~350℃时,热轧钢出现所谓的"蓝脆"现象,此时钢材的极限强度提高,而塑性降低,与其他温度段相比变"脆"。在500℃时,钢的极限强度和屈服极限大大降低,塑性增大。在 450~600℃时,碳化物趋于石墨化和球化。石墨化的产物是由于碳化铁分解,生成游离的石墨粒的结果。如果加热的温度越高、时间越长,钢的含碳量越高,则碳化物的球化便越剧烈。存在石墨化和球化现象,表明钢在高温下弱化了,力学性能降低。

钢材在高温下屈服点降低是决定钢结构耐火性能的重要因素,如某一钢构件在常温下受荷载作用应力值大于其屈服强度,但高温下钢材出现屈服强度降低现象,当实际应力值达到了降低了的屈服强度时就表现出屈服现象而破坏,使结构承载力能力急剧下降,造成钢结构建筑部分或全部垮塌毁坏。

事实上,钢构件在火灾条件下抗火性能的破坏远没有那么简单,它与钢构件的截面积、截面形状、试验时的荷载量等都有着密切的关系。

高强钢筋用于预应力钢筋混凝土结构,它属于硬钢,没有明显的屈服极限。在高温下,高强钢丝的抗拉强度的降低比其他钢筋快。在火灾作用下,其耐火性能低于非预应力钢筋混凝土构件,在防火设计时应充分考虑其高温下应力的变化。

结构钢材在高温下的抗拉性能很好,但受火作用后,会迅速变坏。试验表明,某结构钢梁在温度20℃时的抗拉强度为440MPa;温度升高至485℃时,其抗拉强度为270MPa;温度到614℃时,其抗拉强度为70MPa,这时完全失去承载能力。从挠度变化可以看出,当温度升高700℃左右时,钢梁的挠度已超过了13.3%,已失去支持能力。从高温作用的时间看，钢梁浴火 15～20min 后就急剧软化，这样便可使建筑物整体失去稳定而破坏，而且被破坏后的结构无法修复。

（三）钢结构的防火保护

钢结构的防火是建筑设计中必不可少的一个方面，钢结构虽然是不燃烧体，但未加保护的钢结构的耐火极限较低，必须实施防火保护。钢结构防火保护的措施，就是在其表面提供一层绝热或吸热的材料，隔离火焰直接灼烧钢结构，以延迟钢结构温升和强度减弱的时间，减轻钢结构在火灾中的破坏，避免钢结构在火灾中局部倒塌造成灭火及人员疏散的困难。

目前，世界各国对建筑钢结构的保护措施有多种，按照其防火行为，主要分为主动防火和被动防火。主动防火主要是指水喷淋法以及消防员的灭火行动，即主动地控制建筑发生火灾的趋势；被动防火是不包括灭火行为而采取其他形式提高钢结构的耐火极限的一种防火保护方法。从热量传输原理来说，钢结构防火保护措施可以分为截流法和疏导法。

1. 水喷淋法

水喷淋法是在结构顶部设喷淋供水管网，火灾发生时，自动（或手动）启动开始喷水，在构件表面形成一层连续流动的水膜，从而起到保护作用。

2. 截流法

在构件的表面设置一层保护材料，截断或阻滞火灾产生的热流量向构件的传输，使构件在规定的时间内升温但不超过其临界温度。由于选用的材料导热系数小而热容量大，可以很好地阻滞热流向构件的传输，从而起到保护作用。截流法又包括喷涂法、屏蔽法和包封法等方法。

（1）喷涂法

用喷涂机具将防火涂料直接喷在构件表面，形成保护层。涂喷法是一种最简单、最经济、最有效的做法，其价格低、重量轻、施工速度快，适用于形状复杂的钢构件，也是钢结构厂房中最常用的防火处理方法之一。

（2）屏蔽法

把钢结构包藏在耐火材料组成的墙体或吊顶内，在钢梁、钢屋架下作耐火吊顶，火灾时可以使钢梁、钢屋架的升温大为延缓，大大提高钢结构的耐火能力，而且这种方法还能增加室内的美观，但要注意吊顶的接缝、孔洞处应严密，防止窜火。

（3）包封法

在钢结构表面做耐火保护层，将构件包封起来，其具体做法有：用现浇混凝土作耐火保护层，用砂浆或灰胶泥作耐火保护层，用矿物纤维作耐火保护层，用轻质预制板作耐火保护层。

3. 疏导法

疏导法是先将热量传导至构件上，然后再设法把热量导走或消耗掉，同样可使构件温度不至于升到临界温度，从而起到保护作用。疏导法目前主要是充水冷却这一种方法，水冷却法是在空心钢柱内充满水，高温时，构件把从外界环境中吸收的热量传给水，依靠水的蒸发消耗热量或通过循环把热量导走，构件的温度可维持在100℃左右。冷却方法对于钢管柱的结构体系来说是一种非常有效的防火方法，但为了防止钢结构生锈，须在水中放入专门的防锈外加剂，冬天还须加入防冻剂，而且由于对结构设计有专门的要求，所以目前实际上已很少使用。

对于钢结构的防火材料，无论采取哪种方法都应具备以下几点：安全无毒；易于与钢结构结合；在预期的耐火极限内可有效地保护钢结构；在钢结构受火后发生变形时，防火玻璃等建筑材料在高温时还要考虑软化、熔融现象的出现。

第九章 建筑消防设施

建筑消防设施是指在建筑物、构筑物中设置的用于火灾报警、灭火、人员疏散、防火分隔、灭火救援行动等设施的总称。归纳起来，常见的建筑消防设施有火灾自动报警设施（系统）、防火分隔设施、安全疏散设施、防排烟设施和灭火设施五大类。熟悉各类建筑消防设施的系统组成及工作原理，并能熟练操作，是成功处置现代建筑火灾的关键。

第一节 火灾自动报警系统

火灾自动报警系统是火灾探测报警与消防联动控制系统的简称，是人们为了趁早发现、通报火灾，并及时引导人员疏散和联动各种消防设施并接受设备的反馈信号，而设置在建筑中或其他场所的一种自动消防设施，是建筑各类消防设施的核心组成部分。发生火灾时，火灾自动报警系统能及时探测火灾，发出火灾报警，同时启动火灾警报装置；启动自动防排烟设施；启动应急照明系统、火灾应急广播等疏散设施，引导火灾现场人员及时疏散；启动相应防、灭火设施，防止火灾蔓延扩大，同时实施灭火，以减少火灾损失。

一、火灾自动报警系统的主要系统组成及其功能原理

火灾自动报警系统最基本的系统组成主要有触发器件（火灾探测器、手动火灾报警按钮）、火灾报警控制器、火灾报警器（声光报警器）、联动控制装置等。

在火灾自动报警系统中,安装在现场的火灾探测器监测保护区域内火灾特征参数(烟雾、高温、火焰等)的变化情况,一旦探测到火灾事故发生,火灾探测器将火灾特征参数的变化情况转变为电信号并传输给火灾报警控制器;火灾报警控制器接收到现场火灾报警信号后,发出火灾报警信号,启动相应的火灾报警装置并将火灾报警信息传输给消防联动控制设备;消防联动控制设备再发出各类联动控制信号,启动相应的疏散设施、防排烟设施、防火分隔设施和灭火设施等。

(一)火灾探测器

火灾探测器的作用首先是将火灾现场的相关火灾特征参数,如烟雾、高温、火焰等转变为电信号,然后通过弱电线路将此电信号传输给火灾报警控制器。

1. 火灾探测器的常见分类

根据探测器的结构造型,火灾探测器可分为点型火灾探测器和线型火灾探测器两种;根据探测器感应的火灾参数,火灾探测器分为感烟式火灾探测器、感温式火灾探测器、火焰火灾探测器和复合式火灾探测器四种。另外,结构造型和感应参数相同的火灾探测器,根据探测原理的不同,还可做进一步分类。

2. 火灾探测器的选择

由于探测原理、结构特点不同,不同种类的火灾探测器适用场所不尽相同。火灾探测器的选择,要根据探测区域内可能发生的初起火灾特征、房间高度、环境条件等因素综合确定。

(1)根据初起火灾特征选择火灾探测器

①火灾初期有阴燃阶段,产生大量的烟和少量热,很少或没有火焰辐射,应选用感烟式火灾探测器。

②火灾发展迅速,产生大量的热、烟和火焰辐射,可选用感烟式火灾探测器、感温式火灾探测器或火焰火灾探测器,或是其组合的复合式火灾探测器。

③火灾发展迅速,有强烈的火焰辐射和少量烟与热,应选用火焰火灾探测器。

④初起火灾形成特征不可预测的,可进行火灾模拟试验,根据试验结果选择火灾探测器。

(2)根据设置场所环境条件选择火灾探测器

①下列场所不宜选用离子感烟式探测器:相对湿度长期大于95%,气流速度大于5m/s的场所;有大量粉尘、水雾滞留,可能产生腐蚀性气体的场所;在正常情况下有烟滞留的场所;产生醇、醚类、酮类等有机物质的场所。

②可能产生阴燃或者发生火灾不及时报警将造成重大损失的场所,不宜选用感温式探测器;温度在0℃以下的场所,不宜选用定温式探测器;正常情况下温度变化大的场所,不宜选用差温式探测器。

③有下列情形的场所,不宜选用火焰火灾探测器:

可能发生无焰燃烧的火灾;在火焰出现前有浓烟扩散;探测器的镜头易被污染;探测器的"视线"易被遮挡;探测器易被阳光或其他光源直接或间接照射;在正常

情况下，有明火作业及 X 射线、弧光等影响。

（二）手动火灾报警按钮

手动火灾报警按钮是用手动方式产生火灾电信号的一种触发器件。在火灾自动报警系统中，为防止火灾探测器出现故障而致使系统不能正常探测火灾，必须在建筑公共部位安装手动火灾报警按钮。当现场人员确认火灾发生时，按下手动火灾报警按钮，即可产生火灾电信号并通过弱电线路传递给火灾报警控制器。

（三）火灾报警控制器

火灾报警控制器是火灾自动报警系统的心脏，是消防系统的指挥中心。火灾报警控制器主要有四项功能：第一是接收并处理来自火灾探测器或手动火灾报警按钮传输来的火灾电信号，进行声、光报警；第二是显示与记录火灾发生的具体时间和部位；第三是向火灾探测器提供电源，监视其所连接火灾探测器及传输线路有无故障；第四是向联动控制装置发出联动信号。

（四）火灾报警装置

火灾报警装置的作用是：当现场发生火灾被确认后，安装在现场的火灾报警设施由火灾报警控制器启动，发出强烈的声光信号，以达到提醒人员注意的目的。主要有声光报警器、火灾显示盘、报警门灯等。

（五）火灾联动控制装置

火灾联动控制装置是指在火灾自动报警系统中，当接收到来自触发器件或火灾报警控制器的火灾电信号后，能自动或手动启动相关消防设施并显示其工作状态的装置。

二、火灾自动报警系统的基本形式

根据火灾监控对象的特点和消防设施联动控制的要求不同，火灾自动报警系统的基本形式主要有三种：区域报警系统，集中报警系统和控制中心报警系统。

（一）区域报警系统

区域报警系统由火灾探测器、手动火灾报警按钮、区域报警控制器和火灾报警装置构成。区域报警系统主要用于完成火灾探测和报警任务，适用于小型建筑对象或防火对象的单独监控。

（二）集中报警系统

集中报警系统由火灾探测器、手动火灾报警按钮、区域报警控制器和集中报警控制器等组成。集中报警控制器主要适用于高层宾馆、写字楼等对象。

（三）控制中心报警系统

控制中心报警系统是由设置在消防控制室的消防联动控制设备、集中火灾报警

消防监督检查研究

控制器、区域火灾报警控制器和火灾探测器等组成的功能复杂的火灾自动报警系统。控制中心报警系统不仅能监控和通报火灾,还能联动启动相关消防设备,如火警电话、火灾事故照明、防排烟设备、消防水泵等建筑消防设施,它是高层建筑及智能建筑中自动消防系统的主要类型,是楼宇自动化系统的重要组成部分。

三、火灾自动报警的火灾报警处理

由于火灾自动报警系统自身或其监控范围内环境影响的原因,火灾自动报警系统的火灾报警可能会存在真实的火灾报警和误报警两种情况。真实的火灾报警是指系统监控范围内真有火灾发生,系统检测到火灾发生点而启动的真正意义上的火灾报警。误报警是指系统监控范围内没有发生火灾而系统显示火灾报警。误报警可能是监控范围内环境发生较大变化所致,如监控范围内有大量灰尘或水雾滞留、气流速度过大、正常情况下有烟滞留或高频电磁干扰等。

火灾自动报警系统火灾报警时的特征现象有:探测器火警确认灯亮;火灾报警控制器发出火警声响;火灾报警控制器面板上火警指示灯亮,且"部位"显示窗口显示探测器的部位号或编号,打印机记录报警时间和部位。

由于系统的火灾报警存在着火灾报警和误报警两种情况,故系统火灾报警时要头脑冷静,保持镇定,同时要保持警惕,不因火灾报警而慌乱,也不轻信误报警。当系统显示火灾报警时,应按以下步骤和方法处理:

(1)通过火灾报警控制器的部位指示,查明发出火灾报警信号的探测器部位号或编号,查明火灾报警部位。

(2)可以使用消防电话让现场人员或派人迅速到现场尽快查明报警现场情况,判断火灾探测器报警原因,是火灾报警,还是误报警。

(3)当确认是火灾发生时,应根据不同情况及时采取以下两种方式:一是如火情比较小,现场人员可以就近采用灭火器具将火扑灭;二是如火情较大,应及时组织本单位人员利用现有消防设施处置火灾,同时迅速拨打119电话,通知消防队并全力配合消防队施救。火警处理完毕,对火灾报警控制器进行消音、复位,使控制器回到初始工作状态。

(4)当确认为误报警时,应及时观察火灾报警现场是否有大量粉尘、非火灾烟雾或水雾滞留现象,气流速度是否过大,是否有高频电磁干扰等环境干扰因素,在及时排除现场干扰因素后,对火灾报警控制器进行消音、复位处理。对不能查明的原因,要及时请专业技术人员加以查明与排除。

第二节 自动喷水灭火系统

自动喷水灭火系统具有自动探火报警和自动喷水控、灭火的优良性能,是当今国际上应用范围最广、用量最多且造价低廉的自动灭火系统。自动喷水灭火系统的类型较多，从广义上分，可分为闭式系统和开式系统；从使用功能上分，其基本类型又包括湿式系统、干式系统、预作用系统及雨淋系统和水幕系统等。其中用量最多的是湿式系统，在已安装的自动喷水灭火系统中，70%以上为湿式系统。

一、湿式自动喷水灭火系统的系统组成

湿式自动喷水灭火系统是世界上使用时间最长、应用范围最广泛、控火效率最高的一种闭式自动喷水灭火系统，目前世界上已安装的自动喷水灭火系统中有70%以上采用湿式自动喷水灭火系统。该系统结构简单，投资与使用管理费相对较经济可靠性好，适用于室内温度不低于4℃且不高于70℃的建、构筑物内（不能用水扑救的建、构筑物火灾除外）。

湿式自动喷水灭火系统主要由闭式洒水喷头、水流指示器、湿式报警阀、压力开关、末端试水装置、监测装置、给水管道、供水设施等组成。

二、湿式自动喷水灭火系统的工作原理

当火灾发生时，火源周围温度上升，导致火源上方的闭式喷头开启、喷水灭火。此时，由于闭式喷头喷水灭火，灭火管网内的水由静止变为流动，使水流指示器动作向报警控制器送出火灾电信号，报警控制器显示闭式喷头喷水灭火区域。由于闭式喷头开启泄压，打破了湿式报警阀前后的水压平衡，湿式报警阀自动开启，高位消防水箱压力水流流向灭火管网。与此同时，部分水流通过湿式报警阀阀座上的凹形槽流入信号管，冲击压力开关和水力警铃，使压力开关动作以向报警控制器送出火灾电信号，水力警铃发出声响报警信号。消防控制中心根据水流指示器和压力开关传来的火灾报警电信号，通过联动控制设备自动启动消防水泵向系统加压供水，达到持续自动灭火的目的。

三、湿式自动喷水灭火系统的主要组件及工作原理

（一）闭式喷头

闭式喷头是闭式自动喷水灭火系统的关键部件，在系统中起着探测火灾、启动系统和喷水灭火三大作用。

1. 闭式喷头的类型

根据闭式喷头的感温元件不同，常见闭式喷头有玻璃球喷头和易熔合金喷头。

（1）玻璃球喷头

玻璃球喷头是一种充有热膨胀系数较高的有机溶液，用玻璃球作为释放元件的喷头，当环境温度升高时，玻璃球内的有机溶液发生热膨胀后产生很大的内压力，使玻璃球外壳发生破碎，从而开启喷头喷水。由于玻璃球喷头工作稳定性、抗腐蚀

性较强、体积小、外观美观、制造方便，目前是我国采用最多的一种喷头类型。

（2）易熔合金喷头

易熔合金喷头是以一种低熔点复合有色金属感温元件组成的喷头。不同的有色金属有不同的熔点，当环境温度上升到有色金属熔点时，就会使感温元件发生解体脱落，改变喷头的密封性使喷头喷水灭火。

2. 闭式喷头的公称动作温度和颜色标志

闭式喷头的公称动作温度和颜色标志的规定见表9-1，玻璃球喷头公称动作温度分九档，易熔合金喷头公称动作温度分七档。在选定闭式喷头的公称动作温度时，闭式喷头的公称动作温度宜比环境最高温度高30℃。

表9-1 闭式喷头的公称动作温度和颜色标志

玻璃球喷头		易熔合金喷头	
公称动作温度（℃）	工作液颜色标志	公称动作温度（℃）	工作液颜色标志
57	橙	57～77	本色
68	红	80～107	白
79	黄	121～149	蓝
93	绿	163～191	红
141	蓝	204～246	绿
182	紫红	260～302	橙
227	黑	320～343	黑
260	黑		
343	黑		

（二）湿式报警阀

湿式报警阀是湿式自动喷水灭火系统中的主要部件，它安装在总供水干管上，连接给水设备和灭火给水管网。湿式报警阀主要由阀体、延迟器、压力开关、水力警铃、试警铃阀、阀前压力表、阀后压力表、补偿器组成。

1. 阀体

湿式报警阀前后平时水压平衡，当灭火给水管网中某一个闭式喷头动作喷水灭火时，湿式报警阀前后的水压平衡被打破，湿式报警阀自动开启，接通水源和灭火给水管网，在湿式报警阀开启的同时，部分水流通过阀座上的凹槽，经信号管送至压力开关和水力警铃，完成火灾报警。

2. 延迟器

延迟器是一个罐式容器，安装在湿式报警阀与压力开关和水力警铃之间，用以防止由于水源压力突然发生变化而引起湿式报警阀短暂开启，或对因湿式报警阀局部渗漏而进入信号管的水流起一个暂时容纳作用，从而避免虚假报警。只有在真正发生火灾时，喷头和湿式报警阀才会相继打开，水流源源不断地大量流入延迟器，经过30s左右充满整个容器，才会冲击压力开关和水力警铃。

3. 压力开关

压力开关垂直安装在水力警铃入水口前的管道上，在水力警铃报警的同时，由于管道内水压不断升高，冲击压力开关接通弱电回路而向报警控制器传递火灾电信号。

4. 试警铃阀

进行人工试验检查，打开试警铃阀泄水，湿式报警阀能自动打开，水流迅速充满延迟器，并使压力开关和水力警铃立即动作报警。

5. 补偿器

当湿式报警阀后方的灭火给水管网微量泄漏时，湿式报警阀前后水压会产生较小差异，这时湿式报警阀前方的压力水会通过补偿器流入后方，及时调整湿式报警阀前后水压以达到平衡，避免因湿式报警阀自动开启而产生系统误报警。

（三）水流指示器

水流指示器安装在湿式报警阀后方的灭火给水干管与支管交汇处，用以监控灭火给水支管上的闭式喷头工作状态。当灭火给水支管上某一闭式喷头因火灾发生喷水灭火时，此支管的水由静止变为流动状态，流水冲击水流指示器的桨片接通弱电回路产生火灾电信号，火灾电信号传输到报警控制器转变为声光报警信号，并根据支管服务区域显示火灾发生部位。

第三节 室内消火栓给水系统

在建筑外墙中心线以内的消火栓称为室内消火栓。室内消火栓的水枪使用方便，射流时射程远、流量大，灭火能力强，能将燃烧积聚的热量冲散，对扑救建筑火灾效果较好。同时，部分室内消火栓箱内还设有可供火灾现场人员用于扑救建筑初起火灾的消防水喉，所以室内消火栓是建筑物中应用较广泛的一种灭火设施。

一、室内消火栓系统的系统组成

室内消火栓系统主要由消防水池、水泵（生活水泵与消防水泵）、消防水箱、水泵接合器、室内给水管网、室内消火栓箱（室内消火栓箱内设有消火栓、水带和水枪等）、报警控制设施及各种控制阀门等组成。

（一）消防水箱

由于我国目前采用的水灭火系统多数为湿式系统，即无论有无火灾，消防给水管网内始终充满水，灭火系统时刻处于备战状态，系统开启即能及时出水灭火。因此往往需在建筑水灭火系统的最高位置设置消防水箱，当建筑发生火灾而消防水泵尚未启动前，由消防水箱保证消防用水（一般保证10min消防用水）。消防水箱是扑灭初起火灾较理想的自动供水设备，供水可靠性高、经济性好。在多层建筑和无设备层的高层建筑中，消防水箱一般设于屋顶，也称为屋顶消防水箱；在设有设备层的高层建筑中，消防水箱设于设备层和屋顶。

为防止消防水箱内的水由于储存时间过长而变质发臭，消防水箱宜与生活或生产水箱合并设置。平时合用水箱靠生活或生产水泵供水，并利用设于进水口的球阀控制合用水箱水位，当合用水箱即将抽满，达到最高水位时，为避免水溢出水箱，水箱进水口关闭，生活或生产水泵停泵。合用水箱的水位因生活或生产用水会逐渐下降，当水位达到最低水位（消防警戒水位线），水箱进水口开启，生活或生产水泵自行启动供水。

（二）消防水池

消防水池是人工建造的储存消防用水的构筑物。建造消防水池是天然水源或市政给水管网的重要补充，当市政给水管网和天然水源不能满足建筑灭火用水量需求时应单独建造消防水池。

与消防水箱的设置原理一样，为保证消防水池的水质，消防水池宜与生活或生产用水合并设置水池，并设有确保消防用水不被生活或生产用水占用的技术措施，即在生活或生产水泵吸水管上做一个"T"接头，其原理同消防水箱。

（三）消防水泵

在灭火过程中，从消防水源取水到将水输送到灭火设施处，都要依靠消防水泵加压完成。所以说消防水泵是消防给水系统的心脏，其工作的好坏严重影响着灭火的成败。

（四）水泵接合器

水泵接合器是供消防车往建筑室内消防给水管网输送消防用水的预留接口。建筑发生火灾时，当室内消防给水系统消防水泵因停电、水泵检修或出现其他故障停止运转期间，或当建筑发生较大火灾，室内消防用水量显现不足时，可利用消防车从室外消防水源抽水，通过水泵接合器向室内消防给水管网提供或补充消防用水。

水泵接合器有地上式、地下式和墙壁式三种类型。地上式适用于温暖地区；地下式（应有明显标志）适用于寒冷地区；墙壁式安装在建筑的外墙上，不占位置，使用方便，但难以保证与建筑外墙的距离，存在高空坠物的危险。通常的做法是墙壁式水泵接合器的设置应远离玻璃幕墙，并应与建筑外墙上的门、窗、孔洞等易出现高空坠物的部位保持不小于1m的水平距离。

（五）室内消火栓箱

室内消火栓箱内设有室内消火栓、水带、水枪以及火灾报警按钮等，部分室内消火栓箱内还设有消防水喉，供建筑内服务人员、工作人员和旅客扑救室内初起火灾使用。

（六）控制阀门

系统的控制阀门主要有三种。一种是双向控制阀，一般安装于给水节点和单根给水管道两端，便于系统及管网检修。另一种是单向阀门，主要安装在消防水箱、消防水泵与水泵接合器出水口附近。安装于消防水泵出水口附近的单向阀门是为防止消防水箱的水倒流回消防水池；安装于消防水箱出水口附近的单向阀门是为防止火灾发生时消防水泵的供水进入消防水箱，降低系统供水压力；安装于水泵接合器出水口附近的单向阀门是为防止水泵接合器长期处于高压状态，造成水泵接合器出现渗漏现象。第三种控制阀门是安装于消防水箱与消防水池进水管道上的水位控制球阀，它的作用是控制消防水箱与消防水池的最低水位和最高水位。

二、室内消火栓系统的工作原理

平时室内消火栓系统给水管网的水由消防水箱供给，消防水箱靠生活或生产水泵抽水供给。利用室内消火栓实施灭火时，刚开始的灭火用水是由消防水箱提供，当消防水泵运行正常后，系统灭火用水由水泵从消防水池抽水加压保证。若火灾持续时间较长或火灾燃烧面积较大，导致消防水池供水不足或存水耗尽，或是消防水泵不能正常启动等，可利用消防车通过水泵接合器向室内消火栓管网补充消防用水。

三、室内消火栓系统的分类

室内消火栓系统通常可按建筑高度、用途、系统给水范围、管网布置形式、消防水压等分为不同的类型，这里重点介绍按管网布置形式和消防水压两种分类方式。

（一）按管网布置形式分

1. 环状管网室内消火栓系统

环状管网室内消火栓系统是指在系统的给水竖管顶部和底部用水平干管相互连接，形成环状给水管网，使每一根给水竖管具备两个以上供水方向，每个消火栓栓口具备两个供水方向。这种室内消火栓系统供水安全可靠，适用于高层建筑和室内消防用水量较大（大于15L／s）的多层建筑。

2. 枝状管网室内消火栓系统

室内消火栓给水管网呈树枝状布置，其特点是从供水源至消火栓，水流方向单向流动，当某段管网检修或损坏时，后方就供水中断。这种室内消火栓系统供水可靠性差，一般仅适用于九层以下的单元式住宅。

（二）按消防水压分

1. 室内高压消火栓系统

又称为室内常高压消火栓系统，该系统始终能够保证室内任意点消火栓所需的消防水量和水压，火灾发生时不需要用水泵进行加压，直接接水带和水枪即可实施灭火。这种系统在实际工作中一般不常见，当建筑所处地势较低，市政供水或天然水源始终能够满足消防供水要求时才采用。

2. 室内临时高压消火栓系统

这种系统一般设有消防水池、消防水泵和高位消防水箱，平时系统靠高位消防水箱维持消防水压，但不能保证消用水量（仅能保证10min的灭火用水）。发生火灾时，通过启动消防水泵，临时加压使管网的压力达到消火栓系统的压力要求。实际工程中大多数室内消火栓系统采用此系统。

四、室内消火栓系统的应用

（一）能同时开启的室内消火栓数量

不同类别的设有室内消火栓系统的建筑，火灾时能同时开启的室内消火栓数量是不同的，开启过多，水枪出水的流量和水压会降低，影响灭火效果和出现灭火死角。因此，火场上正确确定能同时开启的室内消火栓数量，是成功处置建筑火灾的前提。对设计符合国家相关规范要求的建筑，其室内消火栓系统火灾时能同时开启的室内消火栓数量可按以下三种方法进行估算。

（1）若能清楚了解建筑室内消火栓系统的设计用水量，同时能开启使用的室内消火栓数量就可用设计用水量除以19mm口径水枪流量5L/s得出。如建筑高度超过50m的办公楼，其室内消火栓系统的设计用水量为40L/s，那么此建筑火灾时能同时开启的室内消火栓数量为8个（能同时出8支水枪实施灭火）。

（2）根据水泵接合器的数量确定。由于水泵接合器的设计流量为10~15L/s，19mm口径水枪流量为5L/s，因此，可按启动一个水泵接合器可同时启用两个室内消火栓考虑。如果能确定接室内消火栓系统的水泵接合器数量，那么火灾时能同时开启的室内消火栓数量就是水泵接合器数量的2倍。如某一建筑室内消火栓系统设有2个水泵接合器，那么此建筑火灾时能同时开启的室内消火栓的数量是4个（能同时出4支水枪实施灭火）。

（3）根据消防主水泵的流量确定。查明消防主水泵的流量，用消防主水泵的流量除以19mm口径水枪流量（5L/s），即为能同时开启的室内消火栓数量。如某一建筑消防主水泵的流量30L/s，那么此建筑火灾时能同时开启的室内消火栓数量为6个（能同时出6支水枪实施灭火）。

（二）室内消火栓系统的操作使用

1. 室内高压消火栓系统的操作使用

室内高压消火栓系统是指灭火时不需要消防水泵加压供水的室内消火栓系统。此系统的室内消火栓给水管网直接与建筑室外给水管网连接，未设置消防水池、消防水泵和消防水箱等给水基础设施，系统时刻处于灭火所需的高压状态。利用室内高压消火栓系统实施灭火简单操作，只需打开消火栓箱门，接好水带，开启阀门即可实施灭火。

2. 室内临时高压消火栓系统的操作使用

当设有室内临时高压消火栓系统的建筑发生火灾时，灭火初期是用消防水箱的水灭火，后期靠消防水泵临时加压供水灭火。因此，利用室内临时高压消火栓系统实施灭火，最为关键的一个步骤是在开始灭火的同时要启动消防水泵，保证灭火用水能持续供给。利用室内临时高压消火栓系统实施灭火的方法是：打开消火栓箱门，按动火灾报警按钮，由其向消防控制中心发出报警信号或远距离启动消防水泵，然后拉出水带、拿出水枪或消防水喉，将水带一头与消火栓出口接好，另一头与水枪或水喉接好，展（甩）开水带，一人握紧水枪或水喉，另一人开启消火栓手轮，通过水枪或水喉产生的射流，将水射向着火点实施灭火。

3. 特殊条件下室内消火栓系统的操作使用

这里所说的特殊条件是指室内消火栓系统因水泵检修、停电或出现其他故障停止运转，或建筑火势较大，燃烧时间较长，室内消火栓灭火用水量明显不足的情况。此时应立即利用消防车或其他移动消防水泵从室外消防水源取水，通过水泵接合器向室内消火栓给水管网加压供水。

五、室内消火栓系统的维护管理

室内消火栓系统是扑救建筑火灾的重要设施，其维护管理应给予足够的重视。负责维护管理的专职人员，必须熟悉设施的系统工作原理、性能和操作维护规程。要求使用单位建立定期检查制度，每周进行一次巡检，每半年进行一次全面检查维修，使主要设施符合下列要求，保证系统经常处于准工作状态：

（1）消防水源的储水量应足够，发现不足及时补充。其中消防水池与消防水箱一般都标有消防水位警戒线，当水池或水箱的水位低于警戒线时表明消防储水量已不足。

（2）消防水泵应每周或每月启动运转一次，并应模拟自动控制启动，功能正常。

（3）水泵接合器的接口及配套附件应完好，无渗漏，闷盖盖好。

（4）各种阀门处于正确开、闭状态。

（5）室内消火栓箱门完好，供水闸阀无渗漏现象，消防水枪、水带、消防卷盘及全部附件齐全，转动部位润滑良好；报警按钮、指示灯及控制线路功能正常，无故障。

第四节 防烟排烟系统

一、防排烟系统的基本概念

（一）火灾烟气控制

主要目的是在建筑物内创造无烟或烟气含量极低的疏散通道或安全区。烟气控制的实质是控制烟气的合理流动，也就是使烟气不流向疏散通道、安全区和非着火区，而向室外流动。主要有以下三种方法。

1. 隔断或阻挡

墙、楼板、门等都具有隔断烟气传播的作用。为了防止火势蔓延和烟气传播，建筑法规规定了建筑中必须划分防火分区和防烟分区。所谓防火分区是指用防火墙、楼板、防火门或防火卷帘等分隔的区域，可以将火灾限制在一定的局部区域内（在一定时间内），不使火势蔓延。当然防火分区的隔断同样也对烟气起了隔断作用。所谓防烟分区是在设置排烟措施的过道、房间中，用隔墙或其他措施（可以阻挡和限制烟气的流动）分割的区域。

2. 排烟

利用自然或机械力的作用力，将烟气排到室外，称之为排烟。利用自然作用力的排烟称为自然排烟；利用机械（风机）作用力的排烟称为机械排烟。排烟的部位有两类：着火区和疏散通道。着火区排烟的目的是将火灾发生的烟气排到室外，有利于着火区的人员疏散及救火人员的扑救。对于疏散通道的排烟是为了排除可能侵入的烟气，以保证疏散通道无烟或少烟，以利于人员安全疏散及救火人员通行。

3. 加压防烟

加压防烟是用风机把一定量的室外空气送入一房间或通道内，使室内保持一定压力或门洞处有一定的流速，以避免烟气侵入。当流速较低时，烟气可能从上部流入室内。对以上两种情况分析可以看到，为了防止烟气流入被加压的房间，必须达到：门开启时，门洞有一定向外的风速；门关闭时，房间内有一定正压值。

（二）防烟分区

划分防烟分区与防火分区的目的不同，前者的目的在于防止烟气扩散，主要用挡烟垂壁、挡烟壁或者挡烟隔墙措施来实现，以满足人员安全疏散和消防扑救的需要，以免造成不应有的伤亡事故。后者则采用防火墙或防火卷帘加水幕，划分防火分区，目的在于防止烟火蔓延扩大，为扑救创造有利条件，以保障财产和安全。

二、防排烟系统

（一）排烟系统

高层建筑的排烟方式有自然排烟和机械排烟两种。

1. 自然排烟

自然排烟是火灾时，利用室内热气流的浮力或室外风力的作用，将室内的烟气从与室外相邻的窗户、阳台、凹廊或专用排烟口排出。自然排烟不使用动力，结构简单，运行可靠，但当火势猛烈时，火焰有可能从开口部喷出，从而使火势蔓延；自然排烟还易受到室外风力的影响，当火灾房间处在迎风侧时，由于受到风压的作用，烟气很难排出。虽然如此，在符合条件时宜优先采用。自然排烟有两种方式：一是利用外窗或专设的排烟口排烟；二是利用竖井排烟。

2. 机械排烟

使用排烟风机进行强制排烟的方法称机械排烟。机械排烟可分为局部和集中排烟两种。局部排烟方式是在每个房间内设置风机直接进行；集中排烟方式是将建筑物划分为若干个防烟分区，在每个区内设置排烟风机，通过风道排出各区内的烟气。

（1）机械排烟系统

高层建筑在机械排烟的同时还要向房间内补充室外的新风，送风方式有两种：

①机械排烟、机械送风

利用设置在建筑物最上层的排烟风机，通过设在防烟楼梯间、前室或消防电梯前室上部的排烟口及与其相连的排烟竖井至室外，或通过房间（或走道）上部的排烟口排至室外；由室外送风机通过竖井和设于前室（或走道）下部的送风口向前室（或走道）补充室外的新风。各层的排烟口及送风口的开启与排烟风机及室外送风风机相连锁。

②机械排烟、自然送风

排烟系统同上，但室外风向前室（或走道）的补充并不依靠风机，而是依靠排烟风机所造成的负压，通过自然进风竖井和进风口补充到前室（或走道）内。

（2）机械排烟系统组成

由挡烟垂壁、排烟口、排烟道、排烟阀、排烟防火阀及排烟风机等组成。

①排烟口

排烟口一般尽可能布置在防烟分区的中心，距最远点的水平距离不能超过30m。排烟口应设在顶棚或靠近顶棚的墙面上，且与附近安全出口沿走道方向相邻边缘之间最小的水平距离不小于15m。排烟口平时处于关闭状态，当火灾发生时，自动控制系统使排烟口开启，通过排烟口将烟气及时迅速排至室外。排烟口也可作为送风口。

②排烟阀

排烟阀应用于排烟系统的风管上，平时处于关闭状态，火灾发生时，烟感探头发出火警信号，控制中心输出 DC24V 电源，使排烟阀开启，通过排烟口进行排烟。

③排烟防火阀

排烟防火阀适用于排烟系统管道上或风机吸入口处，兼有排烟阀和防烟阀的功能。平时处于关闭状态，需要排烟时，其动作和功能与排烟阀相同，可自动开启排烟。当管道气流温度达到 280℃时，阀门靠装有易熔金属温度熔断器而自动关闭，切断气流，防止火灾蔓延。

④排烟风机

排烟风机也有离心式和轴流式两种类型。在排烟系统中一般采用离心式风机。排烟风机在构造性能上具有一定的耐燃性和隔热性，以保证输送烟气温度在 280℃时能够正常连续运行 30min 以上。排烟风机装置的位置一般设于该风机所在的防火分区的排烟系统中最高排烟口的上部，并设在该防火分区的风机房内。风机外部与风机房墙壁或其他设备的间距应保持在 0.6m 以上。排烟风机设有备用电源，且能自动切换。

排烟风机的启动采用自动控制方式，启动装置与排烟系统中每个排风口连锁，即在该排烟系统任何一个排烟口开启时，排烟风机都能自动启动。

（二）防烟系统

高层建筑的防烟有机械加压送风和密闭防烟两种方式。

1. 机械加压送风

（1）机械加压送风系统

对疏散通道的楼梯间进行机械送风，使其压力高于防烟楼梯间前室或消防电梯前室，而这些部位的压力又比走道和火灾房间要高些，这种防止烟气侵入的方式，称为机械加压送风方式。送风可直接利用室外空气，不必进行任何处理。烟气则通过远离楼梯间的走道外窗或排烟竖井排至室外。

（2）需要加压防烟的部位

加压防烟是一种有效措施。但它造价高，一般只在一些重要建筑和重要部位才用这种加压防烟措施，目前主要用于高层建筑的垂直疏散通道和避难层。在高层建筑中一旦发生火灾，电源都被切断，除消防电梯外，电梯停运。

（3）机械加压送风系统

由加压送风机、送风道、加压送风口及自动控制等组成。它是依靠加压送风机提供给建筑物内被保护部位新鲜空气，使该部位的室内压力高于火灾压力，形成压力差，从而防止烟气侵入被保护部位。

①加压送风机

加压送风机可采用中、低压离心式风机或轴流式风机，其位置根据电源位置、室外新风入口条件、风量分配情况等因素来确定。

机械加压送风机的全压，除计算最不利环管压头外，尚有余压，余压值在楼梯间为 40～50Pa，前室、合用前室、消防电梯间前室、封闭避难层（间）为 25～30Pa。

②加压送风口

楼梯间的加压送风口一般采用自垂式百叶风口或常开的百叶风口。当采用常开的百叶风口时,应在加压送风机出口处设置止回阀。楼梯间的加压送风口一般每隔2~3层设置一个。前室的加压送风口为常开的双层百叶风口,每层均设一个。

③加压送风道

加压送风道采用密实不漏风的非燃烧材料。

④余压阀

为保证防烟楼梯间及前室、消防电梯前室和合用前室的正压值,防止正压值过大而导致门难以推开,为此在防烟楼梯间与前室,前室与走道之间设置余压阀以控制正压间的正压差不超过 50Pa。

2. 密闭防烟

对于面积较小,且其墙体、楼板耐火性能较好、密闭性好并采用防火门的房间,可以采取关闭房间使火灾房间与周围隔绝,让火情由于缺氧而熄灭的防烟方式,称密闭防烟。

三、防排烟系统的适用范围

设置防排烟系统的范围不是设置面越宽越好,而是既要从保障基本疏散安全要求、满足扑救活动需要、控制火势蔓延、减少损失出发,又能以节约投资为目标,保证突出重点。需要设置防烟、排烟设施的部位如下:

(1)一类高层建筑和建筑高度超过 32m 的二类高层建筑的下列部位应设排烟设施:

①长度超过 20m 的内过道。

②面积超过 100m^2,且经常有人停留或可燃物较多的房间。

③高层建筑的中庭和经常有人停留或可燃物较多的地下室。

(2)除建筑高度超过 50m 的一类公共建筑和建筑高度超过 100m 的居住建筑外,靠外墙的防烟楼梯间及前室,消防电梯前室和合用前室,宜采用自然排烟方式。

(3)一类高层建筑和建筑高度超过 32m 的二类高层建筑的下列部位,应设置机械排烟设施:

①无直接自然通风且长度超过 20m 的内走道或虽有直接自然通风,但长度超过 60m 的内走道。

②面积超过 100m^2,且经常有人停留或可燃物较多的地上无窗房间或设固定窗的房间。

③不具备自然排烟条件或净空超过 12m 的中庭。

④除利用窗井等开窗进行自然排烟的房间外,各房间总面积超过 200m^2 或一个房间面积超过 200m^2,且经常有人停留或可燃物较多的地下室。

(4)下列部位应设置独立的机械加压送风的防烟设施:

①不具备自然排烟条件的防烟楼梯间及前室,消防电梯前室或合用前室。

②采用自然排烟措施的防烟楼梯间，及其不具备自然排烟条件的前室。
③封闭避难层（间）。

四、防排烟设备的监控

发生火灾时以及在火势发展过程中，防排烟设备的控制和监视，对于正确地控制和监视防排烟设备的动作顺序，使建筑物内防排烟达到理想的效果，以保证人员的安全疏散和消防人员的顺利扑救，具有重要意义。

对于建筑物内的小型防排烟设备，因平时没有监视人员，所以不可能集中控制，一般当发生火灾时在火场附近进行局部操作；对大型防排烟设备，一般均设有消防控制中心来对其进行控制和监视。所谓"消防控制中心"就是一般的"防灾中心"常将其设在建筑的疏散层或疏散层邻近的上一层或下一层。

首先，火灾发生时由烟感器感知，并在防灾中心显示所在分区。以手动操作为原则将排烟口开启，排烟风机与排烟口的操作连锁启动，人员开始疏散。

火势扩大后，排烟风道中的阀门在温度达到280℃时关闭，停止排烟（防止烟温过高引起火灾）。这时，火灾层的人员全部疏散完毕。

如果当建筑物不能由防火门或防火卷帘构成分区时，火势扩大，烟气扩散到走廊中来。对此，和火灾房间一样，由烟感器感知，防灾中心仍能随时掌握情况。这时打开走廊的排烟口（房间和走廊的排烟设备一般分别设置，即使火灾房间的排烟设备停止工作后，走廊的排烟设备也能运行）。

若火势继续扩大，温度达到280℃时，防烟阀关闭，烟气流入作为重要疏散通道的楼梯间前室。这里的烟感器启动使防灾中心掌握烟气的流入状态。从而，在防灾中心，依靠远距离操作或者防灾人员到现场紧急手动开启排烟口。排烟口开启的同时，进风口也随即开启。

防排烟系统不同于一般的通风空调系统，该系统在平时是处于一种几乎不用的状况。但是，为了使防排烟设备经常处于良好的工作状况，要求平时应加强对建筑物内防火设备和控制仪表的维修管理工作，还必须对有关工作人员进行必要的训练，以便在失火时能及时组织疏散和扑救工作。

五、防排烟设施控制

（一）防火门

1. 防火门的构造与原理

防火门有防火锁、手动及自动环节组成。

防火门锁按门的固定方式可以分为两种：一种是防火门被永久磁铁吸住处于开启状态，当发生火灾时通过自动控制或手动关闭防火门。自动控制是由感烟探测器或联动控制盘发来指令信号，使DC24V、0.6A电磁线圈的吸力克服永久磁铁的吸引力，从而靠弹簧将门关闭。手动操作是：人力克服磁铁吸力，门即关闭。另一种是防火门被电磁锁的固定销扣住呈开启状态。发生火灾时，由感烟探测器或联动控制盘发出指令信号使电磁锁动作，或用手拉防火门使固定销掉下，门关闭。

2. 电动防火门的控制要求

（1）重点保护建筑中的电动防火门应在现场自动关闭，不宜在消防控制室集中控制。

（2）防火门两侧应设专用的感烟探测器组成控制电路。

（3）防火门宜选用平时不耗电的释放器，且宜暗设。

（4）防火门关闭后，应有关闭信号反馈到区控盘或消防中心控制室。

（二）防火卷帘

防火卷帘设置在建筑物中防火分区通道口处，可形成门帘或防火分隔。当发生火灾时，可根据消防控制室、探测器的指令或就地手动操作使卷帘下降至一定高度，水幕同步供水（复合型卷帘可不设水幕），接受降落信号先一步下放，经延时后再二步落地，以达到人员紧急疏散、灾区隔烟、隔火、控制火灾蔓延的目的。卷帘电动机的规格一般为三相380V，0.55～2kW，视门体大小而定。控制电路为直流24V。

（三）防火阀

1. 防火阀的定义及作用

防火阀是指在一定时间内能满足耐火稳定性和耐火完整性要求，用于通风、空调管道内阻火的活动式封闭装置。

火灾资料统计表明，在有通风、空气调节系统的建筑物内发生火灾时，穿越楼板、墙体的垂直与水平风道是火势蔓延的主要途径，防火阀安装在通风、空调系统的送、回风管上，平时处于开启状态，发生火灾时当管道内气体温度达到时关闭，在一定时间内能满足耐火稳定性和耐火完整性要求，起隔烟阻火作用。

2. 防火阀控制

防火阀操作控制分两种，即手动关闭和自动关闭，但均须人工手动复位。不管自动关闭还是手动关闭，均应能在消防控制室接到防火阀动作的反馈信号。

（四）防火窗

1. 防火窗的定义及类型

防火窗是指在一定时间内连同框架能满足耐火稳定性和耐火完整性要求的窗。防火窗一般安装在防火墙或防火门上。

防火窗按安装方法可分为固定窗扇防火窗和活动窗扇防火窗；按耐火极限可分为甲、乙、丙三级，耐火极限不低于1.2h的窗为甲级防火窗，耐火极限不低于0.9h的窗为乙级防火窗，耐火极限不低于0.6h的窗为丙级防火窗。

2. 防火窗的主要作用

防火窗的主要作用有两方面：一是隔离和阻止火势蔓延身此种窗多为固定窗；二是采光身此种窗有活动窗扇身正常情况下采光通风身发生火灾时起防火分隔作用。有活动窗扇的防火窗应具有手动和自动关闭功能。

（五）正压风机控制

排烟机、送风机一般由三相异步电动机控制。其电气控制应按防排烟系统的要求进行设计，通常由消防控制中心、排烟口及就地控制组成。高层建筑中的送风机一般装在地下技术层或2～3层身排烟机构均装在顶层或上技术层。

由于它不是送风设备身高温烟雾不会进入风管身也不会危及风机身所以风机出口不设防火阀。除火警信号联动外身还可以通过联动模块在消防中心直接点动控制；另外设置就地启停控制按钮身以供调试及维修用身这些控制组合在一起身不分自控和手控身以免误放手控位置而使火警失控。火警撤销身则由火警联动模块送出停机信号身使正压风机停止。

（六）排烟风机控制

排烟风机的风管上设排烟阀，这些排烟阀可以伸入几个防火分区。火警时，与排烟阀相对应的火灾探测器探得火灾信号，由消防控制中心确认后，送出开启排烟阀信号至相应排烟阀的火警联动模块，由它开启排烟阀，排烟阀的电源是直流24V。消防控制中心收到排烟阀动作信号，就发指令给装在排烟风机附近的火警联动模块，启动排烟风机，由排烟风机的接触器KM常开辅助接点送出运行信号至排烟机附近的火警联动模块。火警撤销，由消防控制中心通过火警联动模块停排烟风机、关闭排烟阀。

排烟风机吸取高温烟雾，当烟温度达到280℃时，按照防火规范应停排烟风机，所以在风机进口处设置防火阀，当烟温达到280℃，防火阀自动关闭，可通过触点开关（串入风机启停回路）直接停风机，但收不到防火阀关闭的信号。也可在防火阀附近设置火警联动模块，将防火阀关闭的信号送到消防控制中心，消防中心收到此信号后，再送出指令至排烟风机火警联动模块停风机，这样消防控制中心不但收到停排烟风机信号，而且也能收到防火阀的动作信号。

第五节　消防应急照明和疏散指示系统

建筑物设置健全的安全疏散设施也是十分必要的。建筑物的安全疏散设施有疏散楼梯和楼梯间、疏散走道、安全出口、应急照明和疏散指示标志、应急广播及辅助救生设施等。对建筑高度超过100m的高层建筑还需设置避难层和屋顶直升机停机坪等。

应急照明与疏散标志是在突然停电或发生火灾而断电时,在重要的房间或建筑的主要通道,继续维持一定程度的照明,保证人员迅速疏散,及时对事故进行处理。高层建筑、大型建筑及人员密集的场所(如商场、体育场等),必须设置应急照明和疏散指示照明。

一、疏散楼梯

疏散楼梯包括普通楼梯、封闭楼梯、防烟楼梯及室外疏散楼梯等四种。疏散楼梯(室外疏散楼梯除外)均应做成楼梯间,围成楼梯间的墙皆应是耐火极限不低于2.5h的非燃烧体。楼梯应耐火1~1.5h。

(一)普通楼梯间(敞开楼梯间)

是指建筑物内由墙体等围护构建构成的无封闭防烟功能,且与其他使用空间相通的楼梯间。

适用于:11层及11层以下的单元式住宅;建筑高度在24m以下的丁、戊类厂房;单、多层各类建筑。

(二)封闭楼梯间

是指用耐火建筑构件分隔,能防止烟和热气进入的楼梯间。

适用于:12~18层的单元式住宅;10层以下通廊式住宅;医院、疗养院的病房楼;没有空调系统的多层旅馆;超过5层的公共建筑;高度不超过32m的二类高层建筑;甲、乙、丙类厂房和高度在32m以下的高层厂房。

技术要求:

(1)封闭楼梯间应靠外墙设置,能直接进行天然采光和自然通风,以利排除楼梯间的烟气。

(2)封闭楼梯间要设置耐火的墙和乙级防火门,将楼梯与走道隔开。防火门应有自动关闭措施,并应向疏散方向开启。有条件的还可以把楼梯间适当加长,设置两道防火门而形成门斗(面积可以小于楼梯前室的要求),这样能提高楼梯间防护能力,给疏散以更大空间。

(3)封闭楼梯间的底层如紧接主要出口,设计时,为了使交通路线明确及丰富门厅的处理,常将楼梯敞开于大厅之中。这时可对门厅作扩大的封闭处理,采用乙级防火门或其他防火措施,将门厅与走道、过厅等分隔开,门厅内还应尽量做到内装修的非燃化。

(三)防烟楼梯间

是指具有防烟前室和防排烟设施并与建筑物内使用空间分隔开的楼梯间,其形式一般有带封闭前室或合用前室的防烟楼梯间,用阳台作前室的防烟楼梯间,用凹廊作前室的防烟楼梯间等。

适用于:高度超过32m,且每层人数超过10人的高层厂房;塔式住宅;一类高层建筑；高度超过 32m 的二类高层建筑；11 层以上的通廊式住宅。

技术要求：

（1）防烟楼梯间的入口处要设置楼梯前室或凹廊、阳台等。楼梯前室的面积，公共建筑不小于 6m²，居住建筑不小于 4.5m²，如果是与消防电梯合用的前室，其面积、居住建筑不小于 6m²，公共建筑不小于 10m²，起缓冲疏散人流冲击的作用。

（2）防烟楼梯前室内要设置防排烟装置。防止火灾烟气进入楼梯前室，并将进入楼梯间的烟迅速排出去，以保证人员安全。

（3）设在防烟楼梯前室和楼梯间的门应该是乙级防火门，并应向人流疏散的方向开启。

（4）室外疏散楼梯，是指用耐火结构与建筑物隔开，设在墙外的楼梯，主要用于应急疏散，当在建筑物内设置疏散楼梯不能满足要求时，可设室外疏散楼梯作为辅助楼梯。

适用于各类建筑。

技术要求：

（1）为了保障人员的顺利疏散，室外楼梯净宽度应不小于 90cm，楼梯栏杆扶手的高度应不小于 1.1m，楼梯的倾斜度不大于 45 度。

（2）为了保证楼梯的安全使用，室外疏散楼梯不得采用无防火保护的金属梯，应采用钢筋混凝土等非燃烧材料制作，耐火极限不得低于 1.00～1.50h。

（3）为了防止室内火灾的烟火烧烤室外疏散楼梯，在距楼梯至少 2m 范围的墙面上，除开设疏散用的门洞外，不能再开设其他门窗洞口。

（4）建筑物内通向室外疏散楼梯的门应该是乙级防火门，并向疏散方向开启。

二、疏散走道

从建筑物着火部位到安全出口的这段路线称为疏散走道，也就是指建筑物内的走廊或过道。从防火的角度看，对疏散走道的要求如下：

（1）疏散走道的吊顶应为耐火极限不低于 0.25h 的非燃装修。

（2）疏散走道不宜过长，应该能使人员在有限的时间内到达安全出口，在疏散走道内应该有防排烟措施。

（3）疏散走道应宽敞明亮，尽量减少转折。疏散走道上的门应该是防火门，在门两侧 1.4m 范围内不要设台阶，并不能有门槛，以防人员拥挤时跌倒。

（4）疏散走道内应有疏散指示标志和事故照明。

三、应急照明

（一）应急照明的设置部位

为了便于在夜间或在烟气很大的情况下紧急疏散，应在建筑物内的下列部位设置火灾应急照明：

（1）封闭楼梯间、防烟楼梯间及其前室；消防电梯及其前室。

（2）配电室、消防控制室、自动发电机房、消防水泵房、防烟排烟机房、供消防用电的蓄电池室、电话总机房、监控（BMS）中央控制室，以及在发生火灾时仍需坚持工作的其他房间。

（3）观众厅，每层面积超过1500m^2展览厅、营业厅，建筑面积超过200m^2的演播室，人员密集且建筑面积超过300m^2的地下室及汽车库。

（4）公共建筑内的疏散走道和长度超过20m的内走道。

（二）应急照明的设置要求

应急照明设置通常有两种方式：一种是设独立照明回路作为应急照明，该回路灯具平时是处于关闭状态，只有当发生火灾时，通过末级应急照明切换控制箱使该回路通电，使应急照明灯具点燃；另一种是利用正常照明的一部分灯具作为应急照明，这部分灯具既连接在正常照明的回路中，同时也被连接在专门的应急照明回路中。正常时，该部分灯具由于接在正常照明回路中，所以被点亮。当发生火灾时，虽然正常电源被切断但由于该部分灯具又接在专门的应急照明回路中，所以灯具依然处于点亮状态，当然要通过末级应急照明切换控制箱才能实现正常照明和应急照明的切换。

（三）供电要求

应急照明要采用双电源供电，除正常电源之外，还要设置备用电源，并能够在末级应急照明配电箱中实现备电自投。

四、疏散指示照明

（一）疏散指示照明设置部位

（1）消火栓处。

（2）防、排烟控制箱、手动报警器、手动灭火装置处。

（3）电梯入口处。

（4）疏散楼梯的休息平台处、疏散走道、居住建筑内长度超过20m内走道，公共出口处。

（二）疏散指示照明设置要求

疏散指示照明应设在安全出口的顶部嵌墙安装，或在安全出口门边墙上距地2.2～2.5m处明装；疏散走道及转角处、楼梯休息平台处在距地1m以下嵌墙安装；大面积的商场、展厅等安全通道上采用顶棚下吊装。疏散指示照明只需提供足够的照度，一般取，维持时间按楼层高度及疏散距离计算，一般为20～60min。

疏散指示照明器，按防火规范要求，采用白底绿字或绿底白字，并用箭头或图形指示疏散方向，以达到醒目效果，使光的距离传播较远。

(三)安全出口

1. 设置数量

公共建筑的安全出口不应少于两个。这样,万一有一个出口被烟火充塞时,人员还可以从另一个出口疏散。剧院、电影院和礼堂、观众厅的安全出口数量须根据容纳的人数计算确定。如容纳人数未超过2000人,每个安全出口的平均疏散人数不应超过250人;容纳人数超过2000人时,每个安全出口的平均疏散人数不应超过400人。体育馆观众厅每个安全出口的平均疏散人数不宜超过400~700人(规模较小的观众厅宜采用接近下限值;规模较大的观众厅宜采用接近上限值)。

凡符合下列情况的,可只设一个安全出口:

①一个房间的面积不超过60m^2,且人数不超过50人(普通建筑)、40人(高层建筑)时,可设一个门;位于走道尽端的房间(托儿所、幼儿园除外)内最远一点到房门口的直线距离不超过14m,且人数不超过80人时,也可设一个向外开启的门,但门的净宽不应小于1.4m;如其面积不超过60m^{2}时,门的净宽可适当减小。

②在建筑物的地下室、半地下室中,一个房间的面积不超过50m^2,且经常停留人数不超过15人时,可设一个门。

③单层公共建筑(托儿所、幼儿园除外)面积超过200m^2,且人数不超过50人时,可设一个直通室外的安全出口。

④2、3层的建筑(医院、疗养院、托儿所、幼儿园除外)符合表4-2的要求时,可设一个疏散楼梯。

⑤18层及18层以下,每层不超过8户,建筑面积不超过650m^2,且设有一座防烟楼梯和消防电梯(可与客梯合用)的塔式住宅,可设一个安全出口。单元式高层住宅的每个单元,可设一座疏散楼梯,但应通至屋顶。

⑥公共建筑中相邻两个防火分区的防火墙上如有防火门连通,且两防火分区面积之和不超过《建筑设计防火规范》规定的一个防火分区(地下室除外)面积的1.4倍时,该防火门可作为第二安全出口。

⑦地下室、半地下室有两个以上防火分区时,每个防火分区可利用防火墙上通向相邻分区的防火门作为第二安全出口。但每个防火分区必须有一个直通室外的安全出口,或通过长度不超过30m的走道直通室外。人数不超过30人,且面积不超过500m^{2}的地下室、半地下室,其垂直金属梯即可作为第二安全出口。

⑧设有不少于两个疏散楼梯的一、二级耐火等级的公共建筑。如顶层局部层数不超过两层,每层面积不超过200m^2,人数之和不超过50人时,该高出部分可只设一个楼梯,但应另设一个直通平屋面的安全出口。

2. 安全出口的宽度

在一个建筑物内的人员是否能在允许的疏散时间内迅速并且安全疏散完毕,与疏散人数、疏散距离、安全出口宽度三个主要因素有关。若安全出口宽度不足,则会增加疏散时间,不利于安全疏散,还会发生挤伤事故。

为了便于在实际工作中运用,确定安全出口总宽度的简便方法是预先按各种已知因素计算出一套"百人宽度指标"。运用时只要按使用人数乘上百人宽度指标即可，即：

安全出口的总宽度（m）= 疏散总人数（百人）× 百人宽度指标（m／百人）

当每层人数不等时，其总宽度可分层计算，下层楼梯的总宽度按其上层人数最多一层的人数计算。底层外门的总宽度应按该层以上人数最多的一层人数计算，不供楼上人员疏散的外门，可按本层人数计算。

（四）供电要求

疏散指示照明的供电要求同应急照明。

五、避难层

避难层是超高层建筑发生火灾时供人员临时避难使用的楼层。如果作为避难使用的只有几个房间，则这几个房间称为避难间。

（一）避难层的类型

1. 敞开式避难层

这类避难层不设围护结构，为全敞开式，一般设在建筑物的顶层或屋顶上。敞开式避难层采用自然通风排烟方式，结构处理比较简单，但不能保证不受烟气侵害，也不能阻挡雨、雪、风、寒冷的侵袭。因此，这种避难层只适用于温暖地区。

2. 半敞开式避难层

这类避难层四周设有防护墙，高度不低于1.8m，上部设有可开启的封闭窗，窗口多用铁百叶窗封闭。半敞开式避难层采用自然通风排烟方式，可防止烟火的侵害。

3. 封闭式避难层

封闭式避难层周围设有耐火的围护结构（楼板、外墙等），室内设有独立的防烟设施，门窗为甲级防火门窗。另外，还设有应急广播、应急照明、消防专用电话、消火栓、消防水喉等可靠的消防设施，可以有效地防止烟气和火焰的侵害。封闭式避难层可以避免外界气候条件的影响，因而在我国南方、北方都适用。

（二）避难层的设置要求

（1）高度超过100m的旅馆、办公楼、综合楼等公共建筑应设避难层。

（2）避难层应自高层建筑首层至第一个避难层或两个避难层之间设置，不宜超过15层。

（3）避难层的净面积应能满足设计避难人员避难的需求，并宜按5人／m^2计算。

（4）通向避难层的防烟楼梯应在避难层分隔、同层错位或上下层断开，但人员均必须经避难层方能上下。

（5）避难层应设消防电梯出口。其他客货电梯均不得在避难层开设出口。

（6）为保证避难层具有较长时间抵抗火烧的能力，避难层的楼板宜采用现浇钢筋混凝土楼板，其耐火极限不宜低于1.5h。

（7）避难层可兼作设备层，但设备管道宜集中布置。

（8）避难层应设消防专线电话，并应设有消火栓和消防卷盘。

（9）为保证避难层下部楼层起火时不致使避难层地面温度过高，在楼板上宜设隔热层。

（10）避难层的门应为甲级防火门。

（11）避难层应设有应急广播和应急照明，其连续供电时间不应小于1h，照度不应低于1.0llx。

（12）封闭式避难层应设独立的防烟设施。

（三）注意事项

（1）严禁输送甲、乙、丙类液体或可燃气体的管道穿越避难层（间）。

（2）避难层（间）的装修材料均应采用不燃烧材料。

（3）避难层（间）内外均应设有便于识别的明显标志。

六、屋顶直升机停机坪

建筑高度超过100m，且标准层建筑面积超过1000m2的公共建筑。宜设置屋顶直升机停机坪或直升机救助的设施，并应符合下列规定：

（1）起降区的大小，主要取决于可能接受的最大机种的全长。为了保证直升机的安全起降，起降区的长、宽应为最大机种全长的1.5～2.0倍。在此范围内，不得设有高出屋顶的塔楼、烟囱、金属天线、航标灯杆等障碍物。

（2）屋顶停机坪要有明显标志，其四周要设边界标志，还需设有灯光标志，它不但为驾驶员提供方向，同时也是提供安全降落的保证。停机坪常用符号"H"表示，符号所用色彩为白色。

（3）屋顶直升机停机坪要设置等待区，等待区要能容纳一定数量的避难人员，在其周围设安全围栏，等待区与疏散楼梯间顶层有直接通道，出入口不少于2个，以利于人员集结。

（4）直升机停机坪须配备灭火抢险的工具和固定灭火设施。

第六节　气体灭火系统

对于建筑内一些特殊的场所，如重要的计算机房、电力调度室、贵重物资储存室等，一般应设置气体灭火系统，通过气体灭火剂在防护区或保护对象周围建立起灭火浓度来实现灭火。目前我国常采用的气体灭火系统主要有二氧化碳灭火系统、七氟丙烷灭火系统、三氟甲烷气体灭火系统、混合气体自动灭火系统等几种。

一、系统组成

气体灭火系统由气体灭火剂储存装置、气体灭火剂启动分配装置、输送释放装置、监控装置等组成。

(一)气体灭火剂储存装置

气体灭火系统的气体灭火剂储存装置包括灭火剂储存容器、容器阀、单向阀、汇集管、连接软管及支架等,通常是将其组合在一起,放置在靠近防护区的专用储瓶间内。储存装置既要储存足够量灭火剂,又要保证在着火时能及时开启,释放出灭火剂。

(二)气体灭火剂启动分配装置

启动分配装置由启动气瓶、选择阀、启动气体管路组成。启动气瓶充有高压氮气,用来打开灭火剂储存容器上的容器阀及相应的选择阀。启动气瓶通过其上的瓶头阀实现自动开启,瓶头阀为电动型或电引爆型,由火灾自动报警系统控制。选择阀的设置与每个防护区相对应,以便在系统启动时,能够将灭火剂输送到需要灭火的防护区。平时所有选择阀都处于关闭状态,系统启动时,与着火防护区相对应的选择阀会被打开。

(三)灭火剂输送释放装置

灭火剂输送释放装置包括管道和喷嘴。管道在气体灭火系统中担负着输送灭火剂的任务。喷嘴的作用是保证灭火剂以特定的射流形式喷出,促使灭火剂迅速气化并在保护空间内达到灭火浓度。

(四)监控装置

防护区应有火灾自动报警系统,通过其探测火灾并监控气体灭火系统,实现气体灭火系统的自动启动。火灾自动报警系统可以单独设置,也可以利用建筑的火灾自动报警系统联动控制。气体灭火系统还应有监测系统工作状态的流量或压力监测装置,常用的监测装置是压力开关。

二、系统工作原理

防护区一旦发生火灾,火灾探测器首先报警,消防控制中心接到火灾信号后,启动联动装置(关闭开口、停止空调等),延时约30s后,打开启动气瓶的瓶头阀,利用气瓶中的高压氮气将灭火剂储存容器上的容器阀打开,灭火剂经管道输送到喷头喷出实施灭火。这中间的延时是考虑到防护区内人员的疏散问题。另外,通过压力开关监测系统是否正常工作,若启动指令发出,而压力开关的信号迟迟不返回,说明系统故障,值班人员听到事故报警,应尽快到储瓶间手动开启储存容器上的容器阀,实施人工启动灭火。

三、系统常见类型

（一）按使用的灭火剂分类

气体灭火系统根据其使用的灭火剂不同，可分为以下三类：

1. 二氧化碳灭火系统

二氧化碳灭火系统是以二氧化碳作为灭火介质，应用时间较长。二氧化碳灭火剂用量大，相应的系统规模、投资、灭火时对人的危害也较大。另外，二氧化碳会产生温室效应，对环境有影响，该系统也不宜广泛使用。

2. 七氟丙烷灭火系统

七氟丙烷灭火系统是以七氟丙烷作为灭火介质的气体灭火系统。七氟丙烷灭火剂属于卤代烷灭火剂系列，具有灭火能力强、灭火剂性能稳定的特点，其臭氧层损耗能力（OPD）为0，全球温室效应潜能值（GWP）很小，不会破坏大气环境。但七氟丙烷灭火剂及其分解产物对人有毒性危害，使用时应引起重视。

3. 惰性气体灭火系统

惰性气体灭火系统包括IG-01（M气）灭火系统、IG-100（氮气）灭火系统、IG-55（氩气、氮气）灭火系统、IG-541（氩气、氮气、二氧化碳）灭火系统。由于惰性气体是一种无毒、无色、无味、惰性及不导电的纯"绿色"气体，故又称之为洁净气体灭火系统。

（二）按灭火方式分类

1. 全淹没气体灭火系统

全淹没气体灭火系统指喷头均匀布置在保护房间的顶部，喷射的灭火剂能在封闭空间内迅速形成浓度比较均匀的灭火剂气体和空气的混合气体，并在灭火时间内维持灭火浓度，即通过灭火剂气体将封闭空间填满并实施灭火的系统形式。该系统对防护房间提供整体保护，不局限于房间内的某个设备。

2. 局部应用气体灭火系统

局部应用气体灭火系统是指将喷头均匀布置在保护对象周围，将灭火剂直接而集中地喷射到保护对象上，在保护对象周围形成浓度较高的灭火剂气体浓度，局部应用气体灭火系统保护房间内或室外的某一设备。

（三）按管网的布置分类

从管网布置情况看，气体灭火系统有以下三种形式：

1. 组合分配灭火系统

组合分配灭火系统是指用一套灭火系统储存装置同时保护不会同时着火的几个相邻防护区或保护对象的灭火系统。组合分配灭火系统是通过选择阀的控制，将灭火剂释放到着火的保护区来实现灭火的。其灭火剂设计用量按最大的一个防护区或保护对象来确定。其最大的优点是投资少、操作方便。要注意的是组合分配灭火系统能同时保护但不能同时灭火。

2. 单元独立灭火系统

单元独立灭火系统是指在每个防护区各自设置气体灭火系统保护。它面对几个防护区都非常重要或同时有着火的可能性。其特点是安全可靠性高，管路布置简单，维护管理较方便，但投资较大。

3. 无管网灭火系统

无管网灭火系统是指将灭火剂储存容器、控制和释放部件等组合装配在一起的小型、轻便灭火系统。这种系统没有管网或仅有一段短管，因此称为无管网灭火系统。这种系统多放置在防护区内，亦可放置在防护区的墙外，通过短管将喷头伸进防护区。

无管网气体灭火系统是预制系统，一般由工厂成规模生产，使用时可根据防护区的大小直接选用，这样省去了繁琐的设计计算，且便于施工，适用于较小的、无特殊要求的防护区。

第七节　灭火器

灭火器是由人操作的，能在其自身内部压力的作用下，将装于内部的灭火剂喷出实施灭火的器具。灭火器具有结构简单、轻便灵活、易操作使用等特点，它是扑救建筑初起火灾最基本、最有效的灭火器材。

一、灭火器的类型

灭火器类型繁多，分类方式主要有三种：即按使用方法分、按充装灭火剂分和按驱动压力形式分。这里主要介绍前两种分类方式。

（一）按使用方法分

1. 手提式灭火器

灭火剂充装量小于 20kg 的灭火器为手提式灭火器。它具有重量小、能够手提移动、灭火轻便等特点，是应用比较广泛的一种灭火器。

2. 推车式灭火器

推车式灭火器的灭火剂充装量在 20kg 以上，其车架上设有固定的车轮，可推行移动实施灭火，操作一般需要两人协同配合进行。推车式灭火器主要适用于石油、化工等企业。

3. 背负式灭火器

能够用肩背着实施灭火的灭火器是背负式灭火器，其充装量一般也较大，适合于消防专业人员使用。

4. 手抛式灭火器

手抛式灭火器内充干粉灭火剂，充装量较小，多数做成工艺品形状。灭火时将其抛掷到着火区域，干粉散开实施灭火，一般适用于家庭灭火。

5. 悬挂式灭火器

悬挂式灭火器是一种悬挂在保护场所内，依靠着火时的热量将其引爆并自动实施灭火的灭火器。

（二）按充装的灭火剂分

1. 水型灭火器

水型灭火器充装的灭火剂主要是清洁水。有的加入适量的防冻剂，以降低水的冰点。也有的加入适量润湿剂、阻燃剂、增稠剂等，以增强灭火性能。

2. 泡沫型灭火器

泡沫型灭火器充装的泡沫灭火剂，可分为空气泡沫型灭火器和化学泡沫型灭火器两种，实际工作中较常用的是空气泡沫型灭火器。

3. 干粉型灭火器

干粉型灭火器内充装的灭火剂是干粉。干粉灭火剂的品种较多，因此根据灭火器内部充装的干粉灭火剂的不同，可分为碳酸氢钠干粉灭火器、磷酸铵盐干粉灭火器、氨基干粉灭火器。由于碳酸氢钠干粉只适用于灭B、C类火灾，因此又称BC干粉灭火器。磷酸铵盐干粉能适用于A、B、C类火灾，因此又称ABC干粉灭火器。干粉型灭火器是我国目前使用比较广泛的一种灭火器。

4. 二氧化碳型灭火器

二氧化碳型灭火器是一种利用其内部充装的液态二氧化碳的蒸气压将二氧化碳喷出实施灭火的灭火器。由于二氧化碳灭火剂具有灭火不留痕迹，并具有电绝缘性能等特点，因此比较适用于扑救600V以下的带电电器、贵重设备、图书资料、仪器仪表等场所的初起火灾。但其灭火效能较差，使用时要注意避免冻伤的危害。

（三）按驱动压力形式分

1. 储气瓶式灭火器

这类灭火器的动力气体储存在专用的小钢瓶内，是和灭火剂分开储存的，小钢瓶有外置和内置两种形式。使用时将高压动力气体释放，充装到灭火剂储瓶内作为驱动灭火剂的动力。这种类型的灭火器平时筒体不受压，筒体若存在质量问题不易被发现，使用时筒体突然受到高压，有可能会出现事故。

2. 储压式灭火器

储压式灭火器是将高压动力气体和灭火剂储存在同一个容器内，使用时依靠动力气体的底力驱动灭火剂喷出，是一种较常见的驱动压力形式。

3. 化学反应式灭火器

在灭火器筒体内将酸性水溶液和碱性水溶液混合，以两者发生化学反应产生的二氧化碳气体作为驱动压力将灭火剂喷出的灭火器为化学反应式灭火器。碱性灭火器和化学泡沫灭火器就属于这类灭火器，但由于安全原因，这类灭火器已被淘汰。

二、灭火器的主要技术性能

（一）灭火器的喷射性能

1. 有效喷射时间。

这是指灭火器在最大开启状态下，自灭火剂从喷嘴喷出，到灭火剂，喷射结束的时间。不同的灭火器，对有效喷射时间的要求也不同，但必须满足在最高使用温度条件下不得低于6s。

2. 喷射滞后时间

这是指自灭火器开启后到喷嘴开始喷射灭火剂的时间。喷射滞后时间反映了灭火器动作速度的快慢，技术上一般要求在灭火器的使用温度范围内，其喷射滞后时间不大于5s，间歇喷射的滞后时间不大于3s。

3. 有效喷射距离

这是指灭火器有效喷射灭火的距离，它指的是从灭火器喷嘴顶端起，到喷出的灭火剂最集中处中心的水平距离。不同的灭火器都有不同的有效喷射距离规格。

4. 喷射剩余率

这是指额定充装状态下的灭火器，在喷射到内部压力与外部环境压力相等时（也就是不再有灭火剂从灭火器喷嘴喷出时），内部剩余灭火剂量相对于额定充装量的百分比。一般的要求是：在（20±5）℃时，不大于10%；在灭火器的使用温度范围内，不大于15%。

（二）灭火器的灭火性能

灭火器的灭火性能是通过实验来测定的。对于同一种灭火剂类型的灭火器而言，灭火能力强弱由其充装量决定，衡量标准是灭火级别。充装量大的灭火能力强，灭火级别大。

1. 灭A类火的能力

按照标准的试验方法，由灭火器能够扑灭的最大木条垛火灾来确定其灭火级别。主要有3A、5A、8A、13A、21A、34A等几个级别。

2. 灭B类火的能力

按照标准的试验方法，由灭火器能够扑灭的最大油盘火来确定其灭火级别。油盘的面积与灭火级别有一个一一对应关系，例如0.2m2大的油盘对应的灭火级别是13，$24m^2$大的油盘对应的灭火级别是120B等。

从以上规定可以看出，在灭火器的灭火级别中，前面的系数代表的是灭火器灭火能力的强弱，系数大的灭火能力强；后面的字母代表的是所能扑救的火灾类别。

三、灭火器的应用

正确、合理地应用灭火器是成功扑救初起火灾的重要保证，要予以充分的重视。

（一）灭火器的选择

1. 灭火器的类型选择

每一类灭火器都有其特定的扑救火灾类别，配置灭火器时，应根据不同的火灾种类，选择相适应的灭火器。火灾种类按照燃烧物质的类别可划分为A、B、C、D、E五类，其中A类火灾为固体物质火灾；B类火灾为液体火灾或可熔化的固体物质火灾；C类火灾为气体火灾；D类火灾为金属火灾；E类火灾为带电物体燃烧的火灾。

（1）扑救A类火灾场所应选择水型灭火器、磷酸铵盐干粉灭火器、泡沫灭火器或卤代烷灭火器。

（2）扑救B类火灾场所应选择泡沫灭火器、碳酸氢钠干粉灭火器、磷酸铵盐干粉灭火器、二氧化碳灭火器、灭B类火灾的水型灭火器或卤代烷灭火器。极性溶剂的B类火灾场所应选择灭B类火灾的抗溶性灭火器。

（3）扑救C类火灾场所应选择磷酸铵盐干粉灭火器、碳酸氢钠干粉灭火器、二氧化碳灭火器或卤代烷灭火器。

（4）扑救D类火灾场所应选择扑灭金属火灾的专用灭火器。

（5）扑救E类火灾场所应选择磷酸铵盐干粉灭火器、碳酸氢钠干粉灭火器、卤代烷灭火器或二氧化碳灭火器，但不得选用装有金属喇叭喷筒的二氧化碳灭火器。

（6）非必要场所不应配置卤代烷灭火器。

在选用灭火器时，应考虑不同灭火剂间可能产生的相互反应、污染及其对灭火的影响。

2. 同一配置场所内灭火器的选择

（1）在同一配置场所，应当尽量选用同一类型的灭火器，并选用操作方法相同的灭火器。这样可以为培训灭火器使用人员提供方便，为灭火器使用人员熟悉操作和积累灭火经验提供方便，同时也便于灭火器的维护保养。

（2）在同一配置场所，当选用2种或2种以上类型灭火器时，应选与用灭火剂相容的灭火器，以便充分发挥各自灭火器的灭火效能。

磷酸铵盐灭火剂与碳酸氢钠灭火剂或与碳酸氢钾灭火剂之所以不相容，是因为在火灾中的水蒸气的水解作用下，前者呈酸性（生成磷酸），后者呈碱性（生成氢氧化钠），两者会发生酸碱中和反应，降低了灭火效力。碳酸氢钠或碳酸氢钾灭火剂与蛋白泡沫或化学泡沫灭火剂之所以不相容，除了会发生上述的酸碱中和反应外，还因为碳酸氢钠或碳酸氢钾灭火剂会从泡沫液中吸收一定量的水分而产生泡沫消失现象。水成膜泡沫与蛋白泡沫或氟蛋白泡沫联用会因水溶性而降低后者的灭火效能。

3. 选择灭火器的注意事项

（1）对保护对象的污损程度

不同类型的灭火器在灭火时不可避免地要对被保护物品产生程度不同的污渍。泡沫、水、干粉灭火器的污损较为严重，而气体灭火器（如二氧化碳灭火器）则非常轻微。为了保证贵重物质与设备免受不必要的污渍损失，选择灭火器时应充分考虑其对保护物品的污损程度。

（2）配置场所的人员情况

灭火器是靠人来操作的，因此，选择灭火器时还应考虑到配置场所内工作人员的年龄、性别、职业等情况，以符合他们的身体素质。如一般情况下多选择手提式灭火器，对女性、年龄小或老的人员较多的场所，应设置充装量小、重量轻的灭火器。

（3）配置场所的环境温度

配置场所的环境温度对灭火器的技术性能和安全性能有较大的影响，如环境温度过低，灭火器的喷射性能就会变差；环境温度过高，灭火器内部压力倍增，就有爆炸伤人的危险。因此，在选择灭火器时应注意灭火器的使用温度范围是否与环境温度相符。

（4）灭火器的有效灭火程度

在选择灭火器时，有时会出现某一类火灾可采用多种类型的灭火器来扑救的情况。如在扑救B类火灾时，一具7kg的二氧化碳灭火器的灭火能力（55B）就不如一具5kg的干粉灭火器的灭火能力（89B）强。一般而言，可供选择的灭火器类型有两种以上时，在灭火器灭火级别大致相等的情况下，可选择充装量较小（重量小）的灭火器，以减轻灭火时的负重。

（二）灭火器操作使用注意事项

（1）要熟悉灭火器使用说明书。了解灭火器适宜扑救的火灾种类、使用温度范围、操作使用要求及日常维护等。

（2）扑救室外火灾时要站在着火部位的上风或侧风方向，以防火灾对身体造成危害。

（3）扑救电气火灾时，要注意防触电。例如应加强绝缘防护，穿绝缘鞋和戴绝缘手套，并站在干燥地带等。

（4）使用大多数手提式灭火器灭火时，要保持罐体直立，切不可将灭火器平放或颠倒使用，以防驱动气体泄漏，中断喷射。

（5）使用泡沫灭火器扑救可燃液体火灾时，如果液体呈流淌状，喷射的泡沫应从着火区边缘由远而近地覆盖在液体表面上。如果是容器中的液体着火，应将泡沫喷射在容器的内壁上，使泡沫沿容器内壁流入液体表面加以覆盖，要避免将泡沫直接喷射在液体表面，以防射流的冲击力将液体冲出容器而扩大燃烧范围，增加扑救难度。

（6）在狭小的空间使用二氧化碳型灭火器灭火时，灭火后操作者要迅速撤离。火灾被扑救熄灭后，应先打开房间门窗通风，然后人员方可进入，以防窒息或中毒的另外，使用二氧化碳灭火器时，应佩戴防护手套，未佩戴时，不要直接用手握灭火器喷筒或金属管，以防冻伤。

（三）灭火器的设置

1. 设置位置

灭火器应设置在配置场所内明显易取的部位，否则应有明显的指示标志。当在室内设置时，应设置在过道、楼梯间、大厅等公共部位，且不得影响安全疏散。当设置于室外时，应有相应的保护措施。

2. 设置高度

手提式灭火器的设置应保证其顶部距离地面的高度不大于1.5m，底部距离地面的高度不小于0.08m。

3. 设置环境

灭火器应设置在干燥、无强腐蚀性的地方或部位，否则应有相应的保护措施。

4. 设置数量

为确保安全，一个配置场所至少应设置2具灭火器，保证在一具灭火器不能使用时，可以使用另一具灭火器实施灭火。一个配置点配置的灭火器不应超过5具，这主要是考虑当一个配置点配置的灭火器数量太多时，每具灭火器的型号就会太小，灭火剂充装量少，喷射时间短，不利于灭火。

四、灭火器配置设计计算步骤

（一）确定灭火器配置场所的危险等级

1. 工业建筑灭火器配置场所的危险等级

根据工业建筑（厂房、仓库）生产、使用、储存物品的火灾危险性、可燃物数量、火灾蔓延速度、扑救难易程度等因素，将工业建筑灭火器配置场所的危险等级划分为严重危险级、中危险级和轻危险级三个级别。

（1）严重危险级

火灾危险性大，可燃物多，起火后蔓延迅速，扑救困难，容易造成重大财产损失的场所。

（2）中危险级

火灾危险性较大，可燃物较多，起火后蔓延较迅速，扑救较难的场所。

（3）轻危险级

火灾危险性较小，可燃物较少，起火后蔓延较缓慢，扑救较易的场所。

2. 民用建筑灭火器配置场所的危险等级

根据民用建筑灭火器配置场所的使用性质、人员密集程度、用电用火情况、可燃物数量、火灾蔓延速度、扑救难易程度等因素，将民用建筑危险等级划分为严重危险级、中危险级和轻危险级三个级别。

（1）严重危险级

使用性质重要，人员密集，用电用火多，可燃物多，起火后蔓延迅速，扑救困难，容易造成重大财产损失或人员群死群伤的场所。

（2）中危险级

使用性质较重要，人员较密集，用电用火较多，可燃物较多，起火后蔓延较迅速，扑救较难的场所。

（3）轻危险级

使用性质一般，人员不密集，用电用火较少，可燃物较少，起火后蔓延较缓慢，扑救较易的场所。

（二）确定灭火器配置场所的火灾种类

火灾种类有 A、B、C、D、E 五类，扑救不同种类的火灾应选择相适应的灭火器。为正确配置灭火器，在灭火器配置设计时应准确确定配置场所的火灾种类。

（三）划分灭火器配置场所的计算单元

划分灭火器配置场所的计算单元应遵循下列三条规定：

（1）灭火器配置场所的危险等级和火灾种类均相同的相邻场所，可将一个楼层或一个防火分区作为一个计算单元。如办公楼每层的成排办公室，宾馆每层的成排客房等，就可以按照楼层或防火分区将若干个配置场所合并作为一个计算单元来配置灭火器。

（2）灭火器配置场所的危险等级或火灾种类不相同的场所，应分别作为一个计算单元。如建筑物内相邻的化学实验室和电子计算机房，就可分别单独作为一个计算单元配置灭火器。

（3）同一个计算单元不得跨越防火分区和楼层。

（四）计算灭火器配置场所各计算单元的面积

（1）建筑物灭火器配置场所计算单元的面积按照建筑面积计算。

（2）可燃物露天堆场，甲、乙、丙类液体储罐区，可燃气体储罐区应按堆垛、储罐的占地面积计算。

第十章 消防科技创新应用

第一节 "智慧消防"应用现状及发展趋势

在现阶段我国城市化进程不断加快的背景下,消防工作同样也面临着较大难度,存在的消防隐患往往更多,不仅仅加大了发生火灾事故的概率,也明显增大了消防安全管理压力。如果在消防安全管理中依然沿用传统模式,消防工作人员的任务量往往巨大,在增加其工作难度的同时,也会出现消防安全管理漏洞,应该结合先进技术手段予以创新优化是极为必要。在当前大数据时代发展下,信息化技术以及智能化手段的应用越来越常见,将其引入应用到消防安全管理中,同样也能够体现出较强作用价值,基于大数据的智慧消防建设在现阶段比较受关注,具备较高研究价值。

一、基于大数据的智慧消防建设特点

在当前大数据时代发展下,智慧城市建设成为未来城市发展的重要趋势,智慧城市框架中智慧消防是不容忽视的重要组成部分,基于大数据的智慧消防建设必然也就需要引起高度关注,促使其成为未来消防体系建设的发展趋势。与传统消防安全管理体系相比,大数据背景下的智慧消防建设存在着较为明显的差异,它能借助大数据、信息化、云计算以及智能化等手段,实现对原有消防安全管理体系的创新优化。

首先，基于大数据的智慧消防建设表现出了明显的广泛性，能够依托该系统实现较大范围的覆盖，确保城市各个区域均能够得到兼顾，进而体现出理想的全面监管效果。因为当前城市规模越来越大，传统消防安全管理模式极容易出现缺陷漏洞，依托大数据下的智慧消防系统则可以形成理想兼顾，解决方位层面的问题。

其次，基于大数据的智慧消防建设还表现出了较强的共享性特点，这也是基于信息层面进行消防安全管理机制创新优化的重要手段，有助于实现所有消防相关信息资料的传输和协同运用，以此更好提升消防安全管理成效。例如，消防安全管理工作往往涉及多个部门以及被监控的主体，要求这些主体之间能够形成较为理想的协同效果，消防信息应该得以便捷快速传递，智慧消防建设在该方面的优势较为明显，解决了以往存在的信息孤岛以及共享不畅问题。

最后，基于大数据的智慧消防建设还能够具备明显的智能化特点，这也是该系统能够优于传统消防安全管理模式的重要原因。在智慧消防系统运行中，其往往能够自动化获取各个区域的消防信息资料，并且针对这些资料进行智能化分析和预判，明确可能存在的各类消防隐患，进而也就可以采取必要策略予以防控，最大程度上保障消防安全。在该模式应用下，消防人员的工作压力得以缓解，同时也明显提升了工作效率和准确度，值得推广运用。

二、基于大数据的智慧消防建设现状

基于大数据的智慧消防建设确实表现出了较为明显的优势，作用价值同样也较为突出，成为现阶段各个城市消防体系优化发展的重要方向。经过近年来智慧消防的普及和推广，在很多城市中确实得到了有效践行，促使原有消防安全管理体系具备更高的信息化和智能化水平，较大程度上解放了消防工作人员，取得了一定成效。例如，当前消防安全管理体系中已经逐步普及了火灾自动报警系统，其智能化水平以及时效性更为理想，可以实现对消防火灾的及时报警处理，为消防灭火赢得了宝贵的时间，在消防安全保障中确实发挥出了重要作用价值。此外，从消防安全管理过程来看，智能化控制技术的应用在某些环节中形成了积极作用，降低了消防安全管控对于人员的依赖。

但是在目前基于大数据的智慧消防建设中，依然也存在着一些缺陷和不足，难以将智慧消防系统的应用价值发挥出来，并且建设体系并不是特别完善，依然有待于进一步探索和钻研。例如，从智慧消防建设范围来看，当前往往仅在一些经济相对发达的城市或城市内部中心区域得以构建运用，绝大部分地区尚没有布置完善的智慧消防系统，进而也就必然会影响到智慧消防的作用价值。从智慧消防系统建设中涉及的海量数据信息资料应用来看，现阶段同样也存在着明显的不充分问题，尚未针对所有数据信息进行综合分析和利用，仅仅是用以存储和即时运用，缺乏对于这些数据信息资料作用价值的深入挖掘。另外，从目前大数据背景下智慧消防建设相关设施和技术手段方面看，虽然技术创新越来越突出，但是这些新技术却并没有形成较为理想的普及运用效果，尤其是对于人工智能手段以及物联网技术，更是没有形成理想的应用效果，这也是未来应予以优化改进的重要方向，力求在技术创新的基础上，密切结合实际需求和现状，增强智慧消防的应用价值。

三、基于大数据的智慧消防建设对策

（一）智慧火灾预警

基于大数据的智慧消防建设需要首先考虑到火灾预警环节，要求依托更为先进可靠的智慧火灾预警程序，及时汇报火灾情况，进而体现出更强的火灾应对和处理效果。在智慧火灾预警工作开展中，应高度关注自动化技术以及智能化手段的应用，以便更好地实现对于各个区域的综合全面监管，确保火灾隐情一旦出现，就可以及时报警，使消防工作人员可以及时行动，同时，各个消防设施也能够自动化运行，进而有效控制火灾。在大数据时代下的智慧消防建设中，为了使智慧火灾预警工作更为理想，就应重视火灾探测器的灵活布置，以便准确掌握火灾隐情。

与原有的火灾自动报警系统相比，智慧火灾预警机制应具有更高的准确度和及时性，不仅能够自动化获取相关火灾信息，还能够做出智能化判断，在发出警报时，可以准确预判出火灾发生区域以及蔓延情况，进而对后续火灾救援工作形成更为理想的指导。基于该方面需求，智慧火灾预警就需要高度关注大数据相关技术的应用，能够依托海量数据信息进行智能化判断，对于火灾蔓延速度、温度、方向以及危害性等，都可以进行准确判断，以此确保报警信息更具实效性和指导价值。此外，智慧火灾预警还应该借助大数据以及云计算等，实现对于火灾状况的模拟预测，形成更为直观详尽的火场态势图，解决以往火灾报警信息相对匮乏的问题，体现出更强的火灾应对能力。

（二）智慧火灾救援

基于大数据的智慧消防建设还需要高度关注火灾救援环节，要求确保火灾救援更为高效准确，能够实现火灾事故的最优化控制，规避救援不及时或者是救援方案不合理带来的严重火灾损失。在智慧火灾救援系统的应用中，首先应该依托既有相关大数据资料，实现对于火灾救援方案的合理制定，结合上述火灾报警信息，确保火灾救援方案更为合理可行，尤其是对于火灾蔓延方向以及危害程度，更是需要有目的地予以防控，以此不断提升火灾救援的效率和可靠性。在此基础上，智慧火灾救援工作还应该高度关注智能化控制手段的灵活运用，要求借助于更为先进的物联网技术以及自动化手段，促使参与到火灾救援中的所有设施都能够及时自动运行，避免可能出现的延时以及运行不畅问题。

（三）智慧火灾预防

基于大数据的智慧消防建设还应该高度关注火灾预防，要求能够从多个角度入手，确保火灾事故发生概率得到明显降低，进而也就可以从源头入手进行把关控制。虽然当前人们对于消防安全的重视程度不断提升，火灾预防效果也确实正在不断提升,但是预防效果却并不是特别理想,依然在很多方面存在隐患和问题,难以做到全面详尽地火灾防控。基于大数据的智慧消防建设可以在该方面形成理想的优化效果,有助于结合以往海量火灾事故进行深入分析,明确诱发火灾的各个影响因素,进而也就可以结合不同区域的实际状况,做好火灾预防处理。该模式的应用可以借助以往大量数据信息资料,更好地消除所有火灾隐患,尤其是在相关火灾风险评估模型的构建应用下,更是能够体现出理想的火灾预防效果,明显降低了消防安全管理工作难度。当然,该智慧火灾预防工作的开展,往往还需要得到多方配合,尤其是各个被监管的主体,更应该结合智慧火灾预防系统提出的要求进行整改,以此清除所有消防安全隐患。

第二节 物联网技术在消防安全领域的应用

在现代的生活中,消防安全是人们最为关注的一件事情,火灾的频频出现不仅会给人们的生活带来非常大的困扰,而且威胁着人们的生命财产安全,物联网技术在消防领域中的应用,能够实现动态化的人员和资源的管理,也能够最大限度降低消防风险,使消防隐患能够被及时的消除,从而有效保障人们的生命财产安全。

一、物联网技术在火灾防控中的实践应用

(一)家庭安全智能管理系统

物联网技术在家庭安全智能管理系统中的应用可以有效保护居民的安全。居民家庭中发生火灾的概率相对较大,日常生活中由于疏忽大意也非常容易出现火灾,而利用物联网技术将芯片植入居民建筑里的消防设备中,就能够有效建立居民建筑物数据库,从而让消防管理人员能够实现远程的建筑消防信息的获取,如果出现一些紧急情况,芯片就能够自动发出警报信息,让居民和消防管理人员都能够及时发现消防隐患,并采取相应的应对措施。在家庭安全智能管理系统中,居民通过各种消防设备中芯片的报警,会逐渐提高对于火灾的防范意识,而且在一定程度上能够避免家庭中出现火灾,为人们的日常安全提供了保障。

(二)消防器材智能管理系统

物联网技术在消防领域中的应用已经非常广泛,而且在消防领域中的各个环节中都能够起到一定的作用。利用物联网技术将电子芯片安装在各种消防设备和消防器材中,是每个消防器材厂家都会主动完成的工作,这符合现代消防器材生产的标准,可以为消防工作的顺利开展带来积极影响。消防器材中所植入的芯片中记录了消防器材的一些基本信息,如消防器材的生产日期、参数性能以及消防器材的使用期限和标号信息等,检查人员在对消防器材进行检查时,可通过终端扫描设备对器材中

消防监督检查研究

的芯片进行扫描，进而获取相关的各种信息，并通过智能信息技术将其信息及时传递到消防器材管理系统中，由该系统对这些信息进行分析处理，形成一份完整详细的巡查报告，将每次的巡查报告信息都进行认真比对，再将比对结果上报给相关的消防部门，从而让消防部门对消防器材进行统一的管理，这也就有效实现了消防器材智能化的管理。

（三）社会单位消防安全管理系统

物联网技术在消防安全领域中有着重要的作用，也在消防应急领域中发挥出不可替代的作用。在社会单位消防安全管理系统中采用物联网技术，主要是采用各种感知设备和视频采集设备等收集各种信息，并将信息及时传递给消防部门的信息收集系统，使得消防信息收集系统能够通过这些信息对各个社会单位的建筑物进行消防安全监测，避免出现一些紧急的火灾情况。消防指挥中心对于社会单位中的各个消防安全领域进行实时监控，并针对不同的社会单位提出相应的紧急救援预案，将消防安全隐患及时的清除，如果因为一些客观原因造成了火灾，也能够以最快的时间进行紧急灭火救援，以减少社会单位中由于火灾带来的人员伤亡或者公共财产损失。社会单位消防安全管理系统有别于家庭消防安全智能管理系统，社会单位消防安全管理系统所涉及的面积更加广阔，而且范围更大，人员密集程度也非常大，所以在安装消防安全感知设备时要在易燃易爆场所和人员密集场所的关键部位进行安装，使得这些容易出现大伤亡的场所中能够有效避免火灾的发生，或者减少火灾发生带来的各种损失。

二、物联网技术在灭火救援中的实践应用

（一）建立建筑物综合数据库

将物联网技术应用到消防领域的灭火环节是一种非常有效的手段。如果发生火灾时首先要精准定位发生火灾的建筑物，并且要对建筑物中相关的消防设备有详细了解，这样才能够更加高效地进行灭火工作。利用物联网技术将各个建筑物的信息都详细录入建筑物综合数据库中，如果发生火灾，通过建筑物综合数据库就能够快速找到与建筑物相关的各种信息，如建筑物的基本结构、主体构架、消防器材位置以及建筑中的所有通道走向等各种信息，消防人员在到达现场后能够根据这些信息快速进行灭火救援工作，从而有效减少人员伤亡和财产损失，为人民群众的消防安全提供保障。

（二）消防水源智能系统

消防工作人员在进行消防灭火工作时，最重要的就是消防水源问题，利用互联网技术将建筑周围的水源分布和建筑中的消火栓等各种相关信息详细收集到消防水源智能管理系统中，在发生火灾时能够根据这些信息将消防水源进行充分利用，在一定程度上能够保证消防水源的充沛性，也能为快速的灭火提供基础的水源条件。

压力传感器在消防工作中的作用非常大,将消防水源智能管理系统与压力传感器进行结合使用,这样在进行灭火工作时才更加有效。压力传感器可以收集消防车的性能参数、水泵性能参数和消防器材的各种参数信息,将压力传感器与消防水泵结合使用,能够让消防指挥人员对消防工作进行全面的监控调配,从而将消防工作安排得更加科学、合理,从而更好地进行灭火救援。

(三)消防人员生理状态监控系统

消防工作人员在进行灭火救援时,如果不能明确火灾的具体情况就进行救援活动,那么就非常容易出现伤亡事故。利用互联网技术建立消防人员生理信息监控系统就是将生物传感器植入到消防人员的体内,使得消防人员的生理信息能够在火灾救援中被实时检测,如果在检测过程中发现消防人员的生理指标信息发生了异常,这个系统就会发出警报,而消防指挥人员就要及时让消防人员迅速撤离,并安排其他的消防工作人员进行营救,以此保证消防工作人员的安全。而消防人员体内的生物传感器在消防人员进行灭火工作时能够将火灾中的各种情况信息及时传达到监控系统中,使得指挥人员能够通过生物传感器来判断火灾现场中的烟雾浓度情况,也能够知道消防人员所在的具体位置,这对于火灾情况的整体掌控非常有利,在进行灭火工作时也能更加顺利,从而降低了火灾带来的各种人员伤亡和财产损失。

三、物联网技术在智能管理中的实践应用

(一)人员装备智能管理系统

物联网技术不仅在防火环节和灭火环节中有着重要的作用,在消防工作的日常管理中也发挥着重要的作用。消防人员的消防装备是火灾救援中最重要的武器,每个消防人员都需要熟练掌握并且能够灵活应用自身所使用的消防设备,在面对严重的火灾时,才能够保证自身的安全,保证消防工作顺利完成。

利用物联网技术建立人员装备智能管理系统,也就是将各种消防器材装备都进行芯片标签植入,使得每种消防器材的各种信息都能在这个系统中展示出来,而消防人员根据这些消防器材中的各种信息就能够快速掌握使用技巧。每个消防人员所配备的消防器材设备都是固定的,根据器材编号,消防人员可以迅速找到自己所使用的器材,而且人员装备智能管理系统能够将消防人员的日常训练或者使用信息等及时进行记录,从而有效加强消防人员的管理。

(二)消防车辆智能管理系统

消防车辆智能管理系统可以为消防人员的消防工作带来极大便利,消防车不仅是将消防人员快速运送到火灾现场的交通工具,而且在实际的消防工作中也有着重要的作用。微机系统技术和无线射频技术是消防智能管理系统中所使用的物联网技术,这两种技术能够对消防车库进行严密的监控,并对消防车的日常维修与保养工作进行及时提示,利用这个系统能够让消防车的管理工作更加高效和智能。除此之外,

将互联网系统与 GPS 技术相结合，能够实现对消防车辆的动态管理，使消防车辆在出警时的所有动态信息能够及时被传递到智能管理系统中，让消防指挥人员能够根据消防车辆传递出的实时信息做出相应的判断，从而更好地进行消防工作的管理。例如，消防车辆的行车路线、供水状态以及实时工作情况等都能够通过消防车辆的智能管理系统进行反馈，从而更好地进行消防救援工作。

（三）智能动态管理系统

互联网技术在日常的消防安全管理中发挥着不可替代的作用，利用互联网技术能够实现消防安全的智能动态管理，不管是消防工作人员的动态、还是消防设备的动态或者是消防资源的动态都能够进行有效的管理。消防设施对社会的消防安全有着基础的保障作用，在日常的消防设备管理中不能只对消防内部的设备进行智能管理，还需要对社会中的消防设备进行及时的维修管理，使得消防设备能够在实际应用中发挥出最大的作用。利用物联网技术对消防系统中的各种消防设备系统进行实时的监控和管理，例如，自动喷水灭火系统、室内外的消火栓系统以及其他消防器材智能管理系统等，对这些系统进行动态化管理能够有效将各种消防信息进行汇总分析，从而有效保障消防安全。

参考文献

[1] 陈曙东. 消防物联网理论与实战 [M]. 重庆：重庆大学出版社，2020.03.
[2] 王英. 新编消防安全知识普及读本 [M]. 北京：中国言实出版社，2020.07.
[3] 胡群明，张晓. 消防产品自愿性认证概述及指南 [M]. 天津：天津大学出版社，2020.09.
[4] 许光毅. 建筑消防工程预（结）算 [M]. 重庆：重庆大学出版社，2020.08.
[5] 王淑萍. 建筑消防安全管理 [M]. 武汉：华中科技大学出版社，2015.08.
[6] 毕伟民. 2019 消防全攻略消防设施 [M]. 北京：煤炭工业出版社，2019.04.
[7] 陈长坤. 消防工程导论 [M]. 北京：机械工业出版社，2019.06.
[8] 霍江华，王燕华. 消防灭火自动控制 [M]. 中国原子能出版社，2019.09.
[9] 陈永盛，刘彦东. 高级消防 [M]. 大连：大连海事大学出版社，2015.10.
[10] 闫胜利. 消防技术装备 [M]. 北京：机械工业出版社，2019.03.
[11] 孙长征，徐毅，周明哲. 消防安全案例分析 [M]. 济南：山东人民出版社，2019.01.
[12] 何以申. 建筑消防给水和自喷灭火系统应用技术分析 [M]. 上海：同济大学出版社，2019.12.
[13] 宿吉南. 消防安全案例分析 [M]. 北京：中国市场出版社，2019.02.
[14] 薛林. 消防炮理论与设计 [M]. 镇江：江苏大学出版社，2019.06.
[15] 周俊良，陈松. 消防应急救援指挥 [M]. 徐州：中国矿业大学出版社，2018.12.
[16] 任清杰. 消防安全保卫 [M]. 西安：西北工业大学出版社，2018.06.
[17] 陈同刚. 地铁消防安全管理 [M]. 天津：天津科学技术出版社，2018.06.
[18] 陈永胜. 消防执勤训练安全典型案例评析 [M]. 上海：上海科技教育出版社，2018.02.
[19] 许佳华. 建筑消防工程造价实用手册 [M]. 武汉：华中科技大学出版社，2016.09.
[20] 岳庚吉. 石油化工消防安全技术 [M]. 北京：中国人民公安大学出版社，2015.10.
[21] 路长. 消防安全技术与管理 [M]. 北京：地质出版社，2017.10.
[22] 胡林芳，郭福雁. 建筑消防工程设计 [M]. 哈尔滨：哈尔滨工程大学出版社，2017.05.

[23] 顾金龙，薛林. 城市消防物联网研究与应用展望 [M]. 上海：上海科学技术出版社，2015.06.

[24] 方正. 建筑消防理论与应用 [M]. 武汉：武汉大学出版社，2016.06.

[25] 闫顺玺，王晓雷，吴风华. 城市消防地理信息系统建设研究 [M]. 石家庄：河北人民出版社，2015.06.

[26] 邢君. 建筑结构消防安全基础 [M]. 北京：中国人民公安大学出版社，2016.03.

[27] 刘双跃，刘天琪. 消防安全技术实务通关考典 [M]. 北京：冶金工业出版社，2016.08.

[28] 赵运婷，张晶莹，王喆. 消防系统设计施工 [M]. 天津市：天津科学技术出版社，2016.05.

[29] 陈智慧，张晓青. 武警学院统编教材消防制图 [M]. 北京：中国人民公安大学出版社，2016.03.

[30] 石敬炜. 建筑消防常用条文速查与解析 [M]. 北京：知识产权出版社，2015.03.